养老服务PPP：
社会资本投资回报机制研究

YANGLAO FUWU PPP:
SHEHUI ZIBEN TOUZI HUIBAO JIZHI YANJIU

章 萍◎著

中国政法大学出版社

2024·北京

声　　明　　1. 版权所有，侵权必究。

　　　　　　2. 如有缺页、倒装问题，由出版社负责退换。

图书在版编目（ＣＩＰ）数据

养老服务PPP：社会资本投资回报机制研究 / 章萍著. -- 北京：中国政法大学出版社，2024. 7. -- ISBN 978-7-5764-1671-8

Ⅰ. D669.6

中国国家版本馆CIP数据核字第2024UW6143号

出　版　者	中国政法大学出版社
地　　　址	北京市海淀区西土城路25号
邮寄地址	北京100088 信箱8034分箱　邮编100088
网　　　址	http://www.cuplpress.com（网络实名：中国政法大学出版社）
电　　　话	010-58908285(总编室) 58908433（编辑部）58908334(邮购部)
承　　印	固安华明印业有限公司
开　　本	720mm×960mm　1/16
印　　张	12.75
字　　数	208千字
版　　次	2024年7月第1版
印　　次	2024年7月第1次印刷
定　　价	59.00元

上海政法学院学术著作编审委员会

主　任：刘晓红

副主任：郑少华

秘书长：刘　军　康敬奎

委　员：(以姓氏拼音为序)

蔡一军　曹　阳　陈海萍　陈洪杰　冯　涛　姜　熙
刘长秋　刘志强　彭文华　齐　萌　汪伟民　王　倩
魏治勋　吴苌弘　辛方坤　徐　红　徐世甫　许庆坤
杨　华　张继红　张少英　赵运锋

总　序　FOREWORD

四秩芳华，似锦繁花。幸蒙改革开放的春风，上海政法学院与时代同进步，与法治同发展。如今，这所佘山北麓的高等政法学府正以稳健铿锵的步伐在新时代新征程上砥砺奋进。建校40年来，学校始终坚持"立足政法、服务上海、面向全国、放眼世界"的办学理念，秉承"刻苦求实、开拓创新"的校训精神，走"以需育特、以特促强"的创新发展之路，努力培养德法兼修、全面发展，具有宽厚基础、实践能力、创新思维和全球视野的高素质复合型应用型人才。四十载初心如磐，奋楫笃行，上海政法学院在中国特色社会主义法治建设的征程中书写了浓墨重彩的一笔。

上政之四十载，是蓬勃发展之四十载。全体上政人同心同德，上下协力，实现了办学规模、办学层次和办学水平的飞跃。步入新时代，实现新突破，上政始终以敢于争先的勇气奋力向前，学校不仅是全国为数不多获批教育部、司法部法律硕士（涉外律师）培养项目和法律硕士（国际仲裁）培养项目的高校之一；法学学科亦在"2022软科中国最好学科排名"中跻身全国前列（前9%）；监狱学、社区矫正专业更是在"2023软科中国大学专业排名"中获评A+，位居全国第一。

上政之四十载，是立德树人之四十载。四十年春风化雨、桃李芬芳。莘莘学子在上政校园勤学苦读，修身博识，尽显青春风采。走出上政校门，他们用出色的表现展示上政形象，和千千万万普通劳动者一起，绘就了社会主义现代化国家建设新征程上的绚丽风景。须臾之间，日积月累，学校的办学成效赢得了上政学子的认同。根据2023软科中国大学生满意度调查结果，在本科生关注前20的项目上，上政9次上榜，位居全国同类高校首位。

上政之四十载，是胸怀家国之四十载。学校始终坚持以服务国家和社会需要为己任，锐意进取，勇担使命。我们不会忘记，2013年9月13日，习近平主席在上海合作组织比什凯克峰会上宣布，"中方将在上海政法学院设立中国-上海合作组织国际司法交流合作培训基地，愿意利用这一平台为其他成员国培训司法人才。"十余年间，学校依托中国-上合基地，推动上合组织国家司法、执法和人文交流，为服务国家安全和外交战略、维护地区和平稳定作出上政贡献，为推进国家治理体系和治理能力现代化提供上政智慧。

历经四十载开拓奋进，学校学科门类从单一性向多元化发展，形成了以法学为主干，多学科协调发展之学科体系，学科布局日益完善，学科交叉日趋合理。历史坚定信仰，岁月见证初心。建校四十周年系列丛书的出版，不仅是上政教师展现其学术风采、阐述其学术思想的集体亮相，更是彰显上政四十年发展历程的学术标识。

著名教育家梅贻琦先生曾言，"所谓大学者，有大师之谓也，非谓有大楼之谓也。"在过去的四十年里，一代代上政人勤学不辍、笃行不息，传递教书育人、著书立说的接力棒。讲台上，他们是传道授业解惑的师者；书桌前，他们是理论研究创新的学者。《礼记·大学》曰："古之欲明明德于天下者，先治其国"。本系列丛书充分体现了上政学人想国家之所想的高度责任心与使命感，体现了上政学人把自己植根于国家、把事业做到人民心中、把论文写在祖国大地上的学术品格。激扬文字间，不同的观点和理论如繁星、似皓月，各自独立，又相互辉映，形成了一幅波澜壮阔的学术画卷。

吾辈之源，无悠长之水；校园之草，亦仅绿数十载。然四十载青葱岁月光阴荏苒。其间，上政人品尝过成功的甘甜，也品味过挫折的苦涩。展望未来，如何把握历史机遇，实现新的跨越，将上海政法学院建成具有鲜明政法特色的一流应用型大学，为国家的法治建设和繁荣富强作出新的贡献，是所有上政人努力的目标和方向。

四十年，上政人竖起了一方里程碑。未来的事业，依然任重道远。今天，借建校四十周年之际，将著书立说作为上政一个阶段之学术结晶，是为了激励上政学人在学术追求上续写新的篇章，亦是为了激励全体上政人为学校的发展事业共创新的辉煌。

党委书记　葛卫华教授
校　　长　刘晓红教授
2024年1月16日

前 言 PREFACE

政府和社会资本合作（Public-Private Partnership，PPP）是中外公共服务改革的一种创新模式，既是投融资体制创新，还是社会治理创新。养老服务领域引入 PPP 模式有效开拓融资渠道，缓解政府养老服务的财政压力，这对承受着快速老龄化资金压力的中国来说，无疑具有吸引力；PPP 模式还导入社会资本力量，改善养老服务供给结构，提高养老服务效率，这对政府一家独大的养老服务供给格局来说，提供了新的改革方向。养老服务 PPP 经过一轮热潮之后，暴露出"地方政府热情高涨，社会资本顾虑重重"的问题，究其原因，政府在关心公共利益的同时，欠缺对于社会资本利益回报的合理机制安排和操作性指引。

社会资本是养老服务 PPP 模式的政府合作伙伴，带来资金、技术、人才和管理，其合理投资回报利益应得到充分保障。养老服务 PPP 模式的投资回报机制是保障社会资本投资回报利益的机制保障，也是养老服务 PPP 模式能够持续发展的关键。然而，现有关于社会资本视角的研究明显不够，远远不及政府视角与养老服务需求者视角的研究，对于社会资本合作动力，特别是投资回报机制精准设计及可操作性研究更显缺乏。从理论上对社会资本参与养老服务 PPP 的必要性和可能性进行充分阐释，在总结典型性试点案例的基础上，提出构建精准投资回报机制的策略，既可以保障社会资本的合理投资收益，又可以促进政府和社会资本"风险共担、收益共享"，提供均衡化、专业化的养老服务。

本书以政府和社会资本合作理论、项目区分理论和治理理论为理论基础，运用精准分类研究方法、量化分析方法、个案分析方法和政策研究方法，依循"提出问题——分析问题——解决问题"的逻辑，按照"理论基础——现状与案例分析——对策分析"的框架思路，分为三个部分，共九章。第一部分包括第1章绪论、第2章养老服务PPP模式社会资本投资回报机制的理论基础，阐释研究背景、研究现状、研究方法、研究基本概念与基础理论，是整个研究的理论基础与理论问题部分；第二部分包括第3章我国养老服务融资压力与社会资本投资回报机制、第4章养老服务PPP模式社会资本投资回报机制现状与问题、第5章养老服务PPP模式社会资本投资回报机制的案例研究，分析社会资本投资回报机制构建的实践逻辑和发展现状，是整个研究的现状分析、实践问题和经验借鉴部分；第三部分包括第6章非经营性养老服务PPP模式社会资本投资回报机制构建、第7章准经营性养老服务PPP模式社会资本投资回报机制构建、第8章经营性养老服务PPP模式社会资本投资回报机制构建、第9章完善养老服务PPP模式社会资本投资回报机制的治理保障，提出分类化和操作性的精准对策和治理保障思路，是整个研究的对策分析部分。

本书得出以下主要结论：其一，当前理论研究与试点实践，较多从政府视角和养老服务需求者视角审视养老服务PPP模式。固然政府作为公共利益的代言人，具有广泛关注度，但是社会资本是养老服务PPP模式需要激励的重要的利益相关者与合作伙伴，如果得不到合理利益回报，就会出现"地方政府热情高涨，社会资本顾虑重重"的尴尬，社会资本失去合作意愿。因此，从社会资本视角加强养老服务PPP模式理论阐释，并提出构建养老服务PPP模式社会资本投资回报机制的对策，是开拓养老服务PPP模式新局面的重点难点。其二，量化测算表明，我国养老服务资金供给和需求失衡呈现加重趋势。考虑到老年人对养老服务的迫切需求，而政府财政能力有限，必须积极引入社会资本，通过政府和社会资本合作（PPP）模式，加速养老服务业发展，促进供需平衡和效率提升，而激励社会资本的投资回报机制建设不可或缺。其三，财政部PPP中心项目库的养老服务项目数据挖掘和统计分析以及典型案例调查表明，我国养老服务PPP模式社会资本投资回报机制具有一定政策安排，但是政策规定和机制实践暴露精准性不够和操作指导性不强的问题，以项目区分理论和治理理论为指导，破解养老服务PPP模式社会资本回报机制存在的问题，应根据服务对象与服务宗旨，遵循项目性质与机制建设相匹配原则，分类加强非经营性、准经营性和经营性项目投资回报机制设计。其四，养老服务PPP模式的本质是社会治理变革，由于相关配套政策和治理保障尚不成熟，形成发展的阻碍，应增强政府政策的前瞻性和精准性，注重财政支出项目全生命周期考核管理，进一步增强政府契约意识和服务能力，为养老服务PPP模式社会资本投资回报机制建设营造良好治理环境。

本书的创新主要体现在两个方面：一方面是分析框架创新，运用精准治理的分析框架，以项目区分理论和治理理论为指导，根据养老服务PPP项目非经营性、准经营性和经营性的不同属性，精准分类相应构建政府付费为主、使用者付费和可行性缺口补助为主、开发性资源补偿为主的PPP项目回报机制，并根据项目特点加强多种回报机制的灵活综合运用，在问题分析和案例研究基础上，提出养老服务PPP模式社会资本投资回报机制构建的更具操作性的对策建议。另一方面是学术观点创新，以政府和社会资本合作理论为指导，通过研究提出创新性观点：一是我国作为人口大国和老龄化大国，养老服务需求数量大且层次多，政府面临日益增大的养老服务压力，政府和社会资本合作（PPP）模式具有必要性和可能性，而激励社会资本参与的关键是充分尊重其利益诉求，构建养老服务PPP模式合理的投资回报机制。二是养老服务PPP模式的投资回报机制选择是原则性与灵活性的结合，根据项目的公共属性和服务宗旨选择投资回报机制是基本原则，政府既不能通过项目打包推卸非经营性与准经营性项目的财政支出责任，社会资本也不能因此回避承担经营性项目的市场开发风险。养老服务PPP模式投资回报机制的选择可以双方充分协商，但应遵循前述基本原则。三是养老服务PPP模式的政府方既是政策执行者，又是政府财政支出监管者，还是合作伙伴的服务者，政府负有严格执行政策的责任，应重视项目全生命周期绩效考核的设计与监管，还应基于合作伙伴关系遵守双方契约，积极为社会资本提供服务和保障。四是完善养老服务PPP模式投资回报机制，既需要优化利益分配机制，提高回报机制设计的精准化和可操作性水平，还需要健全法律、完善政策、尊重契约、创新形式、改善治理，优化社会资本投资的治理环境。

党的十八大以来，呈现系统推进老龄化政策和全面深化养老服务改革的良好态势，养老服务PPP模式的改革试点持续推进。本书的研究还需要持续追踪学界动态、政策进展和创新成果，根据新时代伟大实践提出的新问题新要求，继续深化养老服务和PPP模式创新研究，这都是后续研究的努力方向。

目 录 CONTENTS

总 序 ··· 001
前 言 ··· 003

第1章 绪 论 ·· 001
1.1 研究背景与研究意义 ·· 002
1.1.1 研究背景 ··· 002
1.1.2 研究意义 ··· 003
1.2 国内外研究述评 ··· 004
1.2.1 PPP 模式的理论研究 ···································· 005
1.2.2 养老服务 PPP 模式研究 ······························· 009
1.2.3 养老服务 PPP 模式投资回报研究 ··················· 012
1.3 研究方法与研究创新 ·· 017
1.3.1 研究方法 ··· 017
1.3.2 研究创新 ··· 018

第2章 养老服务 PPP 模式社会资本投资回报机制的理论基础 ··· 020
2.1 基本概念界定 ··· 020
2.1.1 养老服务 PPP 模式 ···································· 020
2.1.2 社会资本 ··· 023
2.1.3 投资回报机制 ··· 024
2.2 政府和社会资本合作理论 ·································· 025

2.2.1 政府和社会资本合作理论概述 ………………………… 025
　　2.2.2 主要观点与理论解释力 …………………………………… 027
2.3 项目区分理论 …………………………………………………… 028
　　2.3.1 项目区分理论概述 ………………………………………… 028
　　2.3.2 主要观点与理论解释力 …………………………………… 030
2.4 治理理论 ………………………………………………………… 031
　　2.4.1 治理理论概述 ……………………………………………… 031
　　2.4.2 主要观点与理论解释力 …………………………………… 033

第3章 我国养老服务融资压力与社会资本投资回报机制 ……… 036

3.1 我国养老服务资金缺口测算 …………………………………… 036
　　3.1.1 我国养老服务资金来源状况 ……………………………… 036
　　3.1.2 我国养老服务资金缺口规模测算 ………………………… 041
　　3.1.3 我国养老服务资金缺口的原因探析 ……………………… 047
3.2 养老服务PPP模式缓解政府压力 ……………………………… 049
　　3.2.1 养老服务PPP模式导入社会资金 ………………………… 049
　　3.2.2 养老服务PPP模式提高服务效率 ………………………… 051
　　3.2.3 养老服务PPP模式开拓社会资本盈利来源 ……………… 052
　　3.2.4 养老服务PPP模式完善治理格局 ………………………… 053
3.3 养老服务PPP模式的社会资本投资回报诉求 ………………… 054
　　3.3.1 养老服务PPP模式社会资本的利益关注 ………………… 054
　　3.3.2 养老服务PPP模式社会资本回报机制的政策规定 ……… 057
　　3.3.3 养老服务PPP模式社会资本回报机制的治理要求 ……… 058

第4章 养老服务PPP模式社会资本投资回报机制现状与问题 … 061

4.1 养老服务PPP模式的项目概况 ………………………………… 061
　　4.1.1 养老服务PPP模式的项目进展 …………………………… 062
　　4.1.2 养老服务PPP模式的项目运行机制 ……………………… 065

4.1.3 养老服务PPP模式的项目投资回报机制……066
4.2 养老服务PPP模式的投资回报机制现状评价……068
4.2.1 投资回报机制的风险性评价……068
4.2.2 投资回报机制设计的合理性评价……071
4.3 养老服务PPP模式社会资本投资回报机制存在的问题……074
4.3.1 社会资本投资回报机制存在的问题分析……075
4.3.2 问题破解的基本思路……078

第5章 养老服务PPP模式社会资本投资回报机制的案例研究……082
5.1 非经营性养老机构PPP项目投资回报机制案例……082
5.1.1 河南省开封市民生养老院PPP项目概况……082
5.1.2 河南省开封市民生养老院PPP项目运作……083
5.1.3 河南省开封市民生养老院PPP项目投资回报机制评价……085
5.2 准经营性养老机构PPP项目投资回报机制案例……087
5.2.1 北京市朝阳区第二社会福利中心PPP项目概况……088
5.2.2 北京市朝阳区第二社会福利中心PPP项目运作……089
5.2.3 北京市朝阳区第二社会福利中心PPP项目投资回报机制评析……091
5.3 准经营性社区居家养老PPP项目投资回报机制案例……092
5.3.1 章贡区社区居家养老服务中心PPP项目概况……092
5.3.2 章贡区社区居家养老服务中心PPP项目运作……094
5.3.3 章贡区社区居家养老服务中心PPP项目投资回报机制评析……096
5.4 经营性养老社区PPP项目投资回报机制案例……098
5.4.1 山东省蓬莱市智慧健康养老服务PPP项目概况……098
5.4.2 山东省蓬莱市智慧健康养老服务PPP项目运作……100
5.4.3 山东省蓬莱市智慧健康养老服务PPP项目投资回报机制评析……101

第6章 非经营性养老服务 PPP 模式社会资本投资回报机制构建 ………… 104

6.1 政府付费为主的投资回报机制 …………………………………… 104
6.1.1 政府付费回报机制的界定 …………………………………… 104
6.1.2 政府付费回报机制的付费方式 ……………………………… 107

6.2 政府付费投资回报机制的绩效评价 ……………………………… 112
6.2.1 政府付费回报机制的绩效评价要点 ………………………… 113
6.2.2 政府付费回报机制的绩效评价现状 ………………………… 114

6.3 政府付费投资回报机制的优化 …………………………………… 116
6.3.1 明确政府付费责任 …………………………………………… 116
6.3.2 优化政府付费方式 …………………………………………… 118
6.3.3 完善全生命周期绩效评价 …………………………………… 120

第7章 准经营性养老服务 PPP 模式社会资本投资回报机制构建 ………… 124

7.1 使用者付费的投资回报机制 ……………………………………… 124
7.1.1 使用者付费的界定 …………………………………………… 125
7.1.2 使用者付费的机制要求 ……………………………………… 126
7.1.3 使用者付费机制的主要问题 ………………………………… 128

7.2 可行性缺口补助的投资回报机制 ………………………………… 130
7.2.1 可行性缺口补助的界定 ……………………………………… 130
7.2.2 准经营性养老服务 PPP 的可行性缺口补助分类 ………… 132
7.2.3 可行性缺口补助回报机制的风险管理 ……………………… 135

7.3 准经营性养老服务 PPP 模式社会资本投资回报机制的优化 …… 137
7.3.1 准经营性养老服务 PPP 项目财务测算适度从宽 ………… 137
7.3.2 控制社会资本方投资风险 …………………………………… 141
7.3.3 防范社会资本方运营风险 …………………………………… 143
7.3.4 加强政府与社会资本方的有效沟通 ………………………… 144

第8章 经营性养老服务 PPP 模式社会资本投资回报机制构建 … 146

8.1 养老服务 PPP 模式开发性资源补偿为主的投资回报机制 ………… 146
8.1.1 开发性资源补偿的界定 ………………………………………… 147
8.1.2 开发性资源补偿的机制要求 …………………………………… 148
8.1.3 开发性资源补偿机制的优劣势分析 …………………………… 150

8.2 开发性资源补偿投资回报机制的运用 ……………………………… 152
8.2.1 开发性资源补偿的运用程序 …………………………………… 152
8.2.2 开发性资源补偿的运用经验 …………………………………… 153
8.2.3 开发性资源补偿运用的问题 …………………………………… 155

8.3 养老服务 PPP 开发性资源补偿投资回报机制的优化 ……………… 156
8.3.1 开发性资源的收益补偿机制 …………………………………… 156
8.3.2 开发性资源的土地补偿机制 …………………………………… 158
8.3.3 开发性资源的金融补偿机制 …………………………………… 160

第9章 完善养老服务 PPP 模式社会资本投资回报机制的治理保障 ……………………………………………………………… 163

9.1 健全法律法规 ………………………………………………………… 163
9.1.1 健全法制体系 …………………………………………………… 164
9.1.2 健全监管体系 …………………………………………………… 166

9.2 强化契约行为 ………………………………………………………… 168
9.2.1 重视契约内容设计 ……………………………………………… 168
9.2.2 培养契约服务意识 ……………………………………………… 170

9.3 完善政策支持 ………………………………………………………… 171
9.3.1 完善资金支持 …………………………………………………… 171
9.3.2 完善人才支持 …………………………………………………… 173
9.3.3 完善资源支持 …………………………………………………… 174

9.4 创新发展形式 ………………………………………………………… 176
9.4.1 优化养老服务 PPP 发展模式 …………………………………… 176

9.4.2 适应社会资本多元投资偏好 …………………………………… 177
9.5 提升精准治理 …………………………………………………………… 180
9.5.1 发挥行业协会的治理作用 …………………………………… 180
9.5.2 充分整合社会力量 …………………………………………… 181

参考文献 ………………………………………………………………………… 183

CHAPTER 1　第 1 章

绪　论

中国是人口老龄化大国，又是发展中大国，养老问题与发展问题交织，这是思考我国养老服务问题的重要背景。当前经济面对全球疫情拖累、国际冲突危机等因素，国内需求收缩、供给冲击、预期转弱三重影响，公共财政增长乏力，应对"银发潮"的养老支出压力较大，调动社会力量不断提升养老服务水平仍是大势所趋。养老服务的发展，不仅能提高老年人生活和生命质量、维护老年人尊严和权利，而且能促进经济发展、增进社会和谐。习近平总书记提出，"坚持党委领导、政府主导、社会参与、全民行动相结合，坚持应对人口老龄化和促进经济社会发展相结合，坚持满足老年人需求和解决人口老龄化问题相结合，努力挖掘人口老龄化给国家发展带来的活力和机遇，努力满足老年人日益增长的物质文化需求，推动老龄事业全面协调可持续发展。"[1]习近平总书记在充分肯定我国社会保障事业成绩的同时，也指出"政府主导并负责管理的基本保障'一枝独大'，而市场主体和社会力量承担的补充保障发育不够"，"社会保障公共服务能力同人民群众的需求还存在一定差距"，管理体系和服务网络要"在提高管理精细化程度和服务水平上下更大功夫，提升社会保障治理效能"。[2]党和政府关于社会保障与养老服务的发展战略，为养老服务政府和社会资本合作的PPP模式创新提供了导向和支撑。社会资本是养老服务PPP模式的政府合作伙伴，然而学界研究更多注重政府视角与养老服务需求者视角，提出很多养老服务PPP模式维护政府利益和养

---

[1]《习近平在中共中央政治局第三十二次集体学习时强调　党委领导政府主导社会参与全民行动　推动老龄事业全面协调可持续发展》，载《人民日报》2016年5月29日，第1版。

[2] 习近平：《促进我国社会保障事业高质量发展、可持续发展》，载《求是》2022年第8期。

老服务需求者利益的研究建议，而从社会资本角度关注其利益回报并激励其参与养老服务 PPP 模式的研究比较欠缺，难以有效阐释和破解当前养老服务 PPP 模式"地方政府热情高涨，社会资本顾虑重重"的尴尬局面。

1.1 研究背景与研究意义

1.1.1 研究背景

我国人口老龄化高龄化程度持续加深，"七普"数据显示，我国 60 岁以上人口达 2.64 亿，占总人口的比例为 18.7%；其中 65 岁以上人口达 1.91 亿，占总人口比例为 13.5%。[1]"银发潮"对养老服务供给总量和供给质量提出更高要求。我国推进政府和社会资本合作（PPP）模式，注重激发社会资本和社会力量参与养老服务供给的积极性，形成主体更加多元、内容更加丰富、质量更加优良的养老服务供给格局。财政部、民政部及人力资源社会保障部联合出台《关于运用政府和社会资本合作模式支持养老服务业发展的实施意见》（财金〔2017〕86 号），鼓励各级财政部门优化资金投入方式，激发社会资本参与热情，促进养老服务 PPP 模式发展。[2]

养老服务 PPP 模式符合分担政府负担、优化资源配置、促进社会公平的要求。养老服务 PPP 模式能够实现政府方战略规划、公共服务、市场监管与社会资本方的资金优势、管理效率、机制创新的有机结合。全国 PPP 综合信息平台项目库数据显示，截至 2021 年底，尽管养老服务 PPP 模式项目数量比例还不算高，发展势头趋缓，但是项目整体仍处于发展阶段。由此不难发现，伴随试点项目的落地运行，养老服务 PPP 长期性、稳定性和安全性的特点，既得到政府方支持，也引起社会资本关注。

不容忽视的是，在鼓励社会资本进入养老服务业的过程中，社会资本参与养老服务积极性还不高，存在"地方政府热情高涨，社会资本顾虑重重"的问题。社会资本参与养老服务 PPP 项目，一方面体现服务社会的公益使命，

---

〔1〕参见王红茹：《应对人口老龄化——300 家党政机关培训疗养机构将转型为普惠养老机构》，载《中国经济周刊》2021 年第 13 期。

〔2〕参见《关于运用政府和社会资本合作模式支持养老服务业发展的实施意见》（财金〔2017〕86 号），以下简称财金〔2017〕86 号文。

另一方面更有开拓投资渠道,获得投资回报的诉求。这就需要基于养老服务PPP模式"收益共享,风险共担"的合作伙伴关系,加强政策支持和机制建设,完善养老服务PPP模式的社会资本投资回报机制和治理体系,促进政府和社会资本合作提高养老服务供给水平。

本书在研究现状回顾和理论分析基础上,通过量化方法分析我国养老服务融资压力与社会资本投资回报机制构建的必要性,同时运用PPP数据库研究我国养老服务PPP模式社会资本投资回报机制现状与存在的问题,进而根据政府和社会资本合作理论以及项目区分理论,然后根据不同项目非经营性、准经营性和经营性养老服务PPP属性特点,提出分类构建养老服务PPP投资回报机制的基本思路,并具体研究非经营性养老服务PPP项目、准经营性养老服务PPP项目和经营性养老服务PPP项目的社会资本投资回报机制,最后提出完善政府精准治理和保障机制建设的建议。

1.1.2 研究意义

本书以养老服务PPP模式的社会资本投资回报机制建设为研究对象,分析如何根据养老服务PPP项目的不同属性和服务宗旨,分类构建社会资本投资回报机制。研究基于养老服务PPP模式的"风险共担、收益共享"合作理念,运用政府和社会资本合作理论、利益相关者理论和治理理论,针对社会资本投资回报机制缺乏的现实问题,在现状分析和案例研究的基础上,结合PPP项目服务对象与服务宗旨,提出分类构建养老服务(PPP)模式社会资本投资回报机制的精细化和操作性对策,以及深化治理保障的建议。因此,本书具有较强的理论意义和现实意义。

(1) 理论意义

一是通过较为系统的理论与实践分析,构建立足于我国国情的养老服务PPP模式社会资本投资回报机制研究框架。该研究框架以项目区分理论为基础,聚集社会资本行为的内在动力,根据养老服务PPP项目非经营性、准经营性和经营性的不同属性,分类构建符合中国国情的养老服务PPP模式投资回报机制,尊重社会资本利益诉求,对于深化PPP模式动力机制研究具有理论价值。

二是通过构建养老服务资金供求模型,测算我国养老服务资金收支缺口。

运用量化研究方法，分析目前我国养老服务PPP试点项目投资回报机制现状与问题，为问题分析和决策研究提供充分依据，具有理论研究的方法价值。

（2）现实意义

首先，养老服务PPP模式投资回报机制研究有助于激发社会资本参与养老服务项目的内在动力，社会资本发挥资金、技术和管理等方面优势，减轻政府的财政负担和服务压力，形成多元力量改善养老服务供给格局。

其次，为构建精准化的养老服务PPP模式投资回报机制提供决策参考。政策操作上从支持养老服务业具体行业发展的角度，提出建立政府付费、使用者付费和开发性资源补偿相结合的三种项目回报机制。但是，对于三种项目回报机制如何合理运用，如何结合不同属性的项目设计回报机制，没有具体的实践指导。本书提出结合非经营性、准经营性和经营性项目的不同属性，分别相应采用政府付费、使用者付费和开发性资源补偿为主的回报机制，有利于构建一个具有操作性的、进一步完善的养老服务PPP模式投资回报机制体系。

最后，优化养老服务治理保障，更好地满足老年人美好养老需求。随着我国现代化国家建设和人民生活水平的提高，老年人对养老存在更高服务期盼。本书提出健全法律法规、强化契约行为、完善政策支持、加强精准治理等对策，有助于发挥政府和社会资本两个优势，满足我国老年人美好养老需求。

1.2 国内外研究述评

西方发达国家较早进入老龄化，养老服务PPP模式的探索与研究成果比较丰富。"他山之石，可以攻玉"，国外养老服务PPP相关成果无疑对我国养老服务PPP及其回报机制研究具有借鉴价值。我国作为世界上老年人口最多的国家，又是世界上最大的发展中国家，养老服务供给能力受到资金、管理和技术等制约，激励社会资本参与养老服务越来越受重视，PPP模式的相关研究应运而生，特别是进入新世纪以来，养老服务PPP模式多角度多层次的相关研究成果日渐丰富。

1.2.1 PPP 模式的理论研究

（1）PPP 模式的定义

PPP 模式概念的理解是相关理论研究的前提和基础。亚当·斯密（2006）早在《国富论》中提出，基础设施固然应由政府投资建设和运营，但是看不见的手可以激励社会资本参与提供更有效的产品和服务。[1] 从中不难发现，亚当·斯密发现了政府单独提供公共产品的缺陷，也看重社会资本参与公共服务的潜力。PPP 模式较早由英国提出，其概念本身较为宽泛，欧盟委员会、国际货币基金组织（IMF）等世界组织机构和众多学者都给予 PPP 模式不同的定义，尽管各自界定的角度不同，但是在核心内容上基本一致。E. S. Savas（1999）[2]、野田由美子（2003）[3] 做了相关研究阐述，PPP 是英文 Public-Private Partnership 的缩写，指政府和社会资本达成协议，目标是合作提供产品与服务，建构"利益共享、风险共担、全程合作"的伙伴关系。[4][5]

吴有红（2022）[6] 研究提出，PPP 模式是指政府部门和社会资本合作提供准公共产品或者服务的供给方式，也是公共基础设施建设中的项目融资和管理方式，还是合作共赢伙伴关系模式。PPP 模式政府的财政支出相对减少，社会资本投资风险相对变小，而且会使参与的各方发挥各自优势，达成比单独行动更好的预期结果。在我国，作为"社会资本"参与项目建设的，除了非公企业，还包括国有企业，都统称为"社会资本"。PPP 模式中，政府和社会资本形成伙伴关系，参与各方在权利、义务、风险和收益等方面都是平等的。

（2）PPP 模式发展研究

国外西方工业化国家 PPP 模式起步较早，其起源可追溯到 17 世纪英国收

---

[1] 参见 [英] 亚当·斯密：《国富论》，杨敬年译，陕西人民出版社 2006 年版，第 78—80 页。
[2] See E. S. Savas, *Privatization and Public-Private Partnerships*, Chatham House, 1999, pp. 168-192.
[3] 参见野田由美子：《PFI 的知识》，日本经济新闻社 2003 年版，p. 15.
[4] 参见贾康、孙洁：《公私伙伴关系（PPP）的概念、起源、特征与功能》，载《财政研究》2009 年第 10 期。
[5] 参见贾康、孙洁：《公私合作伙伴关系理论与实践》，经济科学出版社 2014 年版，第 43 页。
[6] 参见吴有红：《更好发挥政府投资的引导带动作用》，载《宏观经济管理》2022 年第 6 期。

费公路修建。20世纪90年代，PPP模式在西方发达国家逐步推广，主要应用于公共基础设施建设，并进一步应用于医疗、教育和养老等公共服务方面。Aworunse等（2012）[1]从政府和社会资本关系演进的角度，认为PPP模式经历了三阶段发展演进：替代性演进、互补性演进、合作性演进。

第一是替代性演进。欧美公共支出大幅增加，公共服务效率偏低，存在政府失灵问题。鉴于此，20世纪80年代，公共选择论者为解决政府失灵，主张公共服务民营化，提出民营化改革，替代官僚组织独家垄断公共服务的模式。然而，民营化替代官僚组织的过程中，社会资本虽然发挥了服务效率优势，但是并不能取代政府提供所有公共服务，民营化公共服务也造成更多社会公正问题[2]。

第二是互补性演进。政府力量与社会力量博弈，西方公共部门和社会资本方都没有显著强势，既没有形成替代关系，也没有结成伙伴关系。20世纪90年代，新自由主义认为，公私部门之间形成互补关系，这是现代政府进步的必然结果。政府部门需要社会力量时，就会通过津贴方式寻求社会资本专业化支持。但是，政社互补性关系的双方，主要基于合作项目的利益进行交流型合作，并未构建共享共创的合作机制，难以取得预期的互补成效[3]。

第三是合作性演进。21世纪初期欧美金融危机，西方公共部门暴露预算吃紧、效率不高的问题，新公共管理理论者认为，公共服务应大力推进政府和社会资本合作（PPP），两者确定目标一致的发展愿景，建立"风险共担、收益共享"的协同合作关系。从实施绩效来看，PPP模式既发挥投融资功能，也成为公共政策工具，还促进了公共治理改进[4]。

相较于西方，我国PPP模式运用比较晚，20世纪90年代PPP模式初步尝试，经历几十年探索，至今在公共基础设施和公共服务多领域推广此模式，

---

[1] Aworunse, et al., "Comparison of Availability and Accessibility of Oral Oncology Products between Medicare, Commercial U.S., and U.K. National Health Service (NHS) Patient Populations", *World Medical & Health Policy*, No.4., 2012, pp.70-79.

[2] 参见章萍：《基于新公共管理理论分析的居家养老服务PPP模式——以安徽省合肥市金玫瑰居家养老示范项目为例》，载《广西社会科学》2018年第9期。

[3] 参见唐祥来：《PPP模式的治理逻辑、工具属性及其绩效》，载《经济与管理评论》2016年第4期。

[4] 参见章萍：《社区居家养老服务PPP运作模式研究》，载《当代经济管理》2018年第11期。

已取得一定经济效益和社会效益。伴随 PPP 模式的演进，我国学术界开展了对 PPP 模式的多角度研究。

最初是关于基础设施 PPP 模式研究。李秀辉、张世英（2002）[1]和白雪华等（2003）[2]提出，公共部门与私人部门合作的 PPP 模式，主要是推动公共基础设施供给的一种项目融资模式。郭燕芬（2017）[3]认为，我国 PPP 模式探索开始于 20 世纪 90 年代初，初期主要应用于经济性基础设施建设（如交通、能源和电力等），后逐渐发展到社会性基础设施领域（如卫生、教育、养老等）。PPP 项目实践中既有成功典型如北京地铁四号线项目、深圳沙角 B 电厂项目等；也有失败案例如深圳梧桐山隧道项目与杭州湾跨海大桥项目等。学界通过对 PPP 项目的比较分析和研究，探索 PPP 模式实践得失，总结积累经验。

继而拓展到多领域 PPP 模式研究。随着实践发展和理论研究拓展，PPP 模式运用于土地开发、科技设施、民生设施和公共服务等领域，主要研究关注于以下几方面：①PPP 模式合作机制研究。边立明、杨建基（2007）[4]开展调水工程公私合作机制的研究；章萍（2021）[5]对重大科技基础设施公私合作路径的研究；王经绫、华龙（2014）[6]、章萍（2018）[7]将 PPP 机制应用于我国养老机构建设及社区居家养老服务研究，孟春、王景森（2014）[8]在总结国际上 PPP 模式推广和应用经验的基础上，提出我国 PPP 模式相关机制建设的借鉴建议。②PPP 模式合作关系研究。张喆等（2009）[9]开展卫生医疗

---

[1] 李秀辉、张世英：《PPP：一种新型的项目融资方式》，载《中国软科学》2002 年第 2 期。

[2] 白雪华等：《土地整理项目融资 PPP 模式》，载《中国土地》2003 年第 1 期。

[3] 郭燕芬：《公私合作伙伴关系（PPP）事前评估——基于中国和澳大利亚的对比分析》，载《当代经济管理》2017 年第 12 期。

[4] 边立明、杨建基：《调水工程公私合作供给与水权的经济学分析》，载《水利水电科技进展》2007 年第 3 期。

[5] 章萍：《重大科技基础设施公私合作路径研究——基于"伽利略"计划的启示》，载《科学与社会》2021 年第 1 期。

[6] 王经绫、华龙：《PPP 机制应用于我国养老机构建设的必要性研究》，载《经济研究参考》2014 年第 52 期。

[7] 章萍：《社区居家养老服务 PPP 运作模式研究》，载《当代经济管理》2018 年第 11 期。

[8] 孟春、王景森：《借鉴国际经验 完善我国 PPP 机制》，载《经济研究参考》2014 年第 36 期。

[9] 张喆等：《PPP 合作中控制权配置及其对合作效率影响的理论和实证研究——以中国医疗卫生领域内的 PPP 合作为例》，载《管理评论》2009 年第 9 期。

公私合作控制权的研究，鲁庆成、马健（2008）[1]对政府、私人投资者与利益相关者互动关系研究。③PPP模式的项目应用研究。李长军、高存红（2014）[2]研究了PPP模式在国家体育场（鸟巢）项目中的应用，曾祥渭、冯德安（2014）[3]开展中外基础设施建设PPP模式应用的比较研究。④关于PPP模式的合作经验研究。黄腾等（2009）[4]比较中外PPP模式的政府管理机制，李飞龙（2010）[5]分析国外公共教育PPP模式的应用及其对我国相关领域公私合作的启示与借鉴。通过以上研究不难发现，PPP项目因不同国家国情呈现自身特点，如公私主体定位、特许经营权限、项目合同期限等，在操作上都有各自规定。

（3）PPP模式定位研究

西方发达国家20世纪70年代末与80年代初，发生经济滞胀与预算收紧，公共部门低效与垄断的问题更加暴露出来，引起学界质疑。为此，Dmitri Vinogradov等（2014）[6]把PPP模式定位为，政府、非营利性部门与营利部门之间形成的合作改进公共服务功能。Mohamed, I. S.（2015）[7]认为，私人部门与社会力量在公共治理中的地位与作用的相对优势得以彰显，这是发展政府与社会资本合作模式（PPP）的基础，由此进一步研究指出，PPP模式不仅是公共产品和公共服务的供给机制，还是公共政策创新的重要工具。

国内学者研究认为，PPP模式的应用需适应我国国情，发挥其独特功能。张博（2021）[8]提出，PPP模式借助日益壮大的民间资本和社会资本，能够

---

[1] 鲁庆成、马健：《城市轨道交通项目采用公私合作模式融资的几个问题》，载《城市轨道交通研究》2008年第4期。

[2] 李长军、高存红：《PPP模式在国家体育场（鸟巢）项目的应用分析——试论公开招标是PPP项目实施的有效途径》，载《招标采购管理》2014年第11期。

[3] 曾祥渭、冯德安：《中外基础设施建设中PPP模式应用状况对比研究》，载《价值工程》2014年第31期。

[4] 黄腾等：《中外PPP模式的政府管理比较分析》，载《项目管理技术》2009年第1期。

[5] 李飞龙：《国外基础教育PPP办学模式的实践及启示》，载《外国教育研究》2010年第7期。

[6] Dmitri Vinogradov, et al., "Public Procurement Mechanisms for Public-private Partnerships", Journal of Public Procurement, Vol. 14, No. 4., 2014, pp. 538-566.

[7] Mohamed, I. S. "Good governance, Institutions and Performance of Public Private Partnerships", International Journal of Public Sector Management：IJPSM, Vol. 28, No. 7., 2015, pp. 566-582.

[8] 张博：《供给侧视角下社会资本参与智慧健康养老服务供给研究》，载《兰州学刊》2021年第3期。

充分发挥市场主体的创造力,从而减轻政府财政负担,化解地方政府债务压力。廖振中等(2018)[1]认为,PPP模式具有较强实践价值,其定位根据实践发展而不断调整,经历了从简单财政工具到公共产品供给的模式转换。金荣学、魏晓兰(2017)[2]研究世界银行和亚洲开发银行等机构关于PPP模式的界定,认为在我国传统上依赖地方政府债务支出中的市政建设、交通运输和保障性住房等,规模比例达到地方政府支出的71%,都可以尝试应用PPP模式,若取得成功,能较大程度上缓解地方政府的支出压力,改善财政状况。

1.2.2 养老服务PPP模式研究

随着老龄化在西方的深度发展,养老服务成为社会关注的热点问题,政府与社会资本合作模式在实践中不断拓展,养老服务PPP模式的研究也引起学者高度重视,主要代表人物有E. S. Savas、Patrick Sabol、Robert Puentes、Holzer、Schwest等。国外部分学者关注中国养老服务领域政府和社会资本合作(PPP)的进展,相关成果集中体现在中国社会老龄化研究的成果中。他们肯定中国政府和社会资本合作(PPP)模式的创新尝试,在分析研究中国养老服务需求的变化趋势的基础上,建议中国积极借鉴欧美日等发达国家养老服务模式创新的经验,并结合PPP模式国外实践的得失,提出要防范PPP模式存在的风险。还有一些研究囿于西方意识形态的偏见,通过PPP模式揣测中国财政增长乏力,经济发展前景不妙,将PPP模式简单化为政府能力衰退。

关于中国养老服务领域政府和社会资本合作(PPP)研究,国外学者形成了以下主要观点:第一种观点认为社会资本发挥着不可替代的作用,Batson(1998)[3]分析了部分发达国家经验,可为中国养老服务提供借鉴。第二种观点认为养老服务PPP模式是中国政府尊重市场和社会作用的体现,Patrick Sabol、Robert Puentes(2014)[4]认为政府财政吃紧必须吸纳社会资本提供公

---

[1] 廖振中等:《政府与社会资本合作(PPP)的检视——一个文献综述》,载《财经科学》2018年第3期。

[2] 金荣学、魏晓兰:《日本PPP模式对我国的经验与启示》,载《当代经济》2017年第16期。

[3] A. Batson, "Win-win interactions between the public and private sectors", *Nature Medicine*, Vol. 4, No. 5., 1998, pp. 487-491.

[4] Patrick Sabol, Robert Puentes, "Private Capital, Public Good: Drivers of Successful Infrastructure Public-Private Partnerships", *Brookings Institution*, No. 12., 2014.

共服务,这也是推进公共治理改革的需要。第三种观点建议养老服务 PPP 模式应与公共治理改革同步进行,Joseph Eugene Stiglitz（2015）[1]提醒 PPP 模式失败案例也很多,需要加强公共治理监管。第四种观点强调维护多主体利益是养老服务 PPP 模式成败的关键,Holzer、Schwester（2014）[2]认为政府、市场、服务对象的主体利益都必须得到保护。

郑功成（2020）等国内学者认为养老服务模式主要是指养老资金供给、养老服务来源及养老服务地点等方面体现的特征与存在形式[3]。刘瑞莲（2021）[4]则认为,养老服务模式是在养老方式的基础上发展的养老服务样式,养老服务模式不局限于服务供给方式。关于养老服务模式的分类,由于国内学者划分标准差异,划分的类别也不同。按照养老资金来源,孙涛、谢东明、赵志荣（2020）[5]、唐祥来（2016）[6]等分别将养老模式划分为政府养老模式、社会资本养老模式以及政府和社会资本合作（PPP）的养老模式；政府供给模式、市场供给模式、第三部门供给和 PPP 供给模式。

关于政府和社会资本合作（PPP）的养老模式研究领域从基础设施建设到公共部门,经历了三阶段研究范式的转换。[7]

第一阶段是投融资研究范式。PPP 模式研究初期,探讨运用 PPP 模式解决养老服务基础设施融资困难问题。陈功等（2021）[8]指出公共部门与私人企业合作的 PPP,是公共基础设施的一种项目融资模式。在该模式下,鼓励私

---

[1] 吴易风:《资本主义市场经济系统性危机和西方经济思潮新动向》,中国人民大学出版社 2015 年版,第 68 页。

[2] Holzer M., Schwester R. W., *Public Administration: An Introduction*, Routledge, 2014.

[3] 参见郑功成、江丹主编:《中国养老服务业发展高层论坛演讲选编:2015-2019》,人民出版社 2020 年版,第 6 页。

[4] 刘瑞莲:《中国养老服务 PPP 项目风险管理研究》,中国财政经济出版社 2021 年版,第 21-26 页。

[5] 孙涛等:《养老 PPP 的服务模式与融资结构研究》,载《吉林大学社会科学学报》2020 年第 2 期。

[6] 唐祥来:《PPP 模式的治理逻辑、工具属性及其绩效》,载《经济与管理评论》2016 年第 4 期。

[7] 章萍、严运楼:《养老服务 PPP 模式研究述评》,载《武汉金融》2018 年第 3 期。

[8] 陈功等:《"十四五"时期养老服务高质量发展的机遇和挑战》,载《行政管理改革》2021 年第 3 期。

人企业与政府进行合作,参与公共基础设施的建设。张思锋(2021)[1]的PPP模式研究,考虑的主要也是土地开发和公共基础融资。此阶段研究成果基本将PPP视为项目融资模式予以关注。

第二阶段是运营管理研究范式。随着PPP模式的研究深入,学术界关注点拓展到管理研究范式,着重分析建立公共部门和私人部门的管理合作关系。贾康、孙洁(2009)[2]认为,PPP虽被广泛应用到公共产品和服务的供给中,但人们对PPP的认识基本上还停留在融资层面,而PPP在经济社会转轨中对于促进制度、机制创新的意义和功能特别值得强调。片面地认为PPP仅是一种融资方式,忽略PPP在公共服务供给过程中的强大功能,就会在界定政府职能中出现漏洞。

第三阶段是以治理为重点的综合研究范式。党的十八大以来,特别是党的十八届三中全会提出把"推进国家治理体系和治理能力现代化"确定为全面深化改革的总目标,并直接提出"加快形成科学有效的社会治理体制"的任务,[3]"社会治理"取代了"社会管理"成为党的治国理政理念升华。政府和社会资本合作(PPP)研究着重从治理角度思考公私合作风险与治理路径。何寿奎(2018)[4]分析民营机构参与养老服务供给现状,在此基础上阐述政府与社会资本合作面临的风险问题并提出治理优化路径。孙静、石银凤(2021)[5]研究认为,PPP治理是缓解政府和社会资本合作价值冲突、改善合作绩效的新途径,如何应对实践层面PPP治理机制不完备与要素关系不清晰的困境,促进治理目标与治理路径相协调,成为PPP可持续发展亟待解决的难题,认为关键在于提高风险治理能力,提升PPP项目治理机制。

---

[1] 张思锋:《中国养老服务体系建设中的政府行为与市场机制》,载《社会保障评论》2021年第1期。

[2] 贾康、孙洁:《公私伙伴关系(PPP)的概念、起源、特征与功能》,载《财政研究》2009年第10期。

[3] 中共中央文献研究室编:《十八大以来重要文献选编(上)》,中央文献出版社2014年版,第512-513页。

[4] 何寿奎:《社会资本参与医养结合项目面临的问题与治理路径研究》,载《当代经济管理》2018年第11期。

[5] 孙静、石银凤:《社会网络分析视角下我国PPP项目治理机制及其要素间关系研究》,载《求是学刊》2021年第5期。

1.2.3 养老服务 PPP 模式投资回报研究

国外学者主要从投资、定价、风险和收益等角度研究养老服务 PPP 模式的投资回报。

第一，国外关于养老服务 PPP 模式的投资研究。安藤陽（2014）[1]研究日本政府和民间机构 2013 年各出资 100 亿日元成立民间资金，给予 PPP 模式资金支持，指出其发挥杠杆作用，推动了民间资本参与养老服务 PPP 模式，并体现出更高投资效率。Michael Gerald Pollitt（2000）[2]、Mott MacDonald（2002）[3]和 Graeme Hodge（2004）[4]指出，养老服务 PPP 模式与传统养老服务模式比较，优势在于效率更高、项目进度更快、建设成本更低、实现了风险转移。也有研究者并不认同 PPP 模式的优势，John Hall（1998）[5]、John Quiggin（2004）[6]通过英国 PPP 案例分析，认为养老服务 PPP 模式并没有减轻政府养老预算压力，也没有提高资金使用效率。

第二，国外关于养老 PPP 项目定价研究。Scott JT（2009）[7]运用成本收益法研究养老 PPP 项目定价。Evenhuis E 等（2010）[8]探讨边际成本定价法研究养老 PPP 项目，分析该定价方法对项目建设移交和回报机制方面的影响，进而指出，养老 PPP 项目的社会资本方必须获得能够弥补长期平均成本的收入，这样才能吸引其投资热情。研究还提示要注意养老 PPP 项目可能存在的社会资本逆向激励。

---

[1] 安藤陽:"第三セクター鉄道の成立・展開・課題—三陸鉄道，30 年の軌跡を踏みまえて"，社会科学論集第 142 号，No. 6.，2014，pp. 15-18.

[2] Michael Gerald Pollitt, "The Declining Role of the State in Infrastructure Investment in the UK", *Working paper*, 2000.

[3] Mott MacDonald, "Review of the Public Procurement in the UK", *Mott MacDonald*, No. 7., 2002.

[4] Graeme Hodge, "Risk in Public-Private Partnership: Shifting, Sharing or Shirking", *The Asia Pacific Journal of Public Administration*, Vol. 26, No. 2., 2004.

[5] John Hall, "Private Opportunity, Public Benefit?", *Fiscal Studies*, Vol. 19, No. 2., 1998.

[6] John Quiggin, "Risks, PPPs and the public sector comparator", *Australian Accounting Review*, Vol. 14, 2004.

[7] Scott JT, "Cost-benefit analysis for global public-private partnerships: an evaluation of the desirability of intergovernmental organizations entering into public-private partnerships", *Journal of Technology Transfer*, No. 6., 2009.

[8] Evenhuis E, Vickerman R, "Transport pricing and Public-Private Partnership in theory: Issues and Suggestions", *Research in Transportation Economics*, No. 30., 2010.

第三,国外关于养老服务 PPP 模式风险研究。Savvakis Savvides (1994)[1]认为风险研究是养老服务 PPP 模式研究的重要组成部分,并运用基于概率论的蒙特卡罗模拟方法对 PPP 项目的风险因素进行研究,指出 PPP 项目的风险因素构成和风险环节。Francesco Fantozzi 等(2014)[2]对不同类型养老 PPP 项目进行风险识别研究,并预测项目风险概率。David Blanchett(2014)[3]提出降低养老 PPP 项目投资风险的策略,建议优化配置养老产业资源投资组合。

第四,国外关于养老服务 PPP 模式收益研究。Thomas Dangl (1999)[4]开展最优投资模型研究,提出针对养老 PPP 项目需求不确定情况,运用实物期权法进行风险和选择分析。Elisabetta Iossa、David Martimort (2008)[5]认为对 PPP 项目收益研究需要对项目的合约特点和实施条件做成本收益分析。Thomas Ng 等 (2007)[6]运用仿真模型开展养老 PPP 项目的特许经营研究,同时运用综合模糊多目标分析法改进决策模型。

国内学者对养老服务 PPP 模式的研究,从项目投资研究到定价研究、风险研究和收益研究,随着养老 PPP 项目数量的增加与发展,由定性分析逐渐转变为定量模型分析,研究方向与视角也渐渐丰富多元。

(1) 养老 PPP 项目投资研究

养老 PPP 项目投资来源研究。资金来源是养老服务 PPP 模式研究的重要内容,郜凯英(2015)[7]提出,我国养老 PPP 项目政府方资金来源主要包括不同层级政府的公共财政支出、彩票公益金的收入等,其中地方政府财政占

---

[1] Savvakis Savvides, "Risk analysis in investment appraisal", *Project Appraisal*, Vol. 9, No. 1., 1994.

[2] Francesco Fantozzi, et al., "Public - Private partnerships value in bioenergy projects: Economic feasibility analysis based on two case studies", *Biomass and Bioenergy*, Vol. 66, No. 6., 2014.

[3] David Blanchett, "Donation Risk and Optimal Endowment Portfolio Allocations", *Journal of Portfolio Management*, Vol. 41, No. 1., 2014.

[4] Thomas Dangl, "Investment and capacity choice under uncertain demand", *European Journal of Operational Research*, Vol. 117, No. 11., 1999.

[5] Elisabetta Iossa, David Martimort, "The Simple Micro-Economics of Public-Private Partnerships", *Working paper*, 2008.

[6] Thomas Ng, et al. "A fuzzy simulation model for evaluating the concession items of public-private partnership schemes", *Automation in Construction*, No. 1., 2007.

[7] 郜凯英:《我国养老机构应用 PPP 模式建设与管理研究》,载《价格理论与实践》2015 年第 10 期。

总金额比例超过95%，因此，养老服务PPP需要地方政府财政大力支持。赵静华（2019）[1]认为，改革开放四十年的发展，积累可观社会资本，具有内在投资需求，养老服务PPP模式为社会资本投资开辟了安全稳定的投资新渠道。胡祖铨（2015）[2]运用模型测算指出，我国应对人口老龄化的服务需求，养老服务领域每年需投资近千亿元人民币，仅仅依靠公共财政和福利彩票的支出很难满足要求，"十三五"时期政府对于养老服务加大财政支持力度，财政支出年均增长幅度较大，但仍有三千多亿元的资金缺口。

养老服务PPP模式投资优势研究。段洪波、杨竹晴（2015）[3]研究表明，养老服务领域投资具有长期性、稳定性和安全性特点，这与PPP模式特点类似，两者契合的投资优势有助于养老服务PPP模式的健康发展。李远成等（2017）[4]研究认为，PPP模式具有投资效率，必须完善政府投资政策、养老服务设施建设和房地产开发投资渠道。

养老服务PPP模式投资不确定性研究。朱凤娇（2018）认为，养老服务PPP模式对投资政策和财政较为依赖，可能加重企业与政府关系"捆绑"，若失去政府投资政策支持，养老PPP项目可能难以为继。周正祥等（2015）[5]研究指出，养老PPP项目作为新生事物，由于银行等金融机构对PPP模式缺乏充分了解，获得银行信用支持不太容易，针对养老PPP项目的融资不确定性，政府须给予政策支持，建立养老PPP项目专项基金与违约担保金，增强金融机构和社会资本的信心。陈华、边玉晶（2017）[6]则建议通过银团贷款分担金融机构风险，保证养老PPP项目融资，由此也分散社会资本的投资压力，是PPP项目投资应对不确定性的有效方法。杨良初、万晓萌（2018）[7]还提议，针对现阶段区域资源配置不平衡、养老PPP项目扶持不平衡及项目

---

[1] 赵静华：《民间资本参与养老服务的优势与劣势》，载《人民论坛》2019年第1期。
[2] 胡祖铨：《养老服务业领域政府投资规模研究》，载《宏观经济管理》2015年第3期。
[3] 段洪波、杨竹晴：《PPP模式与河北省养老服务业相对接的SWOT分析及建议》，载《经济研究参考》2015年第63期。
[4] 李远成等：《基于产业融合视角的下养老地产PPP融资模式研究——以广西南宁为例》，载《企业科技与发展》2017年第7期。
[5] 周正祥等：《新常态下PPP模式应用存在的问题及对策》，载《中国软科学》2015年第9期。
[6] 陈华、边玉晶：《借力PPP解决养老服务产业融资难题》，载《中国财政》2017年第3期。
[7] 杨良初、万晓萌：《健康养老产业发展的政策性融资探讨》，载《地方财政研究》2018年第5期。

监督缺失等问题加强监督力度，增强社会资本投资预期。

（2）养老服务 PPP 模式定价研究

最近几年较多成果聚焦于养老 PPP 项目的定价方法和价格影响因素研究，关注养老服务 PPP 模式的项目定价问题。一些学者认为我国养老 PPP 项目定价存在不足。因此，应完善养老 PPP 项目定价机制。贾康、吴昺兵（2020）[1]将养老 PPP 项目定价研究理解为视同公共服务的最优投资决策问题，进而建构 PPP 项目定价模型。段世霞等（2013）[2]分析 PPP 项目价格影响因素，从政治条件、经济基础、社会资本与技术能力等多因素建构体系，研究认为养老 PPP 项目价格水平主要取决于使用者消费能力和消费意愿。贾康、吴昺兵（2020）[3]着重研究养老 PPP 项目的定价补贴问题，建议不宜简单用服务费涨价方式进行利益调整，还要综合考虑政府财政补贴等方式，构建政府与社会资本风险共担、利益共享与利润适度为基础的价格调节机制。

（3）养老服务 PPP 模式风险研究

如何有效识别并控制风险是养老服务 PPP 模式政府与社会资本合作能否成功的重要因素。刘桂海（2020）[4]等学者总结认为，合理界定政府和社会资本的责任非常重要，社会资本不宜承担能力之外的风险，否则项目失败几率较高。政府应完善制度建设，提高法治水平、政府效率和廉政状况等，降低社会资本的制度性风险。韩喜平、陈茉（2018）[5]建议，避免养老服务 PPP 项目前期规划不合理、后期监管不到位、养老服务业需求与社会资本投资偏好不匹配、社会资本承担的责任和利益不对称等风险因素。郝涛等（2017）[6]认

---

[1] 贾康、吴昺兵：《PPP 财政支出责任债务属性问题研究——基于政府主体风险合理分担视角》，载《财贸经济》2020 年第 9 期。

[2] 段世霞等：《PPP 项目特许价格影响因素的结构方程建模分析》，载《科技管理研究》2013 年第 10 期。

[3] 贾康、吴昺兵：《PPP 财政支出责任债务属性问题研究——基于政府主体风险合理分担视角》，载《财贸经济》2020 年第 9 期。

[4] 刘桂海等：《医养结合如何影响民营养老机构的服务效率？——来自北京市的证据》，载《管理评论》2020 年第 12 期。

[5] 韩喜平、陈茉：《我国养老产业 PPP 项目运作面临的问题及对策》，载《经济纵横》2018 年第 4 期。

[6] 郝涛等：《PPP 模式下养老服务有效供给与实现路径研究》，载《经济与管理评论》2017 年第 1 期。

为,我国养老服务 PPP 模式有宏观性风险和微观性风险,宏观风险有服务供给的总量不足、结构不合理、责任主体单一、筹资机制不合理等,微观风险则因项目公共性差异具有不同风险特性。因此,政府应加强项目识别阶段的风险识别机制建设,构建政府部门与社会资本方的合作伙伴关系,取长补短克服宏观性风险;合作双方完善契约并尊重契约,降低微观风险。

(4) 养老服务 PPP 模式收益研究

养老服务 PPP 项目一般具有较强的公益性,同时不能忽视社会资本参与其中的合理收益诉求。杨博维、薛晓 (2013)[1]认为,学界和政府相当长一段时间仍然把养老服务定性为纯公益事业,束缚养老服务创新空间,而发达国家的实践表明,养老服务具有福利化和产业化结合的特性,社会资本投资养老服务业不仅是可能的,而且是必要的。许白玲 (2017)[2]提出,当前我国老龄化加深,单靠政府供给无法满足养老服务需求,急需寻求社会资本的参与,通过收益回报激励社会资本,政社协同合作提升养老服务供给能力。刘军林 (2017)[3]指出,由于私人部门作为"经济人"与政府合作,有其"趋利性"考量,只有保障社会资本合理收益,才能更有效地将养老服务 PPP 模式引入机构养老、社区养老和居家养老,借助市场机制提高养老服务供给数量和质量。

实际情况尴尬在于,目前养老服务 PPP 项目社会资本收益回报并不理想。吴萍、吴珊珊 (2016)[4]调查研究发现,社会资本参与运营的养老机构面临严峻的收益压力,勉强盈利的不足 10%,约 50% 收支持平,超过 40% 处于亏损状态。研究分析指出,社会资本收益不理想的问题既有内部管理问题,更有外部运营制度环境问题,导致养老服务 PPP 项目收益存在不确定风险,挫伤社会资本投资积极性。严斌等 (2021)[5]运用可拓理论研究指出,对于私人部门而言,养老服务产业的投资门槛高、风险大、周期长、利润低,加之收益得不到保障,社会资本参与 PPP 项目投资难免顾虑重重。因此,政府应

---

[1] 杨博维、薛晓:《我国养老产业发展的思考与对策》,载《天府新论》2013 年第 1 期。
[2] 许白玲:《公私合营(PPP)模式推进中国养老事业发展的路径探析》,载《世界农业》2017 年第 6 期。
[3] 刘军林:《PPP 模式运用于我国社区居家养老建设研究》,载《中国市场》2017 年第 16 期。
[4] 吴萍、吴珊珊:《养老机构地产 PPP 项目合作伙伴选择研究》,载《建筑经济》2016 年第 7 期。
[5] 严斌等:《基于可拓理论的养老地产 PPP 项目系统风险管理研究》,载《系统科学学报》2021 年第 2 期。

营造社会资本取得合理收益的环境，PPP模式并非简单理解为政府减轻财政负担，政府应继续履行公共服务职能，发挥政府和社会资本方各自优势，提高养老服务供给效率。刘启慧等（2017）[1]以北京朝阳区较早运营的恭和老年公寓PPP项目为例，提出激励社会资本积极参与养老机构的建设与运营，政府应运用授权特许经营模式，保障社会资本的合理收益。

综上所述，学界对养老服务PPP模式进行了多角度多层次的研究，给本书研究提供了理论和方法上的借鉴和启示。但总体而言，已有研究也存在以下不足：①已有研究视角上对社会资本利益诉求关注不够。政府和社会资本是养老服务PPP两个同等重要的利益相关者，然而现有相关研究关于社会资本视角下的研究远远少于政府视角下的研究，而关注社会资本合作行为特别是利益回报的研究更是十分有限，难以对养老服务PPP合作问题进行理论解释。必须构建养老服务PPP模式社会资本投资利益回报机制，调动包括社会资本在内的多方合作积极性，实现政府、社会资本和养老服务对象多方共赢。②已有研究内容上缺乏精准分类研究。养老服务PPP项目具有非经营性、准经营性和经营性等不同属性，应据此精准分类，构建相应社会资本投资回报机制，笼统宽泛研究导致研究成果针对性和操作性不强。③已有研究量化方法应用不足。特别是养老服务资金缺口测算和回报机制现状的量化研究还不充分，定性研究成果居多，由于缺乏量化方法论证影响了研究结论的可信度。

针对上述研究不足，本书从社会资本利益回报角度，以理论为指导，基于量化研究的结论，根据养老服务PPP项目非经营性、准经营性和经营性的不同属性，分类构建具有针对性的社会资本回报机制，同时提出完善社会治理的保障思路，从而调动政府和社会资本多方积极性，提高养老服务供给效率。

1.3 研究方法与研究创新

1.3.1 研究方法

（1）分类研究方法。针对养老服务PPP模式及社会资本投资回报研究精

---

[1] 刘启慧等：《北京PPP养老模式调查研究：以恭和老年公寓为例》，载《科技经济导刊》2017年第34期。

细化不足的问题，运用项目区分理论，根据养老服务 PPP 模式的项目服务对象与服务宗旨进行分类，区分为非经营性项目、准经营性项目和经营性项目，分析不同类型项目的政府责任与社会资本利益回报方式，构建精准且具有操作性的社会资本回报机制。

（2）量化分析法。一方面，运用量化研究方法分析我国养老基金供需结构现状，构建养老服务收支测算模型，并选取指标和数据，比较直观地呈现我国养老服务资金供需失衡现状，并测算得出供需失衡加重的趋势，为养老服务 PPP 模式及其社会资本回报机制研究的必要性提供量化依据。另一方面，运用全国 PPP 项目数据库，通过量化研究方法分析养老服务 PPP 试点项目的构成，分析项目结构及其回报机制现状，提出构建合理回报机制的必要性。

（3）案例分析法。养老服务 PPP 模式的社会资本回报机制构建是一个创新发展过程，需要在实践中不断丰富。本研究分类选取非经营性、准经营性和经营性的 PPP 项目案例加以分析，运用案例分析法归纳总结实践经验与存在问题，为养老服务 PPP 模式社会资本回报机制的对策研究提供借鉴。

1.3.2 研究创新

（1）分析框架创新

运用精准治理的分析框架，根据养老服务 PPP 项目非经营性、准经营性和经营性的不同属性，对应分类精准构建政府付费为主、使用者付费和可行性缺口补助为主、开发性资源补偿为主的 PPP 项目回报机制，并根据类别进行案例研究，在概念分析与现状分析基础上，分类提出养老服务 PPP 模式社会资本投资回报机制的对策建议，体现了准确治理要求。

（2）学术观点创新

①人口大国和老龄化大国的养老服务需求数量大且层次多，需要在科学测算养老服务资金缺口的基础上，充分认清发展政府和社会资本合作（PPP）养老服务模式的必要性和可能性，充分理解养老服务 PPP 模式社会资本回报问题研究的理论意义和实践价值。

②政府和社会资本合作（PPP）的伙伴关系，既要明确养老服务的公益属性，加强政府公共服务责任，确立养老服务 PPP 模式的公共价值，又要尊

重社会资本的利益回报诉求，构建社会资本的利益回报机制，提高养老服务PPP的运营效率。

③养老服务PPP投资回报机制需要根据项目的属性分类构建。国家政策明确政府付费、使用者付费和开发性资源补偿相结合的项目回报机制，更多属于原则性规定，具体回报机制的设计，需要通过学理阐释和实践分析，按照精准治理要求，分类提出养老服务PPP模式社会资本投资回报机制的对策建议。

④完善养老服务PPP投资回报机制，既需要优化利益分配，提高回报机制设计的精细化水平，还需要改善政府治理，加强回报机制的治理保障。

CHAPTER 2 第 2 章

养老服务 PPP 模式社会资本投资回报机制的理论基础

投资回报机制是养老服务 PPP 模式可持续发展的核心问题，激励社会资本参与养老服务，应尊重与满足社会资本的利益诉求。为合理解释我国当前养老服务 PPP 模式社会资本投资回报现状与问题，有必要对于养老服务 PPP 模式、社会资本和投资回报机制等核心概念做出准确解释。同时，根据问题特性和理论解释力，运用政府和社会资本合作理论、利益相关者理论和精准治理理论，为养老服务 PPP 模式社会资本投资回报研究提供理论基础和分析框架。

2.1 基本概念界定

2.1.1 养老服务 PPP 模式

准确把握养老服务 PPP 模式的概念，应全面了解学界、机构与政府几种代表性 PPP 内涵释义。PPP 源于 Public-Private Partnership 的英文缩写，具有不同译法，如公私伙伴关系、公私合作伙伴模式、公共-私人合作关系、公私机构的伙伴合作、公共民营合作制等。[1]

（1）学界对于 PPP 的界定

第一，PPP 广义上是指公共和私营部门共同参与生产和提供物品与服务

---

[1] 参见贾康、孙洁：《公私合作伙伴关系（PPP）的概念、起源与功能》，载《中国政府采购》2014 年第 6 期。

第 2 章 养老服务 PPP 模式社会资本投资回报机制的理论基础

的任何安排。包括一些复杂的、多方参与并被民营化了的基础设施项目，以及企业、社会贤达和地方政府官员为改善城市状况而进行的一种正式合作[1]。

第二，PPP 是指公共部门与私人部门权力共享、共同经营、维护以及信息共享而形成的合作关系（Elisabetta，2008）[2]，旨在实现共同目标和互惠互利。

第三，PPP 是指私营部门实体根据长期合同约定，进行公共基础设施的建设或管理，或由私营部门实体利用基础设施向社会提供公共服务。通常具有如下特征：①公私部门形成基础设施建设、运营、移交协议。②私营部门承担实体建设、扩建或重建责任。③私营部门按照约定利用基础设施提供公共服务（通常对运营和定价进行限制）。④公私部门协商基础设施管理运营细则。⑤约定期满后，私营部门实体同意向公共部门移交基础设施。

第四，PPP 是一种"合作伙伴关系"，体现在合同安排、合作协议和协作活动等方面，通过这种合作关系来促进公共政策和公共服务。

第五，PPP 指公私之间达成协议，从而使合作各方为共同或相互兼容的目标而协同经营，并在一定程度上共享权力、共担责任，联合投入资源，共担风险，互惠互利。[3]

（2）机构对于 PPP 的界定

第一，联合国发展计划署认为，PPP 是指政府、营利性企业和非营利性组织建立合作关系，政府并非把项目的责任全部转移给私营部门，而是由参与合作的各方共同承担责任和融资风险，合作各方针对某个项目能够达到比单独行动更有利的结果。

第二，联合国培训研究院认为，PPP 包含较广泛的不同社会系统倡导者之间的合作方式，公私合作为的是解决某些复杂问题，具有两层含义：其一是为满足公共产品需要而建立的各种公私合作关系，其二是为满足公共产品需要，公私部门建立伙伴关系进行的大型公共项目的实施。

---

[1] [美] 萨瓦斯：《民营化与 PPP 模式：推动政府和社会资本合作》，周志忍等译，中国人民大学出版社 2015 年版，第 99–100 页。

[2] Elisabetta Iossa, David Martimort, "The Simple Micro-Economics of Public-Private Partnerships", *Working paper*, 2008.

[3] 参见贾康、孙洁：《公私伙伴关系（PPP）的概念、起源、特征与功能》，载《财政研究》2009 年第 10 期。

第三，欧盟委员会提出，PPP 是指公共部门和私人部门之间的一种合作关系，合作目的主要是提供传统上由公共部门提供的公共项目或服务。

第四，美国 PPP 国家委员会指出，PPP 是集合了外包和私有化的特点并介于两者之间的一种公共产品提供方式，它利用私人部门资源投资、设计、建设、运营、维护公共基础设施，满足公共产品与公共服务需求。

第五，加拿大 PPP 国家委员会的概念强调 PPP 是公共部门和私人部门之间的一种合作经营关系，公私双方发挥各自优势，通过适当的资源分配、风险分担和利益共享机制，更好地满足事先约定提供的公共需求。[1]

（3）本书关于 PPP 模式的界定

以上众多表述可知，尽管理论界、机构和政府管理部门对于 PPP 模式的概念界定还存在一定分歧，但差异之中还是存在一些共识：首先，伙伴关系是 PPP 模式合作的前提和基础。其次，公共产品与公共服务是 PPP 模式的合作宗旨与合作目标。再次，共同分担项目风险是 PPP 模式合作的保障。最后，利益共享是 PPP 模式合作的核心。这些特征大体上概括了 PPP 应包含的几个基本要素，即合作、提供公共产品或服务、利益共享、风险共担。基于此，可以就 PPP 及其管理模式做出如下界定：PPP 模式是指政府与社会资本确立伙伴关系，双方优势互补、共担风险、共享收益，合作提供公共产品和服务。PPP 模式在提高公共产品与公共服务效能的同时，也为社会资本带来收益回报，从而进一步激励社会资本参与动力。可见，PPP 模式为的是提供公共产品与公共服务，而公共产品与公共服务具有非经营性、准经营性和经营性不同属性，这决定 PPP 模式的具体分类。

（4）本书关于养老服务 PPP 模式的界定

本书关于养老服务 PPP 的界定，在 PPP 模式一般界定的基础上，考虑养老服务本身的特殊性，参照理论界、机构对于 PPP 概念的理解，特别是我国政府关于养老服务 PPP 的政策精神。如民政部、发改委等部委 2015 年 2 月联合发布的《关于鼓励民间资本参与养老服务业发展的实施意见》（民发〔2015〕33 号），旨在充分发挥市场在资源配置中的决定性作用，逐步使社会

---

[1] 参见贾康、孙洁：《公私合作伙伴关系（PPP）的概念、起源与功能》，载《中国政府采购》2014 年第 6 期。

第2章　养老服务PPP模式社会资本投资回报机制的理论基础

力量成为发展养老服务业的主体。[1]2016年12月,《国务院办公厅关于全面放开养老服务市场提升养老服务质量的若干意见》(国办发〔2016〕91号)中提出进一步降低准入门槛,营造公平竞争环境,积极引导社会资本进入养老服务业。[2]2017年8月,财政部、民政部、人社部联合颁布的《关于运用政府和社会资本合作模式支持养老服务业发展的实施意见》(财金〔2017〕86号),明确支持运用政府和社会资本合作(PPP)模式推进养老服务业供给侧结构性改革,鼓励各类市场主体参与养老服务PPP项目。[3]

综上,养老服务PPP模式是指,政府与社会资本以合作协议为基础构建伙伴关系,在投资、建设或运营养老机构、社区养老体系建设、医养健融合发展项目等提供养老产品与服务方面形成一种"利益共享、风险互担、全程合作"的共同体关系,最终实现比任何一方单独行动更有效能地提供公共产品与公共服务。养老服务PPP项目都具有一定公共性,但是公共性存在程度差异,由此可区分为非经营性养老服务PPP项目、准经营性养老服务PPP项目和经营性养老服务PPP项目,而相应的社会资本投资回报应结合项目自身特点。

2.1.2　社会资本

准确界定PPP模式中的社会资本及其主体资格,是理解我国PPP模式和正确运用我国PPP模式的关键问题,因此结合我国国情界定社会资本非常重要。我国PPP模式概念源于国外"Public-Private Partnership",但中文并未译为"公私合作",而是称为"政府和社会资本合作"。虽都称为"PPP模式",但国内与国外概念的内在含义并不完全一致。我国PPP模式所言的社会资本,并非仅指私人部门,而是包括国有企业及私人部门在内的各种类型企业资本。可见,我国当前推广的PPP模式,国有企业参与具有鲜明主体特色,国有企业甚至是某些领域PPP模式的主要参与者。

需要指出的是,国有企业作为社会资本方,应具有其资本和利益的独立性,不能是政府控制的平台公司及其附属机构和其他控股国有企业。《关于印

---

[1]《关于鼓励民间资本参与养老服务业发展的实施意见》(民发〔2015〕33号)
[2]《国务院办公厅关于全面放开养老服务市场提升养老服务质量的若干意见》(国办发〔2016〕91号)
[3]《关于运用政府和社会资本合作模式支持养老服务业发展的实施意见》(财金〔2017〕86号)

发政府和社会资本合作模式操作指南（试行）的通知》（财金〔2014〕113号）明确提及："本指南所称的社会资本是指已建立现代企业制度的境内外企业法人，但不包括政府所属融资平台公司及其他控股国有企业。"[1]

综上可见，我国养老服务PPP模式中的社会资本，是指国有企业、民营企业、外商投资企业、混合所有制企业等投资、经营主体，但不包括各级政府下属的政府融资平台公司及其控股的其他国有企业。

2.1.3 投资回报机制

投资回报机制是指PPP项目收入与利益回报的来源方式。社会资本参与PPP项目的建设、运营和管理过程中得到合理回报，是其参与PPP项目的动力，也是PPP项目运作成功的关键。社会资本投资PPP项目，其收入来源并不仅靠项目营运收费，还包括来自政府的支持。

我国政府文件对于PPP投资回报机制的指导越来越重视，尽管政策对于不同项目投资回报机制的选择原则尚不清晰，但是国家发改委和相关部委政策都提出了社会资本投资回报机制的指导性意见，国家发改委的指导意见更偏重于PPP项目的全局性指导，《国家发展改革委关于开展政府和社会资本合作的指导意见》（发改投资〔2014〕2724号）提出构建政府付费、使用者付费、可行性缺口补助相结合的投资回报机制；[2]财政部、民政部、人力资源社会保障部《关于运用政府和社会资本合作模式支持养老服务业发展的实施意见》（财金〔2017〕86号）针对养老服务投资回报特点提出了针对性的指导意见，指出构建政府付费、使用者付费和开发性资源补偿相结合的回报机制。[3]综合理论研究和项目实践，本课题养老服务PPP投资回报机制主要包括政府付费、使用者付费、可行性缺口补助和开发性资源补偿。

在政府与社会资本合作关系下，构建养老服务PPP社会资本投资合理回报机制，需要兼顾政府代表的公共利益和社会资本自身利益，政府不应忽视社会资本投资回报的合理诉求，社会资本也不能回避市场竞争和风险压力，

---

[1]《关于印发政府和社会资本合作模式操作指南（试行）的通知》（财金〔2014〕113号），以下简称财金〔2014〕113号文。

[2]《国家发展改革委关于开展政府和社会资本合作的指导意见》（发改投资〔2014〕2724号），以下简称发改投资〔2014〕2724号文。

[3]《关于运用政府和社会资本合作模式支持养老服务业发展的实施意见》（财金〔2017〕86号）

第 2 章　养老服务 PPP 模式社会资本投资回报机制的理论基础 ❖

双方应通过契约明确投资回报机制与双方的权利义务，这对政府与社会资本及专业机构都提出了创新要求。养老服务 PPP 模式的回报机制创新应体现原则性和灵活性，一方面，原则上根据养老服务 PPP 项目本身的属性确定相应的回报机制，即根据非经营性、准经营性和经营性 PPP 项目的不同，选择相应投资回报机制；另一方面，政府和社会资本可通过充分协商，结合项目属性构建具有特色的投资回报机制，但不应违背原则性，政府积极承担公共责任，社会资本积极应对经营风险。

2.2 政府和社会资本合作理论

西方发达国家对养老服务 PPP 模式的探索较早，其运作比较成熟，理论研究也更充分，从 20 世纪 70 年代开始，已有学者研究公共服务的市场力量及其介入模式，提出政府和社会资本合作理论，该理论对于政府与社会资本关系的认识，经历替代性演进、互补性演进和合作性演进，作为公共服务领域革新模式，政府和社会资本合作理论对于养老服务 PPP 模式具有较强的理论解释力。

2.2.1 政府和社会资本合作理论概述

政府和社会资本合作理论是政府管理变革的要求。20 世纪 70 年代末与 80 年代初，西方工业化国家面临滞胀、预算缩减、公共部门遭受质疑等压力，私人部门、非营利组织在公共治理中的地位与作用逐渐显现。针对传统行政模式的种种弊端，西方工业化国家开始推行以"企业化政府""市场化政府"为核心的管理理论与管理模式，倡导政府应是掌舵者而不是划桨者，提倡政府从管理的具体事务中解脱出来，从而解决机构庞大、官僚主义与腐败盛行、管理效率低下等顽症，主张政府部门可以引入私营部门的先进管理手段与竞争机制，加强政府和社会资本合作（PPP），借此提升公共管理水平和公共服务的质量和效率，改进社会治理水平。

对于公共管理 PPP 模式，是一种制度创新还是一种政策工具？对此，西方理论界在认识上存在一定差异。制度主义论强调公共管理 PPP 模式的制度创新属性，有的学者认为这是一种正式的制度安排；也有学者认为这仅仅是一种以行动者为中心的非正式制度，但是制度主义论都认同公共管理 PPP 模式创新的制度属性。公共政策论认为公共管理 PPP 模式的功能体现在能够有效配置资源上，因而是一种治理的政策工具[1]，其改善了信息资源、财政资源、组织资源和政府权威的配置效率，政府与社会资本建立了长期合约关系，使政策工具在较长合作期间内持续发挥作用。

政府和社会资本合作理论认为，PPP 模式具有制度和政策工具的双重属性。Biginas 等从治理层面研究指出，政府与社会资本合作既回应公众产品制度创新诉求，具有公共产品和服务供给的制度属性，又通过政策创新改善设施的设计、管理、维护和融资，成为执行公共政策的重要工具[2]。PPP 模式可以有效改善治理水平，体现于服务供给过程中建立竞争机制并有效回应消费者的服务需求。Mohamed 认为政府与社会资本合作模式既是公共产品和服务供给的采购机制，回应社会公众的诉求（服务设施设计、管理、维护、融资），又是执行公共政策的重要工具。[3] Aworunse 等从政府和社会资本关系演进的角度，认为 20 世纪 80 年代之后两者关系经历了三种模式：替代性演进、互补性演进、合作性演进（见表 2-1）。[4]

表 2-1 政府和社会资本间关系经历的三种模式

三种模式	主要内容
替代性演进	20 世纪 80 年代，欧美公共支出大幅膨胀，而支出效率偏低。鉴于此，公共选择论者从政府失灵的角度，倡导公共服务民营化，通过民营化替代传统的由官僚组织独家提供公共服务的模式。然而，替代性演进过程中社会资本虽然具有服务的效率优势，但没有意愿也无法承担政府公共服务的所有职能。

---

[1] 参见陈少英：《中国 PPP 本土化的公共服务创新》，载《晋阳学刊》2017 年第 4 期。

[2] Konstartinos Biginas, Stauros Sindakis, "Innovation through Public–Private Partnerships in the Greek Healthcare Sector: How is it achieved and what is the current situation in Greece?", *The Innovation Journal: The Public Sector Innovation Journal*, Vol. 20, No. 1, 2015, pp. 1–11.

[3] Mohamed, I. S. "Good governance, Institutions and Performance of Public Private Partnerships", *International Journal of Public Sector Management: IJPSM*, Vol. 28, No. 7, 2015, pp. 566–582.

[4] Aworunse et al., "Comparison of Availability and Accessibility of Oral Oncology Products between Medicare, Commercial U. S. and U. K. National Health Service (NHS) Patient Populations", *World Medical & Health Policy*, No. 4., 2012, pp. 70–79.

续表

三种模式	主要内容
互补性演进	20世纪90年代，西方公共部门和社会资本均非强势，彼此之间既非替代也没有结成稳定的伙伴关系，当政府部门需要时，就会寻求社会资本专业化支持，通过广泛津贴的模式发展公私部门之间的互补关系。新自由主义认为，这是现代政府进步的必然结果。然而，互补性演进的双方主要是为了各自利益而展开交流型的合作，缺乏共享共创的稳定合作机制，难以达到预期的互补成效。
合作性演进	进入21世纪，西方公共部门预算吃紧，效率不高，新公共管理理论者认为，对于兼具公益性和营利性的准公共领域，应大力推进政府和社会资本合作（PPP），建立双方协同型合作关系，确定一致的创新目标和发展愿景，达到两者信息、技术等资源共享共创的效果。从实施绩效来看，PPP模式既发挥了投融资功能，也可作为公共政策工具，还能促进公共治理改进。

2.2.2 主要观点与理论解释力

养老服务具有显著公共产品属性，政府和社会资本合作理论关于PPP模式的制度性和政策工具性的双重属性，以及两者关系发展的替代性演进、互补性演进与合作性演进趋势，对养老服务PPP具有较强理论解释力，这也为我国养老服务PPP实践所佐证。

从我国政府和社会资本关系的实践探索来看，养老服务领域的政府与社会资本关系基本上遵循替代性演进、互补性演进、合作性演进路径。我国农业社会长期由家庭承担养老责任。工业化发展以来，计划经济时期的政府依托单位制福利，给家庭提供一定养老支持。随着市场经济体制改革的深入，养老服务伴随公共服务民营化发生替代性演进。家庭养老功能逐步退化，人口老龄化深度发展，加之和谐社会发展的价值目标追求，政府对养老服务日益重视，很多地方采用政府购买服务或者服务外包等形式，养老服务借助社会资本发生互补性演进。近年来，政府和社会资本合作成为新时代我国养老服务模式创新的重要选择，政府和社会资本协同合作，在保障养老服务公益性的前提下，通过市场竞争机制提升服务质量，实现差异化供给，养老服务领域政府和社会资本互利共赢，发生合作性演进。

由此可见，政府和社会资本合作理论，对我国养老服务PPP模式具有指导价值。政府和社会资本合作理论强调，政府与社会资本方应建立共享共创的协同型合作关系，PPP 模式不仅仅是融资工具，还是公共政策工具，更是公共治理变革，这些都为养老项目 PPP 模式运作指明了发展路径。

PPP 模式在养老服务领域的运用能有效克服政府与社会参与者的不足，真正平衡公共效益与经济成效，降低政府财政支出、满足多样化老年市场需求等优势。政府与社会资本合作理论对于深刻理解 PPP 的内涵发挥着不可或缺的作用，[1]养老服务 PPP 为公共服务创新供给开拓了新领域，真正实现了"实践—认识—再实践—再认识"这一逻辑关系。在此基础上，养老服务 PPP 模式中国化，既考虑了因地制宜，也符合顶层的制度要求。[2]

2.3 项目区分理论

项目区分理论是一种重要的理论框架，它主要用于对项目进行分类，以便根据项目的不同属性来决定项目的投资主体、运作模式、资金渠道及权益归属等。根据项目区分理论，公共服务项目可以区分为非经营性项目、准经营性项目和经营性项目。这种公共服务项目区分准则同样适用于养老服务 PPP 项目，根据不同服务对象与服务宗旨，可将其区分为非经营性、准经营性和经营性项目，在此基础上明确确定政府和社会资本的责任和利益分配，构建相适配的社会资本投资回报机制。

2.3.1 项目区分理论概述

项目区分理论是现代经济学中公共产品理论的延伸与发展。它是上海城市经济学会在对不同类别的公共工程特别是城市基础设施工程项目的可经营性、政府在其中的角色定位、社会资本的投资回报及运营效率等问题进行反复调研后提出的城市建设管理方面的理论研究成果。[3]项目区分理论的提出旨在从项目属性的特点将政府及社会投资分开，为非政府资金进入城市基础设

---

[1] 畅争：《PPP 中的公私合作伙伴关系研究》，载《管理观察》2017 年第 14 期。
[2] 陈少英：《中国 PPP 本土化的公共服务创新》，载《晋阳学刊》2017 年第 4 期。
[3] 参见县永平：《城投公司产生运作的理论基础和选择》，载《上海城市发展》2005 年第 3 期。

第2章　养老服务PPP模式社会资本投资回报机制的理论基础

施建设领域提供了理论依据。[1]

项目区分理论的核心在于根据项目的营利性、收费机制及能否产生收益等特征，将项目划分为不同的类别，并据此制定相应的投融资策略和管理模式。具体来说，项目区分理论通常将项目分为以下三类：

第一，非经营性项目，是指不存在收费机制，也不会有资金流入的项目，如城市绿化、敞开式的城市道路等。这类项目投资是为了获取社会效益和环境效益，而不是为了营利，市场调节难以对此起作用。因此，这类项目的投资主体只能由代表公共利益的政府来承担，按政府投资运作模式进行，资金来源以政府财政投入为主，并配以固定的税种或费种保障，其权益也归政府所有。

第二，经营性项目，是指既具有收费机制、也有资金流入的项目，如收费的高速公路、收费桥梁等。这类项目可以通过市场有效配置资源，实现利润最大化目标。因此，这类项目的投资主体通常是市场化经济组织，资金来源由社会资本自行解决，其权益也归社会资本所有。

第三，准经营性项目，这类项目介于非经营性项目和经营性项目之间，具有一定收费基础，但由于其公益性而受到政策限制，经济收益不太明显，难以完全通过市场来回收成本，需要政府给予适当的补贴和优惠政策支持其运营。因此，准经营性项目的投资主体可以是政府或社会资本或两者的结合，其运作模式、资金来源及权益归属由参与主体按照协议约定。

在一定条件下，非经营性项目可以转化为经营性项目。如非经营性项目通过配置商业资源提升其可经营性变成准经营性甚至经营性项目，经营性项目取消收费也可能成为非经营性项目。

项目区分理论为区分项目投资主体奠定了理论基础，有助于优化资源配置，提高项目的经济效益和社会效益。同时，该理论也为政府在公共设施项目建设中引入PPP模式等创新融资模式提供了理论依据和实践指导。

项目区分理论运用到公共服务领域，按照服务宗旨与服务属性，区分为非经营性项目、准经营性项目和经营性项目，不同类型的项目具有各自特征和不同的投资主体。项目区分理论同样适用于养老公共服务领域（见表2-2）。

---

[1] 参见和宏明：《我国城市基础设施投资运营体制改革的理论》，载《城市发展研究》2004年第1期。

表 2-2 项目区分类型与养老服务应用[1]

项目类型	项目特征	项目投资主体	养老领域项目应用
非经营性项目	公益性	政府部门投资为主,社会资本参与	政府投资的公益性养老项目,政府付费激励社会资本参与。
准经营性项目	公益性与营利性兼具	政府与社会资本合作投资	社会资本与政府合作投资养老项目,项目根据情况向使用者适度收费,政府财政根据情况给予可行性缺口补助。
经营性项目	营利性	社会资本投资为主,政府政策支持	社会资本投资的开发性养老项目,政府给予开发性资源政策扶持。

非经营性项目具有明显的公益性,为社会不同群体提供福利,其资金来源主要依赖政府的财政支出,所以非经营性项目不具有收费基础。对于参与非经营性项目的社会资本来说,难以通过经营获得项目回报,需要政府付费或者财政补贴与资源补偿。

准经营性项目具有部分公益性,也具有部分营利性。准经营性项目具有一定收费基础,通常来说,项目的运营收入难于覆盖运营成本,对于社会资本来说更不易产生收益回报。因此,政府需要给予准经营性项目一定程度的缺口补贴或者其他资源支持。

经营性项目具有营利性,通过商业开发获得收益回报。政府通常给予参与的社会资本一定可开发资源政策支持,社会资本或者获得经济收益,或者获得社会收益。

2.3.2 主要观点与理论解释力

养老服务 PPP 模式作为一种公共领域创新举措,同样可以运用项目区分理论,结合养老服务特性,将养老服务 PPP 项目区分为非经营性项目、准经营性项目和经营性项目,据此确定其责任和利益分配,进而采取相应的回报机制(见表 2-2)。

非经营性养老服务 PPP 项目有着极强的公益性质,难以产生经济效益,缺乏"使用者付费"的基础,但社会效益明显。作为提供公共服务的政府部

---

[1] 资料来源:作者根据文献材料整理。

第2章 养老服务PPP模式社会资本投资回报机制的理论基础

门,对于非经营性养老服务PPP项目具有主体责任。但是政府限于财力不足与养老服务需求急剧增加的现实,可以激励私人部门从社会责任角度参与建设,并尽可能从经济效益与社会效益方面对私人部门带来社会回报。非经营性养老服务PPP项目不能成为政府推卸公共责任的变通做法,无论是"建设-运营-移交(BOT)"或者"改建-运营-移交(ROT)"或者委托私人部门经营维护(O&M),政府充分发挥私人部门管理优势和竞争活力,获得更有效率的养老服务,但是政府不能取消财政支出与缺口补贴。

准经营性养老服务PPP项目具有一定的公益性,社会效益明显;准经营性养老服务PPP项目还具有一定程度的营利性,投资收益稳定,然而养老服务项目一般所需资金量大,耗费成本高,其经营收入不足以覆盖投资成本,需政府补贴部分资金缺口或提供开发资源,在公私合作具体项目的回报机制构建上可以探索创新性制度安排。

经营性养老服务PPP项目具有一定的商业开发机会,由于项目社会关注度高,参与养老服务合作的社会资本不仅可以获得经济效益,还可以获得社会效益。经营性养老服务PPP项目通常面向中高端养老服务,项目具有较好的收费基础,还可以争取政府可开发性资源补偿,通过商业开发获得投资回报。经营性养老服务PPP项目一般包括垄断性与竞争性项目,后者承担较大的市场竞争风险,政府的政策支持与资源支持非常必要。

2.4 治理理论

2.4.1 治理理论概述

治理理论认为,治理是一个内容丰富、包容性很强的概念。厘清治理与管理的差别,有助于理解治理。从管理到治理,并不是简单取代,两者构成并行互补关系。而管理到治理的转变体现了进步,二者显然存在差异。一方面是理念的转变。其一,治理虽然也离不开权威,但这个权威并非注定是政府;其二,治理主体包括政府,但不限于政府,还有社会资本、社会力量,也就是说治理主体是多元而非单一的;其三,治理的互动不仅是自上至下,还有自下而上以及平等协商,是多维度的交互过程。另一方面是管理者和治理者的角色不同。其一，政府作为决策者需要从划桨者向掌舵者的角色转变；其二，治理者侧重宏观决策、制度和利益风险的设计与安排，管理者侧重具体项目内部控制与监管；其三，治理注重多主体平等合作关系，管理注重上下级命令与执行。

可见，治理是在众多不同利益主体共同发挥作用的领域建立一致或取得认同，以便实施某项公共事务计划[1]。公共事务领域存在政府、市场和社会等多中心治理结构，要求多主体共同参与，构建上下互动，双向度甚至可能是多维度的管理过程，结成合作、协商和伙伴关系，实现公共利益的最大化[2]。治理主要有四个特征：其一，政府治理不只是一套规则条例，也不仅是一种活动，而是一个组织、协商与合作过程；其二，治理主体之间伙伴关系的建立，不以支配为基础，而以协调与合作为基础；其三，治理主体不局限于公共部门，同时有私人部门参与，而且共同行动；其四，治理并不意味着一种正式制度，而是有赖于过程中持续的相互作用[3]。

学界普遍认为，治理理论的核心内容是风险治理，政府在风险治理中仍然发挥主导作用。风险治理表现为一系列管理机制，有效加强风险防范举措。詹姆斯·罗西瑙（James N. Rosenau）认为治理是一系列活动领域里的管理机制，在未得到授权的情况下也能有效发挥作用的管理机制。罗西瑙不提倡政府使用强制性力量，主张多种力量发挥治理作用，但并没有排除政府作用，认为政府参与风险治理是必不可少的，政府仍然发挥治理的主导作用。虽说治理是多中心的参与、互动与合作的过程，并不否认政府扮演的"掌舵人"角色，主导风险治理过程[4]。Pierre 和 Peters 同样主张政府拥有持续的风险治理能力，也就是说治理理论的确使政府改变了以往的传统命令和强制行为，但政府应该在风险治理中处于中心地位，没有任何其他主体能够替代政府在风险治理中的作用，原因在于政府与社会、市场之间并不是替代关系，而是通过合作实现共赢的关系。他们进一步指出，尽管近几十年来，越来越多的社

---

[1] 参见俞可平主编：《治理与善治》，社会科学文献出版社2000年版，第16-17页。

[2] 参见陈广胜：《走向善治：中国地方政府的模式创新》，浙江大学出版社2007年版，第101页。

[3] 参见俞可平主编：《治理与善治》，社会科学文献出版社2000年版，第270-271页。

[4] James N. Rosenau, Ernst-Otto Czempiel, *Governance without Government: Order and Change in World Politics*, Cambridge University Press, 1992.

会、市场行动者加入风险治理的行列中,但政府仍在四个方面牢牢占据支配地位:一是阐明风险治理的总目标并确定优先权;二是保持风险治理目标的一致性和协调性;三是对风险治理行动的掌舵;四是风险责任主体的治理问责。[1]

2.4.2 主要观点与理论解释力

伴随着国外学术界对于治理问题的高度关注,20世纪90年代以来,国内学术界也开始对治理问题进行研究。我国治理理论在实践中不断发展,可以划分为三个时期(见表2-3),经历管理理念向治理理念的转变,形成几种代表性观点。

首先,治理的目的在于增进公共利益。在早期的研究中,以西方治理理论的翻译和介绍为主,俞可平在《治理与善治》一书中介绍了西方众多学者关于治理的观点,认为治理是政府运用权威维持秩序,协调多元力量满足公众需求,最大限度地增进公共利益。[2]

其次,政府仍然发挥治理的主导作用。无论是传统的政府,还是市场,都不能构成唯一的风险治理主体,治理过程需要多方主体共同参与,风险治理结构虽然一直有所变化但在转型过程中政府权力并未受到过多削弱,政府仍将扮演"掌舵人"角色,发挥主导作用。[3]

表2-3 治理理论在不同时期的演变过程

时期	显著特点	治理格局	主要内容
计划经济时期	政府治理	强政府—无市场—无社会	强调政府是风险治理的主体,承担核心责任和功能,所以打造政府的主体地位,实现对项目的有效管理或管控。
市场经济体制改革逐步深化时期	政府治理,辅以市场治理	强政府—弱市场—无社会	在此格局中,政府仍是风险治理中心,不同的是市场等主体增多,社会主体逐渐萌发。

---

[1] Jon Pierre, B. Guy Peters, *Governing Complex societies: Trajectories and Scenarios*, Palgrave Macmillan, 2005.

[2] 参见俞可平主编:《治理与善治》,社会科学文献出版社2000年版,第10—33页。

[3] 参见罗星:《中国特色治理理论的构建:治理理论从西方到东方的演进》,载《实事求是》2015年第5期。

续表

时期	显著特点	治理格局	主要内容
党的十八大以来	"多元治理"或"协同治理"	强政府—弱市场—弱社会	该时期的风险治理主体包含政府、社会组织、社区单位、企业、个人等多元利益攸关者共同参与、协同行动，但政府仍在治理功能发挥及责任承担方面起着关键作用。[1][2]

最后，治理对于政府行为方式提出与以往不同的要求。政府不再是唯一的风险治理主体，而是通过授权、委托等形式交由社会资本和社会力量共同参与，形成多元治理与协同治理格局，比任何力量单独行动都具有更好的效果（如表2-3）。

治理理论也用于分析养老服务问题，相关研究同样经历从养老管理理论到养老治理理论转变过程（见表2-4）。从养老治理角度看，政府发挥主导作用的同时，更加强调市场力量和社会力量的参与，构建政府、市场、社会在养老服务领域形成彼此之间互相协同治理的机制，缓解养老服务的资金压力，提升养老服务管理效能。

表2-4 养老管理理论向养老治理理论的转变

时期	主要内容
计划经济时期	在"强政府—无市场—无社会"的治理格局下，养老服务突出表现为"包办福利"和"单位福利"，政府主要以单位福利的方式提供养老服务，该时期既没有市场化养老，也没有社会化养老。
市场经济体制改革逐步深化时期	该时期的显著特点是"政府治理，辅以市场治理"以及"强政府—弱市场—无社会"的治理格局。在该阶段我国政府尝试从"包办福利"和"单位福利"中解脱出来，开始养老服务的市场化实践，"弱市场"渐渐形成，但在这期间社会治理还未发展起来。
党的十八大以来	提出"多元治理"或"协同治理"的新型治理模式以及"强政府—弱市场—弱社会"的治理格局。十六届四中全会提出构建"和谐社会"的目标，特别是党的十八大以来，政府、市场、社会在养老服务领域形成彼此之间互相协同治理的机制。

[1] 参见张天勇、韩璞庚：《多元协同：走向现代治理的主体建构》，载《学习与探索》2014年第12期。

[2] 燕继荣：《协同治理：公共事务治理新趋向》，载《人民论坛·学术前沿》2012年第17期。

从我国不同时期养老服务政府、市场、社会资本的关系演进来看，治理理论对养老服务 PPP 模式具有较强的适用性和解释力。首先，治理理论强调其目的在于增进公共利益。政府和社会资本合作的 PPP 模式建立"多元治理"或"协同治理"的新型合作关系，通过风险共担、利益共享，发挥政府和社会资本各方优势，通过缓解养老服务的资金压力与提升养老服务管理效率，增进养老服务公共利益。其次，治理理论坚持政府继续发挥治理的主导作用。政府和社会资本合作 PPP 模式激励社会资本参与养老服务，并非逃避政府公共服务责任，而是通过模式创新，政府少做"划桨人"，让专业的社会资本参与者做"专业的事"，政府加强政策法律建设，作为"掌舵者"发挥规划、保障与监督作用。最后，治理理论提出政府行为转变的必要性。在养老服务 PPP 模式中，政府既是政策制定者和过程监督者，更是责任和风险的分担者，积极为养老服务 PPP 项目推进提供条件，给予支持，加强治理保障，通过合作发挥"1+1>2"的养老服务效能。

综上所述，不难看出，治理理论对于我国养老服务 PPP 模式创新具有重要理论指导和理论阐释作用。我国面临深度老龄化困境，面临资金压力和管理瓶颈，仅依靠政府单方面的力量难以满足多元化与多层次养老服务需求，还应充分调动社会资本和社会力量参与其中，构建政府和社会资本合作的伙伴关系。风险治理理论要求，政府和社会资本两个治理主体要加强合作，权责明确，风险共担，充分发挥各自优势，提供优质高效的养老服务。就我国政府治理实践来看，虽然政府倡导简政放权，提倡主动服务，但是政府治理仍存在较多越位、错位的行为；社会资本作为合作伙伴，受到历史和现实因素的制约，治理主体作用不明显，风险责任意识还不强。这些问题既是养老服务 PPP 模式实践的社会背景，也是推进养老服务善治的重要课题。

第3章 我国养老服务融资压力与社会资本投资回报机制

我国人口老龄化进程明显加快,老年人口数量持续增加,养老服务资金需求呈逐年增长趋势。长期以来,我国养老服务的供给主体是政府,而政府财力有限。通过对养老服务资金供求水平进行测算发现,我国养老服务融资压力大,单靠政府难以满足当下和未来持续增长的养老服务资金需求。因此,激励社会资本参与养老服务成为开辟融资来源的创新举措,而且社会资本的管理经验也有利于提高养老服务供给效率。对于社会资本来说,合理投资回报是核心利益关切。养老服务PPP模式只有构建合理的社会资本投资回报机制,才能对社会资本具有较强吸引力。

3.1 我国养老服务资金缺口测算

我国养老服务资金支出主要包括养老设施建设经费、养老服务人员开支、养老补贴和养老事务管理费用等。养老服务资金来源有两个渠道:政府财政性来源为主,非政府资金来源为补充。由于人口老龄化快速发展,中国政府财政支出有限,我国养老服务资金存在收支缺口。

3.1.1 我国养老服务资金来源状况

我国人口老龄化及高龄化持续加深,60岁及以上老年人口达2.64亿,占总人口的18.7%,其中65岁以上人口1.91亿,占总人口的13.5%(如图3-

1);老年人口抚养比为 19.7%,比 2010 年上升了 7.8 个百分点。[1]预计 2035 年前后,老年人口占比将超过 1/4,2050 年前后超过 1/3。[2]不难发现,较长时间我国养老服务需求较大。因此,有必要继续扩大养老服务有效供给,完善养老服务供给体系,缓解老年群体日益增长的美好养老生活需要与有效供给之间的矛盾。

政府对养老服务的资金投入,主要为中央和地方的公共财政支出以及福利彩票公益金。

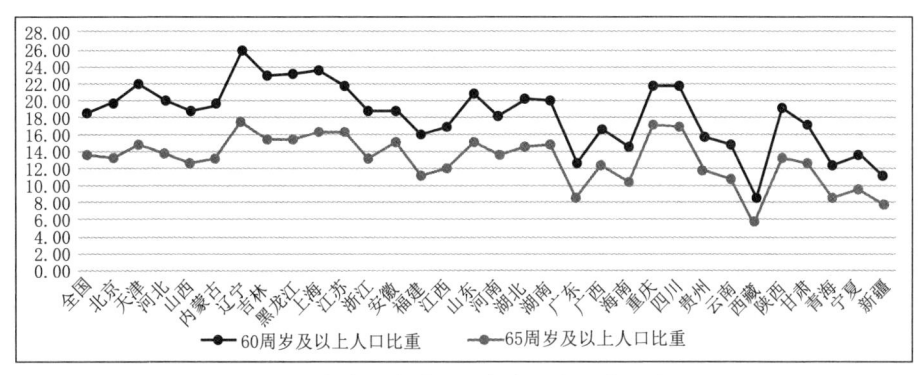

图 3-1 2020 年全国各地区老年人口占总人口比重(%)

数据来源:《第七次全国人口普查公报》(第五号)

(1)公共财政支出

公共财政支出是我国养老服务供给体系建设的重要资金来源。当前,我国公共财政支出尚未将养老服务单独列项统计,没有具体的养老服务支出数额。但民政部门统计"民政事业费支出"中的"社会福利支出"包括有老年人福利支出,另外,"民政管理事务"支出中包含有老龄事务支出,这两项支出为养老服务提供了主要的资金支持。基于此,通过收集老年人福利支出和老龄事务支出的数据,并计算相应增长率,掌握近年来我国养老服务资金的来源及现状(表3-1)。

---

[1] 数据来源于国家卫健委发布的《2020年度国家老龄事业发展公报》,载 www.nhc.gov.cn/llijks/pqt/202110/c794a6blaz084964a7ef45f69bqf5423.shtml,最后访问日期:2022 年 1 月 15 日。
[2]《2050 年前后中国老年人口将超过总人口的 1/3》,载 http://www.chinanews.com.cn/sh.2019/10-09/8974469.shtml,最后访问日期:2022 年 1 月 15 日。

表 3-1　2011-2019 年我国公共财政、社会福利及老龄事务支出

单位：亿元

指标	2011	2012	2013	2014	2015	2016	2017	2018	2019
全国财政支出	109 248	125 953	140 212	151 786	175 878	187 755	203 086	220 904	238 858
增长率（%）	21.2	15.3	11.3	8.3	15.9	6.8	8.2	8.8	8.1
社会福利支出	232.22	319.45	397.57	480.90	562.80	753.40	920.50	1064.80	1228.80
老年人福利支出	45.58	81.18	107.50	151.67	192.70	261.20	293.90	370.10	453.00
老龄事务支出	16.09	20.01	26.38	28.80	33.50	27.00	30.36	34.14	38.39

注：以上数据来源于 2012-2020 年《中国民政统计年鉴》，由于 2017 年以来，老龄事务支出不再单独列出，因此 2017、2018 和 2019 年的老龄事务支出基于 2011-2016 年间数据的平均比率进行简要计算补足。

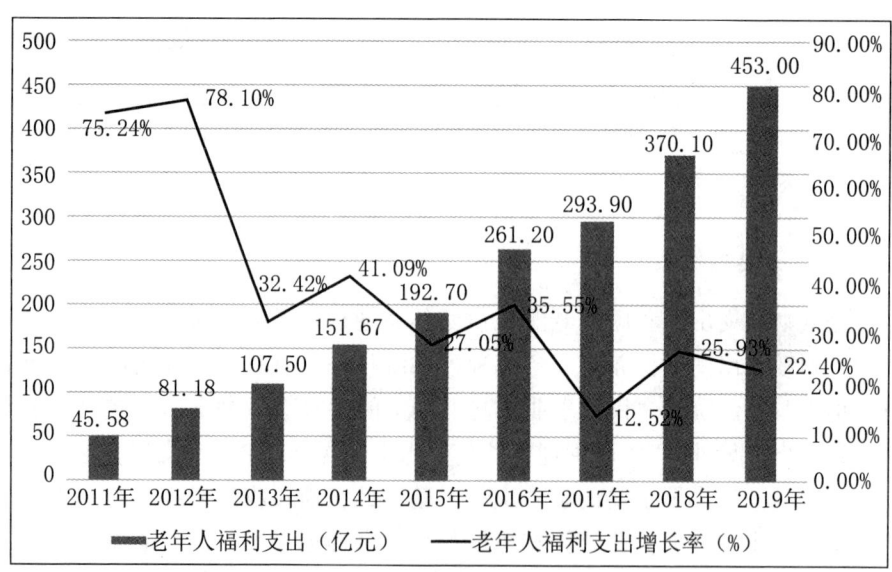

图 3-2　2011-2019 年我国老年人福利支出及增长率

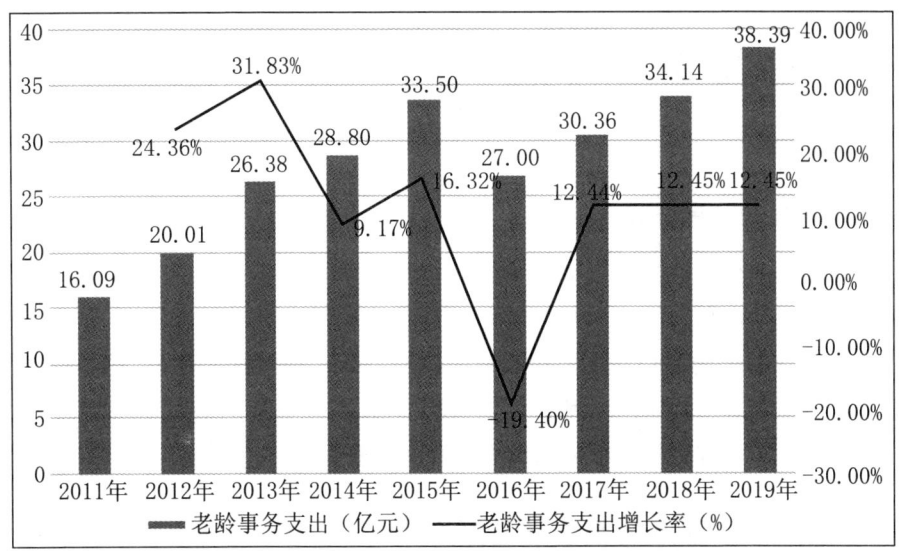

图 3-3　2011-2019 年我国老龄事务支出及增长率

根据表 3-1 和图 3-2 可知，我国 2011-2019 年公共财政支出呈不断增长趋势，但年增长幅度总体上呈下降趋势，2011 年增长率为 21.2%，而 2019 年增长率下降为 8.1%，2016 年增长率最低值为 6.4%。社会福利支出总体上逐年增长，由 2011 年的 232.22 亿元增长至 2019 年的 1288.8 亿元，9 年来社会福利支出增加 1056.58 亿元。同样，社会福利支出中的老年人福利支出也呈稳步上升，由 2011 年的 45.58 亿元增长至 2019 年的 453 亿元。虽然老年人福利支出在公共财政支出中的比重逐年增加，由 2011 年的 0.04% 增长至 2019 年的 0.19%，但老年人福利支出增长率呈不断下滑态势，尤其是 2012-2013 年下降趋势尤为明显，由 9 年来的最高值 78.1% 降至 32.42%，并在 2017 年出现最低值 12.52%。

结合表 3-1 和图 3-3 可见，我国 2011-2015 年老龄事务财政支出呈现稳步增长，仅 2016 年出现支出减少情况。然而，老龄事务支出增长率波动较大，整体呈下降态势，尤其在 2015-2016 年间呈现近乎直线下降趋势。老龄事务支出主要用于养老服务评估、养老服务机构床位建设及运营补助、高龄老人补贴金等方面，为国家老龄事业发展和养老服务供给体系建设提供了经费支持和保障。

综上可见，公共财政支出是我国养老服务资金的重要来源，但近年来公共财政支出年增长率呈下降趋势，进一步加大对养老服务供给体系建设的资金支持力度有限。随着老龄化社会纵深发展，老年人口对于养老服务需求日益增长，政府养老支出压力倍增，单靠公共财政难以满足全部需求，供求矛盾日益凸显。

（2）福利彩票公益金

福利彩票公益金是国家养老服务供给资金的另一重要来源。它是根据国家有关规定发行福利彩票筹集的专门用于发展社会福利事业的资金，中央和地方按1∶1的比例对福利彩票销售收入进行分配。中央通常将5%的彩票公益金分配给民政部门，再由民政部门将分到的资金按一定比例用于发展养老服务，这个比例通常会随老年人口的增加而相应提高[1]。

表3-2 2011-2019年用于养老服务的公益金及民政部所得彩票公益金情况

单位：亿元

指标	2011	2012	2013	2014	2015	2016	2017	2018	2019
用于养老服务的公益金	7.86	10.67	22.16	10.20	24.94	13.11	13.20	14.80	22.20
增长率（%）	32.32	35.75	107.69	-53.97	144.51	-47.43	0.69	12.12	50.00
民政部所得彩票公益金	30.03	35.98	48.71	35.95	70.14	54.37	54.40	39.80	48.70
增长率（%）	13.19	19.81	35.38	-26.20	95.10	-22.48	0.06	-26.84	22.36
前者/后者（%）	26.17	29.66	45.49	28.37	35.56	24.11	24.26	37.19	45.59

资料来源：《中国民政统计年鉴（2020）》

---

[1] 民政部养老服务司副司长李邦华介绍，"十三五"期间，民政部本级和地方各级政府用于社会福利事业的彩票公益金，按照不低于55%的比例用于支持发展养老服务，有的地方甚至到70%以上。

第 3 章 我国养老服务融资压力与社会资本投资回报机制

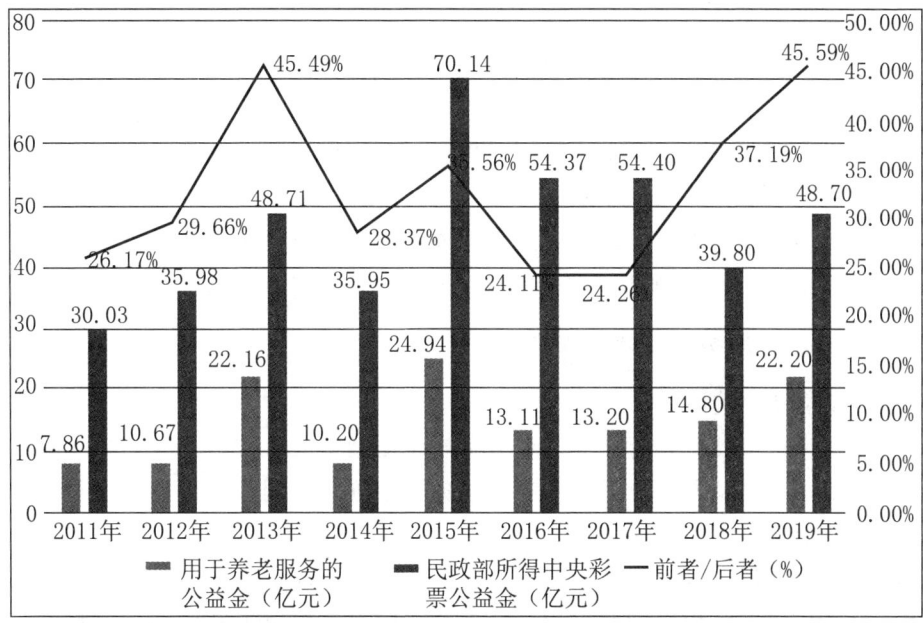

图 3-4 用于养老服务的公益金以及民政部所得中央彩票公益金情况

结合表 3-2 和图 3-4，从 2011-2019 年用于养老服务的公益金以及民政部所得中央彩票公益金情况来看，民政部所得中央彩票公益金尚未形成稳定的增长趋势，其增长率波动较大，2015 年呈现最高值 95.1%，2018 年呈现最低值为 -26.84%，可见增长极不稳定。同时，民政部用于养老服务的彩票公益金在 2011-2019 年间也尚未形成稳定的增长趋势，各年度间增长率波动同样过大，2014 年呈现最低值 -53.97%，2015 年呈现最高值 144.51%，2016 年又降至 -47.43%，2017 年随即回升至 0.69%，2019 年又增至 50%，由此看来，民政部门用于养老服务的公益金总体增长情况不够稳健。

综上，福利彩票公益金这一我国养老服务供给的重要资金来源具有不稳定性，波动起伏较大，不足以推动养老服务长久稳定发展。此外，用于养老服务的公益金在福利彩票公益金中的占比也有待维持稳定。

3.1.2 我国养老服务资金缺口规模测算

党的十九届五中全会提出"实施积极应对人口老龄化国家战略"，对养老服务发展提出新要求，健全养老服务供给体系和加快养老服务设施建设，推动养老事业和养老产业协同发展,培育养老新业态。新时代以来,在国家的大力支持下,中国的养老服务水平实现大幅提升,但是养老服务资金缺口日渐扩大,养老事业的高质量可持续性发展遭受严峻考验。因此,有必要了解现阶段养老服务资金供求水平,衡量资金缺口规模,并在此基础上探讨缓解养老服务融资压力的创新政策。

根据我国养老服务体系发展现状和养老服务资金供求的现实情况,参考相关研究成果,[1]分别从资金需求和供给两方面来考察资金缺口情况。

(1) 养老服务资金需求规模测算

①测算指标选取

一般来说,社会养老服务资金需求规模受老年人口数量、养老服务需求水平、需求意愿及人均所需基本养老服务资金等多种因素的影响,因此选取这几项指标对养老服务资金需求水平进行量化测算。

第一,老年人口数量。老年人口数量是影响养老服务资金需求的重要因素,随着中国老龄化程度的加深,社会养老服务需求也不断增加。因此将老年人口数量作为衡量养老服务需求的一个衡量指标,具体数据选用2012—2021年《中国统计年鉴》中的65岁及以上老年人口数据。

第二,老年人口养老服务需求水平。老年人口养老服务需求受其养老金收入水平的直接制约,鉴于数据的可得性和有效性,选用基本养老保险参保率指标测度老年人口养老服务需求的养老金收入水平约束。基本养老保险参保率=实际参保人数/符合条件的应参保人数。截至2020年底,16岁以上的人口数量,即符合条件的应参保人数为11.44亿[2],全国基本养老保险实际参保人数为9.99亿人[3],参保率为87.3%,即2020年底有87.3%的人口可以参加基本养老保险,并假定老年人所需养老费用的增长与GDP增速一致,则老年人口收入水平约束可维持当前水平。

第三,老年人口养老服务需求意愿。养老服务需求在很大程度上受养老

---

[1] 徐宏、商倩:《中国养老服务资金缺口测算及PPP破解路径研究》,载《宏观经济研究》2019年第2期。

[2] 国家统计局:《第七次全国人口普查数据》,载 https://www.stats.gov.cn/,最后访问日期:2022年1月16日。

[3] 《截至2020年底,全国基本养老保险参保人数为9.99亿》,载 https://www.ndrc.gov.cn/fggz/jyysr/jysrsbxf/202101/t20210127_1265998.html. 最后访问日期:2022年1月16日。

服务意愿的影响,基本养老保险缴纳程度越高越能表明老年人对于养老服务有着较高的接受意愿,有效需求也就越高。因此选取基本养老保险基金征缴收入年均增长率指标度量老年人口对养老服务的需求意愿。

第四,人均所需养老服务资金。根据2021年初国家卫生健康委老龄健康司司长王海东介绍,我国养老呈现"9073"格局,即90%左右的老年人居家养老,7%左右的老年人依托社区支持养老,3%的老年人入住机构养老[1]。不同养老方式所需的养老服务资金投入也有别,尤其机构养老所需建设资金量大。鉴于徐宏等(2019)根据"9073"的养老格局已对人均养老服务资金需求进行了测算,因此2000-2016年的人均养老服务资金需求数据直接使用此研究成果,考虑到消费需求的"棘轮效应",假定2017年以后养老服务费用增速数据与2000-2016年的国民经济平均增长率8.68%保持一致。[2]

②需求水平测算模型

基于上述设定的指标数据,运用以下公式对养老服务资金需求水平进行测算:

$$DL = D_1 \times D_2 \times D_3 \times D_4 \text{[3]}$$

公式中,DL为养老服务资金需求总量,D_1为65岁及以上老年人口数量,D_2为养老服务需求水平约束,D_3为养老服务需求意愿约束,D_4为每年人均所需养老服务资金,通过测算可得出中国2000-2020年养老服务资金总需求水平(表3-3)。

表3-3 2000-2020年中国养老服务资金需求总量

年份	65岁及以上老年人口数量(万人)	养老服务需求水平约束(%)	养老服务需求意愿约束(%)	每年人均所需养老服务资金(元)	每年养老服务资金需求总量(亿元)	每年养老服务资金需求增量(亿元)
2000	8821	87.3	116.61	1802.04	1618.20	—
2001	9602	87.3	116.61	1991.87	1947.03	328.83

---

[1]《国家卫生健康委:我国养老呈"9073"格局》,载 http://www.rmzxb.com.cn/c/2021-04-16/2831140.shtml,最后访问日期:2022年1月16日。

[2] 根据2001-2017年的《中国统计年鉴》中GDP指数数据整理。

[3] 徐宏、商倩:《中国养老服务资金缺口测算及PPP破解路径研究》,载《宏观经济研究》2019年第2期。

续表

年份	65岁及以上老年人口数量（万人）	养老服务需求水平约束（%）	养老服务需求意愿约束（%）	每年人均所需养老服务资金（元）	每年养老服务资金需求总量（亿元）	每年养老服务资金需求增量（亿元）
2002	9377	87.3	116.61	2187.04	2087.71	140.68
2003	9692	87.3	116.61	2469.11	2436.15	348.44
2004	9857	87.3	116.61	2907.59	2917.61	481.46
2005	10 055	87.3	116.61	3364.79	3444.21	526.60
2006	10 419	87.3	116.61	3942.29	4181.43	737.22
2007	10 636	87.3	116.61	4855.34	5257.12	1075.69
2008	10 956	87.3	116.61	5740.32	6402.33	1145.21
2009	11 307	87.3	116.61	6271.04	7218.33	816.00
2010	11 894	87.3	116.61	7420.71	8985.11	1766.78
2011	12 277	87.3	116.61	8789.62	10 985.31	2000.20
2012	12 777	87.3	116.61	9708.02	12 627.27	1641.96
2013	13 262	87.3	116.61	10 693.26	14 436.74	1809.47
2014	13 902	87.3	116.61	11 568.87	16 372.62	1935.88
2015	14 524	87.3	116.61	12 378.99	18 302.97	1930.35
2016	15 037	87.3	116.61	13 368.24	20 463.76	2160.79
2017	15 961	87.3	116.61	14 528.60	23 606.63	3142.87
2018	16 724	87.3	116.61	15 789.69	26 882.13	3275.50
2019	17 767	87.3	116.61	17 160.23	31 037.54	4155.41
2020	19 064	87.3	118.51	18 649.74	36 194.02	5156.48

（2）养老服务资金供给水平测算

①测算指标选取

一般来说，社会养老服务资金供给水平受老年人口数量、政府养老服务经费投入水平、养老服务覆盖面及政府提供养老服务资源所投入的人均养老服务资金等因素影响。因此选取这几项指标对养老服务资金供给水平进行量化测算。

第一,老年人口数量。老年人口数量也是影响养老服务资金供给的重要因素,随着老龄化程度的加深,政府需要增加养老服务供给以满足日益增长的养老服务需求。同前述需求层面的测算指标相对应,供给层面的老年人口数量具体数据仍选用 2012-2021 年《中国统计年鉴》中的 65 岁及以上老年人口数据。

第二,政府养老服务经费支出水平。一般来说,政府养老服务经费支出水平反映出养老服务的供给水平高低。受数据的可得性和有效性约束,选取养老保险基金支出年均增长率指标度量养老服务资金供给水平。

第三,养老服务覆盖面。养老服务覆盖面不仅说明政府资金提供养老服务所覆盖的老年人口数量的多少,也反映出服务供给形式的多样化要求。鉴于数据的可得性,选取基本养老保险覆盖率指标度量养老服务的覆盖面。基本养老保险覆盖率=符合条件的参保人数/全国人口总数。截至 2020 年底,16 岁以上的人口数量,即符合参保条件人数为 11.44 亿,国家人口总数为 14.1 亿,基本养老保险覆盖率达到 81.1%,同时假设人口增速不变。[1]

第四,政府供给的人均养老服务资金。"9073"的养老格局下,政府养老服务资金支出主要包括机构养老床位的建设和运营补贴、社区及居家养老服务的运营补贴等。鉴于徐宏等(2019)根据"9073"的养老格局已对政府提供的人均养老服务资金进行了估测,因此 2000-2016 年的政府人均养老服务资金数据直接使用此研究成果,考虑到消费习惯的不可逆特性以及"以需定供"原则,假定 2017 年以后养老服务供给资金的增速与 2000-2016 年的 GDP 平均增长速度 8.68% 保持一致。[2]

②养老服务资金供给水平测算

基于上述设定的指标数据,运用以下公式对养老服务资金供给水平进行测算:

$$SL = S_1 \times S_2 \times S_3 \times S_4 \text{[3]}$$

---

[1] 国家统计局:《第七次全国人口普查数据》,载 https://www.stats.gov.cn/,最后访问日期:2022 年 1 月 16 日。

[2] 根据 2001-2017 年的《中国统计年鉴》中 GDP 指数数据整理。

[3] 徐宏、商倩:《中国养老服务资金缺口测算及 PPP 破解路径研究》,载《宏观经济研究》2019 年第 2 期。

公式中，SL 为养老服务资金供给总量，S_1 为 65 岁及以上老年人口数量，S_2 为养老服务经费支出水平约束，S_3 为养老服务覆盖率，S_4 为政府人均养老服务经费支出，通过测算可得出政府 2000-2020 年养老服务资金总供给水平（表 3-4）。

表 3-4 2000-2020 年中国养老服务资金供给总量

年份	65 岁及以上老年人数量（万人）	养老服务经费支出水平约束（%）	养老服务覆盖率（%）	每年人均养老服务经费支出（元）	每年养老服务资金供给总量（亿元）	每年养老服务资金供给增量（亿元）
2000	8821	117.66	81.1	291.90	245.70	—
2001	9602	117.66	81.1	322.64	295.62	49.92
2002	9377	117.66	81.1	354.26	316.98	21.36
2003	9692	117.66	81.1	399.95	369.89	52.91
2004	9857	117.66	81.1	470.97	442.98	73.09
2005	10 055	117.66	81.1	545.03	522.94	79.96
2006	10 419	117.66	81.1	638.58	634.88	111.94
2007	10 636	117.66	81.1	786.47	798.20	163.32
2008	10 956	117.66	81.1	929.82	972.08	173.88
2009	11 307	117.66	81.1	1015.79	1095.98	123.90
2010	11 894	117.66	81.1	1202.01	1364.22	268.24
2011	12 277	117.66	81.1	1423.75	1667.92	303.70
2012	12 777	117.66	81.1	1572.51	1917.22	249.30
2013	13 262	117.66	81.1	1732.10	2191.96	274.74
2014	13 902	117.66	81.1	1873.94	2485.89	293.93
2015	14 524	117.66	81.1	2005.16	2778.98	293.09
2016	15 037	117.66	81.1	2165.40	3107.06	328.08
2017	15 961	117.66	81.1	2353.36	3584.24	477.18
2018	16 724	117.66	81.1	2557.63	4081.57	497.33
2019	17 767	117.66	81.1	2779.63	4712.49	630.92
2020	19 064	117.66	81.1	3020.90	5495.41	782.92

第3章　我国养老服务融资压力与社会资本投资回报机制

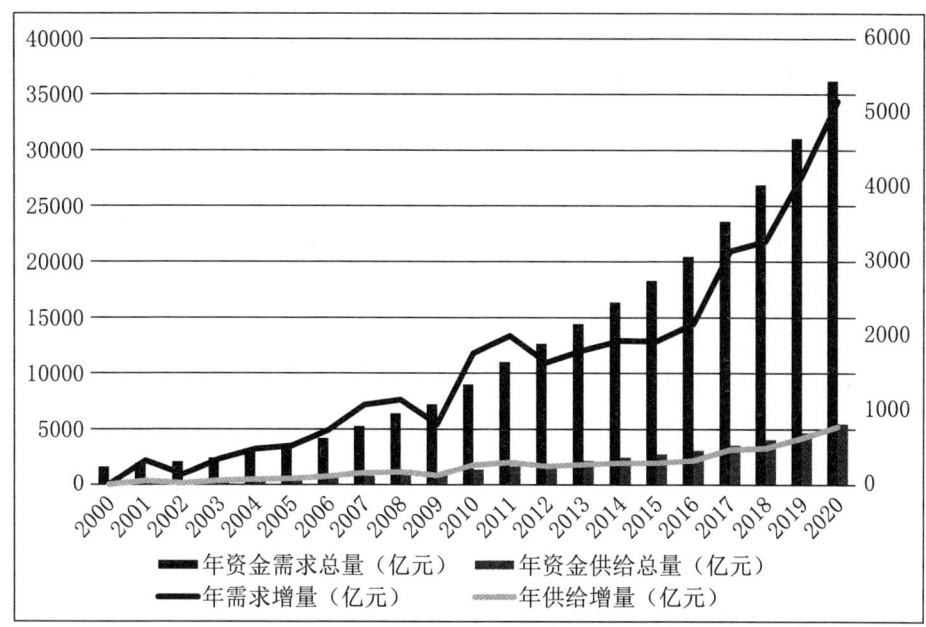

图3-5　2000-2020年养老服务资金供需失衡水平

从表3-3与表3-4可以发现，养老服务资金总需求和养老服务资金总供给均呈较快上升趋势。养老服务资金总需求从2000年的1618.2亿元增长至2020年的36 194.02亿元，养老服务资金总供给从2000年的245.7亿元上升至2020年的5495.41亿元。通过图3-5可以更直观地看出养老服务资金供需之间存在较大缺口，且从2010年开始缺口规模随着年份推进而进一步扩大。此外，养老服务资金需求增量与资金供给增量也呈现大幅增长态势。图3-5也直观地反映了资金需求增量和供给增量之间也呈现逐年增长态势，且差距不断扩大。

综上可知，2000-2020年中国养老服务资金供给和需求失衡呈现加重趋势。考虑到老年人对于养老服务迫切需要的时代背景，有必要对养老服务资金供求失衡的原因进行深入探讨，以期推动养老服务供求实现均衡。

3.1.3　我国养老服务资金缺口的原因探析

积极满足日益增长的养老服务需求，是新时代保证老年群体美好生活的必然要求，为此，进一步分析养老服务资金供需失衡的主要原因是题中要义。

（1）老龄化的深度发展加剧养老服务供需缺口。近年来，我国老龄化程度不断加剧，家庭户规模进一步缩小，家庭养老功能弱化，对机构养老和社区养老的需求急增。据统计，截至 2020 年底，全国养老床位共计 821 万张，每千名老人拥有的养老床位数达到 31.1 张。[1]但如果按照国家"十三五"期间提出的每千名老人养老床位数应达到 35-40 张这一标准来看，[2]我国 2020 年底的养老床位数并没有达标，以当年 2.64 亿的老年人口估算，养老床位缺口区间在 103 万张-235 万张；若每张养老床位建设费用按照前文估算的 27 万元测算，养老服务的资金缺口为 2780 亿元-6345 亿元。此外，新时代背景下，老年群体不仅有日常生活照料等基本服务需求，更有精神文化层面的需要，面对老年人口巨大的消费潜力和多元的消费需求，国家亟待加强与之相匹配的养老服务供给。

（2）资金供给来源少，政府财政投入有限。养老服务资金主要来源于政府财政性支出，部分来自养老机构的自有资金，资金来源少，亟待开拓融资渠道。近年来，国家大力支持养老服务业的发展，财政投入力度不断加大，但与日益增长的养老服务需求相比，财政投入仍然有限。2020 年全国公共财政支出中涵盖养老服务的社会福利支出为 1327.3 亿元，[3]仅占当年全国公共财政支出的 0.54%，仅为当年 GDP 的 0.13%，与中度老龄化社会所带来的养老服务需求不相匹配。因此，亟需拓宽融资渠道，加大财政投入，确保养老服务资源的有效供给。

（3）社会资本参与度不高。近年来，国家鼓励社会资本参与养老服务，积极开拓社会资本这一新的融资渠道。但由于社会资本关切的投资回报机制尚不健全，社会资本参与养老服务面临投资周期长、回报率偏低等风险。2020 年底，全国注册登记的养老机构已达 3.8 万个[4]，民办养老机构占比超过 50%[5]，民营养老机构数量呈不断增长态势，但总体运营情况不佳，以北京地区为例，实现盈余的养老机构仅有 4%，超过 60% 的养老机构需要 10

---

[1]《2020 年度国家老龄事业发展公报》，载 http://www.nhc.gov.cn/lljks/pgt/202110/c794a6b1a2084964a7ef45f69bef5423.shtml，最后访问日期：2022 年 2 月 20 日。

[2]《中华人民共和国国民经济和社会发展第十三个五年规划纲要》。

[3] 中华人民共和国民政部：《中国民政统计年鉴 2021》，中国社会出版社 2021 年版。

[4] 国家统计局：《中华人民共和国 2020 年国民经济和社会发展统计公报》，载 https://www.chinanews.com/cj/2021/02-28/9421145.shtml，最后访问日期：2022 年 2 月 28 日。

[5] 数据来源：2020 年 10 月 23 日民政部举行的 2020 年第四季度例行新闻发布会。

年以上才能收回投资[1]。尽管 PPP 模式实践中社会资本参与意向较高，然而"围观者"众，PPP 项目落地率并不高，亟需完善养老服务 PPP 模式的社会资本投资回报机制，回应社会资本合理的利益关切。

（4）养老服务管理效率不高，资金使用效率低。我国对养老服务的支持力度不断加大，出台了多项财政补贴政策，但部分地区养老服务管理效率不高，补贴资金并未得以有效利用，床位空置、资金浪费现象较严重。民政部统计数据显示，截至 2020 年 7 月底，全国养老机构床位 429.1 万张，收住老年人却只有 214.6 万人，养老床位空置率高达 50%。[2]此外，养老服务资金存在分配失衡问题，偏重对养老机构床位等硬件的配备，而对于医疗护理、身体康复、生活照料等基本养老服务的资金供给力度不够。养老服务管理既需要充足资金，还应改善治理效能，这样才能保证资金使用效率，真正提升养老服务质量。

3.2 养老服务 PPP 模式缓解政府压力

我国养老服务资金缺口较大，国家财政补贴有限，老年群体对养老服务的需求与有效供给之间的矛盾凸显，亟需探求养老服务融资新路径。政府和社会资本合作（PPP）模式是破解政府因财力不足影响公共服务有效供给的积极尝试，具体到养老服务领域，PPP 模式有效拓宽养老服务资金的融资渠道、激发社会资本的参与意愿、改善养老服务资金的利用率。

3.2.1 养老服务 PPP 模式导入社会资金

PPP 模式作为一种新型的投融资模式和管理制度创新，运用于养老服务领域旨在引入社会资本、提高融资能力并改善供给效率。在 PPP 模式下，养老服务项目的融资方式可以多样化，如银团贷款、PPP 产业基金、PPP 专项债券等，可以根据养老项目自身特点，选择与之相契合的融资方式。

---

[1] 田进：《民政部：疫情对民办养老服务机构影响大 收入同比减少 20%》，载 https://baijiahao.baidu.com/s? id=1664839885648679368&wfr=spider&for=pc，最后访问日期：2022 年 2 月 28 日。

[2] 《民政部：养老院床位空置率高达 50% 为什么老人不愿意住?》，载 https://finance.sina.com.cn/chanjing/cyxw/2021-09-09/doc-iktzqtyt5044709.shtml，最后访问日期：2022 年 2 月 28 日。

银团贷款是 PPP 项目较常见的取得债务性资金的融资方式。它是由两家或以上银行组成银行集团，基于相同的贷款条件，依据同一贷款协议，向 PPP 项目公司提供项目投资所需资金。银团贷款由于聚合多家银行的信贷资源，能够提供"大额、长期、稳定"的资金，这正好契合了养老服务 PPP 项目投资规模大、周期长、需要有持续且稳定的资金供给来源满足其项目融资需求特点。此外，银团贷款模式下，项目公司申请项目借款只需牵头银行同意，不需要与其他银行沟通，一方面提高融资效率，节约融资成本，另一方面也能有效分散相对集中的信贷风险。

PPP 项目专项债券也是 PPP 项目重要的债务融资方式。它是由以特许经营、购买服务作为 PPP 项目运作模式的项目公司或社会资本方所发行的债券，募集资金主要用于养老服务 PPP 项目的建设与运营。相较于银行贷款，PPP 项目专项债券成本相对较低，在一定程度上缓解 PPP 项目的融资难问题，此外，PPP 项目专项债券作为 PPP 项目专属融资工具，可以在 PPP 项目的整个生命周期阶段提供融资服务，有效满足项目资金需要。

近年来，国家出台一系列政策引导和鼓励社会资本参与养老服务，取得了一定成效，主要表现为养老机构数量不断增加、机构规模有所扩大、机构服务质量大幅提升、机构品牌化连锁化发展显著。民政部数据显示，截至 2020 年底，各类养老机构和设施总数达 32.9 万个、床位 821 万张，床位总数比 2012 年增长了 97%[1]。另外，根据财政部 PPP 中心管理库数据，2021 年底处于准备、采购、执行阶段的养老 PPP 项目共 95 个，投资总额高达 597 亿元；其中处于执行阶段的养老 PPP 项目 68 个，涉及投资金额 405 亿元，执行阶段项目金额占比接近 70%，由此可见 PPP 模式在社会养老服务体系建设中发挥着日益显著的作用[2]。

政府乐见社会资本投资养老服务，能够较大程度减轻政府财政压力。然而，养老服务 PPP 社会资本方的导入，离不开激励机制，这就需要尊重社会资本的利益诉求，构建具有吸引力的投资回报机制。

---

[1]《民政部：截至 2020 年底，各类养老机构和设施总数达 32.9 万个、床位 821 万张》，载 https://baijiahao.baidu.com/s?id=1711135907890667998&wfr=spider&for=pc，最后访问日期：2022 年 2 月 28 日。

[2] 数据来源：根据财政部政府和社会资本合作综合信息平台资料整理。

3.2.2 养老服务 PPP 模式提高服务效率

政府单方面提供养老服务模式，其局限性不仅体现在财政难堪重负，还造成养老服务供给效率难高。PPP 模式引入社会资本缓解政府财政压力，也导入市场机制提升养老服务效率，兼具传统政府养老服务供给和纯粹私人养老服务供给的优点，原因在于 PPP 模式在理论上可以同时吸收政府部门和社会资本各自的优势和长处。具体地说，政府的优势体现在养老服务资源的配置方面，社会资本的优势体现在养老服务先进的技术和管理方面，也就是说，政府部门专长于养老服务配置效率，社会资本专长于养老服务效率。因此，养老服务 PPP 模式最大的吸引力在于通过私人部门的参与提升服务效率，与传统模式相比，养老服务效率的提升是 PPP 模式最根本的价值。

从近些年的实践来看，养老服务 PPP 坚持效率、效益与公共利益结合原则，着力提升公共产品供给效率，形成良性效益机制，强化公共利益约束，使公共服务供给在效率方面得以改善，带来了数量更多且质量更优的养老服务供给，促进形成更高的养老服务标准。

首先，养老服务 PPP 模式改善供给效率。养老服务 PPP 模式在减轻政府财政负担的同时，引入竞争机制，树立市场价值投资理念和市场风险意识，借此提升养老服务产品的供给能力和运营效率。而政府投资的养老服务项目，常因对经济效益和社会效益重视不够，运行效率较低，变为部分政府的"政绩工程"，成为地方政府的财政负担；相对而言，养老服务 PPP 项目强化效率约束，提高养老服务产品供给总量，改善供给效率。

其次，养老服务 PPP 项目促进良性效益机制。"物有所值指引"是养老服务 PPP 效益评价的专业术语，简单地说，就是养老服务 PPP 项目注重精准效益分析、财政承受力评价等，剔除资金成本与合理收益以后，养老服务 PPP 项目努力实现项目收支与社会效益的平衡。因此，养老服务 PPP 项目通常采用成本-收益分析法、博弈论分析等，加强对 PPP 项目绩效评估，提高养老服务质量，降低养老服务成本，而且通过与相关产业公司或不同地区之间的公司绩效横向比较，运用竞争压力倒逼项目绩效提升。

最后，养老服务 PPP 项目加强公共利益约束。政府方的参与和监督，能够避免私人部门为了"利益最大化"，对公共福利的可能侵害。养老服务 PPP

模式的政府方与社会资本方有着不同的利益诉求,政府追求公共利益的实现,承担"守夜人"角色,社会资本方则关注商业利益。为此,养老服务 PPP 模式由于政府方的参与,强化公共利益约束,完善激励性定价规则,让养老服务 PPP 产品利润建立在公益性与营利性平衡增长之上。

养老服务 PPP 项目所具有的效率优势,是与社会资本激励紧密联系在一起的。一方面,要尊重社会资本的合理利益回报要求,另一方面,政府部门在设计回报机制时,应综合考量社会资本所提供的公共产品和服务的质量、社会资本的努力水平,并加强有效的项目监管,防范道德风险的发生。

3.2.3 养老服务 PPP 模式开拓社会资本盈利来源

养老服务业投资周期长、回报慢、利润率低等特点,一定程度上影响了社会资本的参与热情,推行 PPP 制度的同时还需要配套相关制度引导社会资本积极参与,主动投资养老服务业。

首先,完善定价机制。养老服务属于准公共产品,具有公益性特征。在对养老服务产品定价时,要考虑其公益性要求,可参考市场一般商品的成本导向定价以及需求导向定价,根据养老服务的供给成本制定出基础成本价,再结合市场上老年群体的支付意愿和消费能力修正价格,确保社会资本"有盈利但不暴利"。此外,养老服务产品定价还要根据市场和物价的变动予以动态调整。

其次,创新投资回报机制。对于逐利的社会资本来说,稳定可期的投资回报是其参与养老 PPP 项目的动力和推手。为此,设计合理的投资回报机制,保障社会资本的利益诉求,是养老服务 PPP 项目顺利落地和持续运行的关键。需要根据 PPP 项目特点,结合项目经营属性、服务对象及政府的财政承受能力等因素科学设计政府付费、使用者付费与开发性资源相结合的投资回报机制,从而保障社会资本的合理投资回报。既要防止政府降低财政支出责任而致社会资本"顾虑重重",又要防止政府过度兜底担责而隐匿未来支付风险。

最后,优化风险分担机制。养老服务 PPP 项目投资体量大、周期长,涉及的环节和利益主体较多,项目内外环境的变化也具有难以预见性,因此,风险的出现难以避免。为此,政府和社会资本方要科学对待风险,客观认识和评估风险，在项目的整个生命周期阶段，根据政社双方各自掌握的信息、资源优势与能力、按照最适宜者承担原则合理分配项目风险，做好风险管控，力求风险损失最小化。通常情况下，因政府部门擅长顶层制度设计和宏观把控，较多承担政策、法律等制度性风险，而社会资本方因具有技术和资金优势，市场实践经验丰富，适宜承担项目建设、运营等市场类风险。

3.2.4 养老服务 PPP 模式完善治理格局

"积极应对人口老龄化，构建养老、孝老、敬老政策体系和社会环境，推进医养结合，加快老龄事业和产业发展"，是我国养老事业在新时代背景下的发展方向和指导方针。[1]PPP 模式下，政府和社会资本的合作关系不仅有利于专业化分工效率的提高和资源配置的最优化，还可以实现双方的优势互补。一方面，在养老服务体系的建设与发展中引入社会资本，有效弥补政府财政资金缺口，缓解财政压力。另一方面，引导社会资本合理投资养老服务业既可以激活养老市场活力、提高养老服务的整体水平，还能在很大程度上改善我国养老服务业的宏观市场格局，促进养老服务业的快速发展。总之，将PPP 模式应用于养老服务业，具有广阔的发展空间，不仅能够让社会资本更加有所作为，还能有效地协调社会资本参与养老投资的"公益性"和"营利性"之间的矛盾。[2]

PPP 模式融合发挥政社双方投资主体优势，在提高全社会资金使用效率的同时实现养老服务的提质增效。

一方面，政府发挥主导与监督作用。PPP 模式下形成养老服务多元主体供给格局，全社会的养老服务供给能力得以提升。政府在养老服务供给体系中发挥主导作用，但不再是养老服务的"生产者"。政府从宏观层面做好顶层制度设计，统筹规划养老服务 PPP 项目；制定优惠政策，引进优质的社会资本方投资 PPP 项目；创造公平的 PPP 营商环境等。政府的工作重点聚焦于政策制定、发展规划、市场监管和指导服务；构建科学合理的养老服务质量评

---

[1] 参见习近平：《决胜全面建成小康社会 夺取新时代中国特色社会主义伟大胜利——在中国共产党第十九次全国代表大会上的报告》，人民出版社2017年版。

[2] 参见李楠楠、王儒靓：《论公私合作制（PPP）下公私利益冲突与协调》，载《现代管理科学》2016 年第 2 期。

估机制，监管服务效果，维护老年群体的合法权益；监督政府投入资金的使用等。

另一方面，社会资本发挥市场主体作用。在 PPP 模式下，社会资本方利用先进的生产、技术和管理经验，实现养老服务供给的专业化；充分发挥市场配置资源的作用，以老年群体需求为导向进行服务创新，根据老人个体差异提供个性化、多样化、层次化的养老服务，并加强对服务效果的监督力度，切实提高服务供给质量和资金使用效率。

3.3 养老服务 PPP 模式的社会资本投资回报诉求

投资回报是社会资本参与养老服务 PPP 模式的利益关切，是政府和社会资本合作提升养老服务的重要机制保障，也是治理现代化的必然要求，必须正视社会资本参与养老服务 PPP 模式的合理利益诉求问题。投资回报机制是 PPP 项目合作成功的基础，也是激励社会资本参加 PPP 模式的关键。

3.3.1 养老服务 PPP 模式社会资本的利益关注

政府和社会资本合作理论强调，政府和社会资本方应建立共享共创的协同型合作关系，PPP 模式不仅仅是融资工具，还是公共政策工具，更是公共治理变革，这些都为养老项目 PPP 模式运作指明了发展路径。养老服务 PPP 模式提升社会养老服务能力，具有一定的公共属性，但是合作的社会资本方具有营利性的利益诉求，合理的利益诉求不能忽视，而且应认真分析并给予尊重，才能在互利的基础上实现共赢。具体来说，养老服务 PPP 模式涉及的参与主体众多，如政府、社会资本方、银行等金融机构以及管理运营方和老年服务对象等。按照利益主体划分，可以分为以政府和使用者为首的公共利益和以社会资本方为首的私人利益。

第一，政府部门。政府作为公共部门，对公共物品的提供负有责任，是基本养老服务的重要主体。在养老服务 PPP 项目中，政府是项目的主要发起人之一。与传统的养老服务项目不同的是，政府对养老服务 PPP 项目的建设、运营和维护等工作不直接负责，而是通过招标选择合格的社会资本方。双方共同设立项目公司，合同约定双方的权利和义务，并对项目承担连带责任。

这不仅可以减轻政府的财政负担，还能充分利用社会资本的高效率、资金足的优势解决传统养老服务项目低效率、高投入的问题，提高养老服务水平，从而获得一定的经济效益和社会效益。然而，养老服务PPP模式的推行并不意味着政府可以推卸其应负的责任。政府要做好相应的决策，合理分担项目风险，给予适当优惠政策等，从而促进养老服务PPP项目的顺利推进，解决我国养老服务业所面临的现实问题。

第二，社会资本方。在已经出台的PPP相关政策法规中，我国将社会资本方统一定义为项目合作方。此外，国家在PPP文件中也有明确规定哪些社会组织或企业、机构可以作为社会资本方。在养老服务PPP模式中，社会资本作为主要的利益相关者之一，主要职责是项目的合同谈判、融资建设、运营管理。另外，依据财金〔2014〕113号文，社会资本还可以作为PPP项目的发起主体之一，通过递交项目建议书的方式向财政部推荐潜在的PPP项目。这一规定无疑打破了以往由政府主导的传统投资模式，为政府和社会资本拓宽了合作空间。此外，在PPP项目的具体实施过程中，政府和社会资本通常会成立项目公司负责项目的整体管理和运营事宜。

在养老服务PPP模式中，各个利益主体的利益诉求存在差异，只有将主要利益相关者（公共部门和私营部门）的利益诉求分析透彻，通过双方共同协作，才能设计出公平合理的收益分配方案或是符合双方利益诉求的合作契约，从而促进PPP项目的顺利进行。然而，政府和社会资本的利益追求各不相同：政府的公共属性决定了其更看重项目带来的社会效益，把社会效益放在首位；而社会资本的逐利性本质则让其更强调项目运营期经济效益的最大化，实现利润最大化是其根本目标。政社双方的利益诉求内容如表3-5所示：

表3-5 政府与社会资本双方利益诉求分析表

核心利益相关者	项目角色	利益诉求
政府部门	合作者、促进者、参与者和监督者	养老服务提供的持续性； 养老服务价格合理； 对养老服务的消费者公平对待； 满足健康安全、环保的质量标准

续表

核心利益相关者	项目角色	利益诉求
社会资本	项目主要股东、合作者	对未来条件变化的适度弹性； 项目健全的法律法规； 对私人投资者合理的回报及保护； 项目建设运营的认可与支持； 项目中良好的冲突解决机制； 合作到期后社会资本退出机制安排

在养老服务PPP项目中，政府不仅是项目的发起人、授权人、监督人，同时也是项目参与方。作为项目投资方，社会资本最为直接的利益诉求就是项目的经济回报和利润最大化以及由此而引申出一系列间接诉求，例如相对完善的法律法规支持、具有对社会资本投资的优惠、保护政策等。

从社会资本方来看，投资养老服务PPP项目存在诸多难以预估的风险：第一，政策风险。即政府的不合理干预或政策变动对养老服务PPP项目的实施产生影响，导致社会资本方的投入难以收回。如政府承诺的政策支持和优惠补贴不能给付。第二，融资风险。即养老服务PPP项目因其特殊的社会功能及服务定位，项目投资所需大额资金出现难以及时筹措到位进而影响到项目正常实施。第三，建设风险。即养老服务PPP项目前期建设阶段因涉及选址、征地、拆迁等原因存在预算超支、工期延误、工程质量不达标等问题导致的风险。第四，运营管理风险。即社会资本方在PPP项目运营过程中出现成本超支、有效需求不足、服务质量差评、专业人员经验不足等。总而言之，社会资本方基于多方面风险考量，对养老服务PPP项目的参与热情有待释放。

若社会资本在长期的养老服务投资中无法获得合理的回报，其行为就可能产生"异化"。一种情况是，社会资本可能会忽视老年群体需求，批量生产低质的养老服务产品，通过降低服务成本换取较高收益。另一情况是，社会资本打着投资养老服务PPP的旗号进行"圈地运动"，影响PPP模式的可持续发展。尤其是社会资本的积极性受挫使养老服务资源难以实现优化配置，老年人正常的养老需求也无法被满足。由此可见，投资回报机制是制约社会资本进入养老服务业的关键因素，有必要构建利益共享的投资回报机制并完善治理保障，既满足社会资本的合理利益诉求，又调动政府和社会资本合作的积极性，进而提供均衡化、专业化的养老服务。

当前理论研究与试点实践，较多从政府视角审视养老服务 PPP 模式。固然政府作为公共利益的代言人，具有广泛关注度，但是社会资本是养老服务 PPP 两个同等重要的利益相关者之一，如果得不到合理利益回报，就难免"地方政府热情高涨，社会资本顾虑重重"，或者用脚投票退出合作。因此，从社会资本视角加强养老服务 PPP 合作问题的理论阐释，并完善养老服务 PPP 模式的社会资本投资回报机制势在必行。

3.3.2 养老服务 PPP 模式社会资本回报机制的政策规定

我国 20 世纪 80 年代探索 BOT 特许经营，到 2014 年掀起了新一轮 PPP 热潮，PPP 项目由高速公路、城市轨道等经济基础设施，扩展到教育文化、医疗卫生和养老服务等社会基础设施；PPP 项目领域从"硬设施"建设推广到面向公众的"软服务"提升，PPP 制度环境也不断成熟，出台政策指导构建社会资本回报机制，明确社会资本取得投资回报的资金来源。

党的十八届三中全会强调发挥市场在资源配置中的决定性作用，并支持非公有制经济健康发展，PPP 迎来了政策高密集期。在全面深化改革背景下，中央全面主导 PPP 顶层设计，新一轮 PPP 被提到促进经济转型升级、转变政府职能和推进国家治理现代化的高度。推动公共服务供给侧改革成为此轮 PPP 的新内涵。

新一轮政府和社会资本合作（PPP），代表了政策部门对 PPP 认识的深化以及政府自身的调整。PPP 探索试行阶段的 BOT 特许经营，旨在发展经济并强调融资，政府与企业的关系多是"政府下放给企业"的垂直关系。新一轮政府和社会资本合作（PPP），旨在开拓融资来源与提升公共服务效率并重，政府与企业的合作治理关系凸显。所以，PPP 政策呈现出新特征：第一，PPP 模式呈现出由经济基础设施向社会基础设施扩展，由设施建设向服务供给扩展的趋势；第二，PPP 模式创新促进了公共服务提质增效；第三，PPP 模式试点行业和领域更多，涉及养老、医疗、教育、文化、体育等领域，养老服务 PPP 呈现较快发展势头。

我国 PPP 政策大致经历以融资驱动为主的 PPP1.0 版，注重提升公共产品与公共服务效率的 PPP2.0 版，以及以合理投资回报建设为重点、旨在实现经济、社会和环境可持续发展的PPP3.0版。[1]财政部财金〔2014〕113号文关注PPP模式的社会资本回报机制，并做了相应界定，"项目回报机制主要说明社会资本取得投资回报的资金来源，包括使用者付费、可行性缺口补助和政府付费等支付方式。"这就明确了PPP模式回报机制包括政府付费、可行性缺口补助、使用者付费三类。财金〔2017〕86号文根据养老服务PPP模式特点，提出建立政府付费、使用者付费和开发性资源补偿相结合的项目回报机制，考虑了养老服务投资周期长、回报风险高等特点，其中开发性资源补偿的回报机制充分体现了养老服务收益回报的特殊性，为养老服务PPP模式回报机制创新提供了更大的政策空间。

3.3.3 养老服务PPP模式社会资本回报机制的治理要求

根据项目区分理论，项目应分类进行管理。按照项目服务对象和服务宗旨，养老服务PPP模式的项目可区分为非经营性、准经营性和经营性项目，养老服务PPP模式回报机制的构建，也应根据项目类型选择与之匹配的回报机制，这不仅关系到养老服务PPP项目的资金来源，也直接影响社会资本对PPP项目的权衡取舍，以及政府和社会公众对于项目的关注程度等。非经营性的政府付费类养老服务PPP项目，通常社会资本回报比较稳定，同时由于涉及的利益相关者众多，容易受到社会公众的舆论关注，社会监督和绩效考核要求较高；准经营性的可行性缺口补助与使用者付费类养老服务PPP项目，社会资本投资回报周期较长，使用者对项目的评价和肯定更为重要；经营性的开发性资源补偿类养老服务PPP项目，社会资本市场化程度高，由于价格壁垒的存在，社会影响相对较低。

然而，当前政策指导过于笼统。《关于推广运用政府和社会资本合作模式有关问题的通知》（财金〔2014〕76号）文从书面上提出PPP项目回报机制可以分为：政府付费、可行性缺口补助、使用者付费三类，对于设施建设型与服务供给型PPP项目缺乏区别指导，更缺乏不同领域PPP项目的针对性考量。财金〔2017〕86号文专门从支持养老服务具体行业发展的角度，根据养老服务业特点，提出建立政府付费、使用者付费和开发性资源补偿相结合的项

---

[1] 参见熊伟、诸大建：《以可持续发展为导向的PPP模式的理论与实践》，载《同济大学学报（社会科学版）》2017年第1期。

目回报机制,虽然考虑到养老服务业投资周期长、回报风险高等特点,但是,关于养老服务 PPP 模式的社会资本回报机制设计,政策规定缺乏项目分类和精细管理,其指导作用和可操作性大打折扣。有必要根据养老服务 PPP 模式的分类,相应完善养老服务 PPP 模式的社会资本回报机制,增强机制设计的可操作性。

表 3-6　养老服务 PPP 模式项目服务对象与服务宗旨分类表

养老服务 PPP 模式	非经营性 养老服务 PPP	准经营性 养老服务 PPP	经营性 养老服务 PPP
服务属性	福利化	福利化+市场化	市场化
服务层次	兜底保障	中低端	中高端
供给对象	低保、低收入群体	中低收入群体	中高收入群体
参与主体	政府+社会企业	政府+社会企业（商业企业）+个人	商业企业+个人
资金来源	政府	政府+个人	个人
收费机制	政府定价	政府定价为主,政府调整与市场调节为辅	市场定价
社会资本回报机制	政府付费为主	可行性缺口补助+使用者付费为主	开发性资源补偿为主

资料来源：作者根据文献资料整理。

养老服务 PPP 模式可以根据不同标准予以分类。首先,根据项目运作方式不同,可分为 BOT、BOO、TOT、ROT、O&M、MC 等模式。[1]其次,根据项目实体服务功能,可分为养老福利机构、医养综合体、大型养老社区。[2]最后,根据服务对象与服务宗旨,可分非经营性项目、准经营性和经营性项目。不同类型养老服务 PPP 项目的服务属性、服务层次、供给对象、参与主体和资金来源也有差别（见表 3-6）。

---

[1] 参见巴曙松等:《PPP 项目质量、融资约束和杠杆转移》,载《当代经济管理》2018 年第 10 期。

[2] 参见孙涛等:《养老 PPP 的服务模式与融资结构研究》,载《吉林大学社会科学学报》2020 年第 2 期。

根据项目服务对象与服务宗旨对养老服务 PPP 模式进行分类，也符合国家政策文件精神。发改投资〔2014〕2724 号文中对于非经营性项目、准经营性和经营性项目的界定及其 PPP 运作模式选择做出了明文规定。(1) 非经营性项目，即缺乏"使用者付费"基础、主要依靠"政府付费"回收投资成本的项目，可通过政府购买服务，采用建设–拥有–运营（BOO）、委托运营等市场化模式推进。要合理确定购买内容，把有限的资金用在刀刃上，切实提高资金使用效益。(2) 准经营性项目，即"经营收费不足以覆盖投资成本、需政府补贴部分资金或资源的项目，可通过政府授予特许经营权附加部分补贴或直接投资参股等措施，采用建设–运营–移交（BOT）、建设–拥有–运营（BOO）等模式推进。要建立投资、补贴与价格的协同机制，为投资者获得合理回报积极创造条件。(3) 经营性项目，即具有明确的收费基础，并且经营收费能够完全覆盖投资成本的项目，可通过政府授予特许经营权，采用建设–运营–移交（BOT）、建设–拥有–运营–移交（BOOT）等模式推进，依法放开相关项目的建设、运营市场，积极推动自然垄断行业逐步实行特许经营。

由此可见，养老服务 PPP 模式分为非经营性项目、准经营性项目和经营性项目，是相对合理的分类方式，需在项目分类基础上对应选择并综合应用政府付费、使用者付费、缺口补助和开发性资源补偿等投资回报机制，并加强可操作性政策指导，保障社会资本投资的合理收益，才能吸引养老服务社会性融资，导入社会资本管理经验。

第 4 章
养老服务 PPP 模式社会资本投资回报机制现状与问题

人口老龄化背景下我国公共养老资源日益紧张，养老服务 PPP 这一改善融资和创新治理的新模式得以应用，养老服务 PPP 试点项目积极探索政府和社会资本共赢的回报机制。对财政部 PPP 中心项目库的养老服务 PPP 项目进行数据挖掘和统计分析，可勾勒出我国养老服务 PPP 模式社会资本回报机制的总体状况，也暴露其中存在的一些问题。以项目区分理论和治理理论为指导，破解养老服务 PPP 模式社会资本回报机制存在的问题，需要进一步明确完善社会资本投资回报机制的基本思路和治理要求。

4.1 养老服务 PPP 模式的项目概况

政府和社会资本合作（PPP）在我国的实践开始于 20 世纪末，快速发展则在 21 世纪初，特别是 2013 年党的十八届三中全会提出"允许社会资本通过特许经营等方式参与城市基础设施投资和运营"，PPP 模式掀起实践热潮，能源、交通运输、水利建设、市政工程等基础设施 PPP 项目先行发展，随后医疗、养老等公共服务 PPP 项目逐步推行。2017 年 8 月，财政部、民政部、人力资源社会保障部联合发布《关于运用政府和社会资本合作模式支持养老服务业发展的实施意见》（财金〔2017〕86 号），这是我国首个养老领域 PPP 专项政策文件，自此 PPP 模式在养老服务领域正式予以推广，养老 PPP 项目在全国各地陆续试点推进。

4.1.1 养老服务 PPP 模式的项目进展

财政部建设的政府和社会资本合作综合信息平台,[1]对全国 PPP 项目的总体运行情况进行全生命周期追踪与监管。2016 年 2 月 29 日,全国 PPP 综合信息平台项目库正式上线运行,披露全国 PPP 项目信息,包括入库 PPP 项目总数、投资总额和行业分布,每个 PPP 项目的名称、项目内容、项目投资额、合作年限、PPP 运作方式、所处 PPP 操作阶段等基本信息。根据全国 PPP 综合信息平台项目库的数据,截至 2021 年 12 月底,可检索到行业为"养老"的 PPP 项目 156 个,其中处于识别阶段的储备库项目 61 个,已完成物有所值评价和财政承受能力论证的管理库项目 95 个。项目库的养老服务 PPP 项目资料比较详实,总体上反映出养老服务 PPP 模式实践的基本情况。

首先,养老 PPP 项目数量和落地率还不高。至 2021 年 12 月底,全行业 PPP 项目共有 12 807 个,项目数量排名前三的是市政工程、交通运输、生态环保行业,占 PPP 项目总数的比例分别为 38.93%、13.76%、8.82%;比较而言,养老 PPP 项目仅有 156 个,占比为 1.22%。从 PPP 项目落地情况来看,全行业落地项目总数达 8087 个,落地率为 63.15%,而养老项目的落地率仅有 43.59%,远低于行业整体水平(见表 4-1)。这说明养老服务领域社会资本投资响应程度还不高,参与积极性远不及市政工程、交通运输等行业。

表 4-1　分行业 PPP 项目数与分行业落地 PPP 项目数

分行业	PPP 项目数(个)	占 PPP 项目总数之比	落地 PPP 项目数(个)	PPP 项目落地率
市政工程	4986	38.93%	3385	67.89%
交通运输	1762	13.76%	1172	66.52%
生态环保	1129	8.82%	764	67.67%
城镇开发	771	6.02%	488	63.29%
教育	614	4.79%	403	65.64%
水利建设	583	4.55%	353	60.55%

---

[1] 财政部政府和社会资本合作中心网站。

续表

分行业	PPP项目数（个）	占PPP项目总数之比	落地PPP项目数（个）	PPP项目落地率
医疗卫生	352	2.75%	192	54.55%
养老	156	1.22%	68	43.59%
…	…	…	…	…
合计	12 807	100%	8087	63.15%

数据来源：根据财政部政府和社会资本合作中心综合信息平台项目库资料整理。

其次，养老PPP项目资金投入较高。从已落地养老PPP项目的投资额来看（见表4-2），已落地的68个养老PPP项目中，49个项目投资金额在1亿元-10亿元之间，占比达72.06%；10亿元以上的项目有8个，占比11.76%；投资金额低于1亿元以下的项目有11个，占比不及20%（如图4-1）。由此看来，养老PPP项目的投资规模动辄上亿元，前期投入的成本较高，是影响社会资本投资决策的重要因素。

表4-2 分投资额的落地养老服务PPP项目数量及比例

分投资额	落地养老PPP项目数（个）	占全部落地养老PPP项目数之比
1亿元以下	11	16.18%
1亿元-3亿元	26	38.24%
3亿元-10亿元	23	33.82%
10亿元以上	8	11.76%
合计	68	100.00%

数据来源：根据财政部政府和社会资本合作中心综合信息平台项目库资料整理。

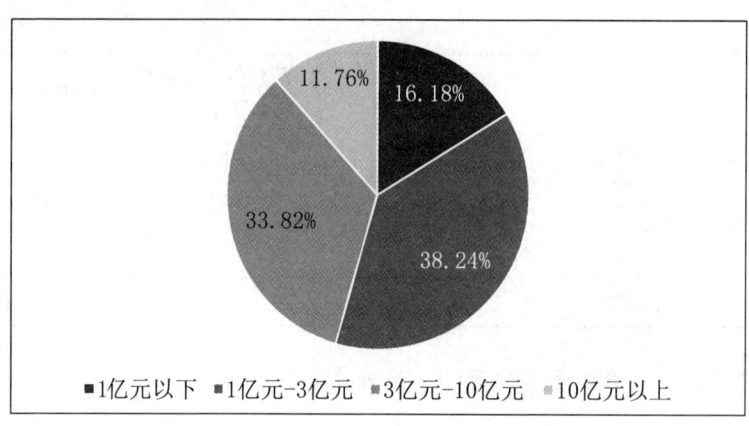

图 4-1 分投资额的落地养老 PPP 项目比例

数据来源：根据财政部政府和社会资本合作中心综合信息平台项目库资料整理。

最后，养老 PPP 项目投资的合作周期较长。从已落地的 68 个养老 PPP 项目来看（见表 4-3），政府和社会资本方的合作期限均在 10 年以上，在区间分布上，合作年限在 10-20 年、20-30 年、30-50 年的养老 PPP 项目分别有 15 个、26 个和 27 个，占比为 22.06%、38.23%、39.71%，且近 80% 的养老 PPP 项目政府和社会资本合作期限在 20 年以上，有的项目合作甚至长达 50 年。养老 PPP 项目合作周期长，意味着社会资本投入的资本回收慢，投资不确定性因素较多，投资风险较大，这是抑制社会资本投资选择的重要因素。

表 4-3 合作期限不同的落地养老服务 PPP 项目数量及比例

合作期限	落地养老 PPP 项目数（个）	占全部落地养老 PPP 项目数之比
10 年以下	0	0.00%
10-20 年	15	22.06%
20-30 年	26	38.24%
30-50 年	27	39.71%
50 年以上	0	0.00%
合计	68	100.00%

数据来源：根据财政部政府和社会资本合作中心综合信息平台项目库资料整理。

4.1.2 养老服务 PPP 模式的项目运行机制

我国 PPP 模式运行机制主要有 BOT（建设-运营-移交）、BOO（建设-拥有-经营）、TOT（转让-运营-移交）、ROT（改建-运营-移交）等。实践中 BOT 运行机制运用最多，BOO 运行机制相对较少，位于 TOT 和 ROT 之后。[1]

养老服务 PPP 项目运行机制的结构与一般的 PPP 项目略有不同。BOT 的项目数相较于其他方式仍然在实践中运用较多，但 BOO 的项目数高于 TOT 和 ROT，成为其中的第二大运行机制。具体来说，不同经营属性养老服务 PPP 的运行机制存在一定结构性差别（见表4-4）。非经营性养老服务 PPP 项目多以 BOT 运行机制为主，其次是 ROT；准经营性养老服务 PPP 项目和经营性养老服务 PPP 项目则以 BOO 和 BOT 为主。

表4-4 养老服务 PPP 项目运行机制情况表

运作机制	BOT	BOO	ROT	BOT+BOO	TOT+BOO	其他
非经营性项目（个）	14	0	3	0	0	0
准经营性项目（个）	14	11	4	0	1	2
经营性项目（个）	5	6	0	2	0	0
合计	33	17	7	2	1	2

数据来源：根据财政部政府和社会资本合作中心综合信息平台项目库资料整理，表中养老 PPP 项目合计62个，在前述落地的68个项目中剔除了6个信息公开不完全项目。

BOT 模式是社会资本建设、经营，最终移交给政府，社会资本就某个 PPP 项目获得特许经营权，参与融资、建设和运营，合作期满后项目设施需按照约定移交政府部门；而 BOO 的社会资本获得特许权建设和运营 PPP 项目，拥有项目资产所有权，期满后不必移交政府。BOO 作为社会资本建设、拥有并经营的 PPP 模式，社会资本的经营自主性更强，体现公共服务领域市

---

〔1〕参见孙涛等：《养老 PPP 的服务模式与融资结构研究》，载《吉林大学社会科学学报》2020年第2期。

场化的举措。养老服务 PPP 项目中 BOO 运作机制增多,主要表现在准经营性项目和经营性项目中,可见政府引入社会力量、改善公共服务效率的用意,医养结合和综合性养老项目恰是引入社会资本提高服务效率的重点项目。

4.1.3 养老服务 PPP 模式的项目投资回报机制

本研究从财政部政府和社会资本合作中心综合信息平台项目库汇总 68 个已落地的养老服务 PPP 项目信息,剔除 6 个信息公开未完全的项目,对其余 62 个养老服务 PPP 项目按照非经营性、准经营性和经营性进行分类整理,准经营性项目占比接近一半,具体构成是非经营性项目 17 项,准经营性项目 32 项,经营性项目 13 项(见表 4-5)。资料分析表明,62 个养老服务 PPP 项目选择的回报机制通常具有一定综合性,但是都有居于主体地位的回报机制。按照主体回报机制分类可见,这些养老服务 PPP 项目回报机制采用政府付费为主的 1 项,采用可行性缺口补助为主的 34 项,采用使用者付费为主的 27 项,采用开发性资源补偿为主的项目基本没有。综合来看,非经营性项目的主流回报机制是可行性缺口补助,政府付费的项目偏少;准经营性项目的主流回报机制是可行性缺口补助与使用者付费的结合,两种回报机制占比各半,选择比较均衡;经营性项目以使用者付费为主,可行性缺口补助为辅,资料分析表明,部分项目不同比例结合采用开发性资源补偿的回报机制,但是,经营性项目基本没有采用开发性资源补偿为主的回报机制。

表 4-5 不同经营属性和回报机制养老服务 PPP 项目表

经营属性	政府付费(1)	可行性缺口补助(34)	使用者付费(27)
非经营性项目(17)	1. 浙江建德市残疾人托养中心	1. 上海青浦区淀山湖福利院; 2. 福建连江县社会福利中心; 3. 浙江建德社会福利中心一期; 4. 山东滨州市邹平县养老服务中心; 5. 安徽铜陵市老年公寓三期; 6. 贵州铜仁市石阡县老年养护院; 7. 安徽淮北濉溪县乡村医养结合; 8. 福建福州晋安区社会福利中心; 9. 吉林长春养老综合项目;	1. 河南开封民生养老院; 2. 云南省老年公寓。

续表

经营属性	政府付费（1）	可行性缺口补助（34）	使用者付费（27）
		10. 山西吕梁交城县社会福利养护院； 11. 江苏兴化市社会福利院； 12. 江苏宜兴市丁山养护院； 13. 新疆哈密地区第二养老院； 14. 辽宁葫芦岛市老年公寓。	
准经营性项目（32）		1. 江西赣州章贡社区居家养老服务中心； 2. 山东潍坊寿光市福缘颐养中心； 3. 山东济南高新区东区医院暨颐养中心； 4. 江西抚州崇仁县医养服务提升工程； 5. 浙江嘉兴东升老年养护院； 6. 湖南永州蓝山县医养结合建设PPP项目； 7. 河南周口淮阳安康医院； 8. 吉林白山市怡康医养结合养老综合体； 9. 云南普洱澜沧拉祜族自治县医养结合康复中心； 10. 新疆乌鲁木齐离退休人员医养综合服务园； 11. 河南南阳桐柏县映山红健康养老养生产业示范园区； 12. 安徽阜阳市颍州区万洁养老公寓； 13. 河南周口沈丘县沈丘念慈医院； 14. 山东济宁中西医结合医院任城区老年护养院； 15. 湖南怀化市健康综合服务设施建设项目； 16. 内蒙古巴彦淖尔乌拉特前旗德馨医养医疗服务中心。	1. 北京朝阳区第二社会福利中心； 2. 武汉市社会福利院综合大楼； 3. 盐城市亭湖区福利中心； 4. 铜川市老年服务中心； 5. 山东潍坊市临朐县景福养老护理院； 6. 新疆乌什县休闲养生养老基地； 7. 甘肃平凉华亭县养老服务中心； 8. 陕西铜川印台区老年养护院； 9. 南昌象湖老年养护中心； 10. 山西大同市光荣院； 11. 湖南洪江市人民医院童鑫医养结合养老中心； 12. 平顶山市叶县盐都养老院； 13. 山东济宁汶上县中都怡养苑； 14. 山东菏泽市民政医养服务中心； 15. 河南许昌襄城龙耀健康城医养结合PPP项目； 16. 内蒙宁城县儿童福利院和天义镇中心养老院。

续表

经营属性	政府付费（1）	可行性缺口补助（34）	使用者付费（27）
经营性项目（13）		1. 山东烟台蓬莱市智慧健康养老服务PPP项目； 2. 宁夏吴忠盐池县民政局康复生态养生园； 3. 广西象州县民政社会服务集中区； 4. 辽宁喀左县馨丰老年公寓暨南山生态养老中心。	1. 河南许昌市襄城县-中国河南紫云谷新型养老示范基地； 2. 河南固始白鹭湖温泉养老项目； 3. 郴州小埠养老中心； 4. 河南三门峡市湖滨区综合康养PPP项目； 5. 江苏淮安养老养生产业园"阳光新城"项目； 6. 陕西商洛市中心老年公寓； 7. 山东临沂郯城县鲁地天沐温泉养老扶贫开发项目； 8. 山东菏泽市牡丹区枫叶正红医养一体化养老项目； 9. 山东济宁市嘉祥九顶山养老服务和生态综合治理项目。

数据来源：根据财政部政府和社会资本合作中心综合信息平台项目库资料整理。

4.2 养老服务PPP模式的投资回报机制现状评价

就社会资本来说，养老服务PPP项目投资回报的机制风险和机制设计合理性，直接关系投资收益。对于养老服务PPP模式的投资回报机制评价，可以进一步从投资回报机制的风险性和投资回报机制的合理性两个方面展开。

4.2.1 投资回报机制的风险性评价

（1）养老服务PPP项目的资本结构

养老服务PPP项目的资本结构反映权益性资本和债务性资本的构成情况。权益性资本是项目总投资中由投资者出资的部分，属于无息资本，由项目公司长期占有并自主支配，不需承担这部分资金的债务与利息；债务性资本属

第4章 养老服务PPP模式社会资本投资回报机制现状与问题

于有息资本,是项目公司的负债,需还本付息。因此,资本结构中债务性资本的比例高低,必然影响PPP项目的投资回报与风险。

为了有效控制PPP项目投资的规模与风险,我国对PPP项目投资实行资本金制度,即在项目总投资中,投资者必须按一定比例出资。根据现行项目资本金制度,养老行业PPP项目公司的股东必须以自有资金按时足额缴纳资本金,且规定项目资本金比例不低于项目总投资的20%。从表4-6可知,养老服务PPP项目中,资本金比例处于20%-30%区间的项目有46个,占项目总数的83.6%,其中26个项目的资本金比例仅满足了国家规定的最低出资标准20%。较低的资本金比例意味着PPP项目投资所需资金必须依靠更多的债务性融资,这无疑会增加项目的负债成本,影响项目的投资回报收益。

表4-6 养老服务PPP项目资本金比例分布情况

资本金比例R	R=20%	20%<R≤30%	30%<R≤40%	40%<R≤50%	R>50%
非经营性项目(个)	9	4	1	2	0
准经营性项目(个)	12	11	2	1	2
经营性项目(个)	5	5	1	0	0
合计(个)	26	20	4	3	2

注:①仅考察成立项目公司的55个PPP项目;②数据来源:根据财政部政府和社会资本合作综合信息平台项目库资料整理。

再对三种不同经营属性养老服务PPP项目的具体资本金比例进一步分析发现,非经营性PPP项目的资本金比例相对较高,处于20%-50%区间,中位值达到28%;准经营性PPP项目的资本金比例大部分集中于20%-30%区间,中位值在27%水平;经营性PPP项目的资本金比例整体较低,比例虽集中于20%-30%区间,但中位值仅为23%。[1] 即非经营性养老服务PPP项目的资本金比例一般高于准经营性养老服务PPP项目,更高于经营性养老服务PPP项目。从债务负担和风险角度看,三种不同经营属性养老服务PPP项目中,经营性PPP项目的权益性资本比例偏低,债务性资本比例偏高,表明经

---

[1] 数据来源:根据财政部政府和社会资本合作综合信息平台项目实施方案中各项目资本金比例计算得出。

营性养老服务 PPP 项目由于投资资金需要量多，资本金自筹难度较大，更需要借助金融机构借款等融资方式满足项目资金需求，项目的融资成本以及投资回报风险相对都较高。

（2）养老服务 PPP 项目的资本金出资结构

政府和社会资本是养老服务 PPP 项目投资的主体，双方按照合作协议出资入股，形成项目资本金。政府与社会资本方在设立项目公司时的出资额占项目资本金比例高低，反映各自在项目公司中的权利义务关系。根据国家相关政策文件，对于政府与社会资本方出资的比例设置，除了规定政府出资比例不得超过 50% 的上限限制且不应具有实际控制力外，并无其他政策规定，各地 PPP 实践中多根据政府财政承受能力自主安排是否出资以及出资的具体比例。

表 4-7　养老服务 PPP 项目资本金的社会资本出资比例情况

社会资本出资比例 R	90%≤R≤100%	80%≤R<90%	70%≤R<80%	R<70%
非经营性项目（个）	8	3	4	1
准经营性项目（个）	17	3	3	5
经营性项目（个）	9	2	0	0
合计（个）	34	8	7	6

注：①仅考察成立项目公司的 55 个养老 PPP 项目；②数据来源：根据财政部政府和社会资本合作综合信息平台项目库资料整理。

通过考察财政部政府和社会资本合作综合信息平台项目库中养老服务 PPP 项目的实施方案和 PPP 项目合同，发现养老服务 PPP 项目的资本金构成，存在政府出资比例偏低、社会资本出资比例较高情况。从表 4-7 可以看出，成立项目公司的 55 个 PPP 项目的资本金构成中，社会资本出资比例高达 80% 及以上的 PPP 项目有 42 个，占项目总数的 76.4%；超过 60% 的 PPP 项目社会资本的出资比例在 90% 以上；有的项目甚至政府部门不出资，完全由社会资本独资形成项目资本金。由此可见，养老服务 PPP 项目中政府公共资金投入有限，在满足一定股权投入的情况下，政府主要依靠社会资本完成项目融资，尽可能减少政府投入压力。对于投资回报并不稳定的非经营性和准经营性养老服务 PPP 项目，社会资本方出资量大且资本金占比高，承受更大的资金压力与投资回报风险。

此外，比较三种不同经营属性养老服务 PPP 项目的资本金构成后发现，项目经营属性不同，政府和社会资本双方对于项目资本金的出资比例也存在差异（见图4-2）。总体看来，社会资本对于经营性 PPP 项目资本金的出资比例（91.36%）要高于准经营性 PPP 项目（86.4%）和非经营性项目（83.7%）的出资比例，而政府对于非经营性 PPP 项目资本金的出资比例（17.3%）则高于准经营性 PPP 项目（13.6%）和非经营性项目（8.64%）的出资比例。[1]这表明养老服务 PPP 项目的公益性程度影响政府出资水平，项目公益性越强，政府更倾向于通过股权投资加强对项目的支持与运营监管；而项目公益性弱，政府股权出资力度相对较小。相应地，对于社会资本方来说，项目的市场开发盈利空间越大，投资回报机会越多，社会资本的投资意愿增强。

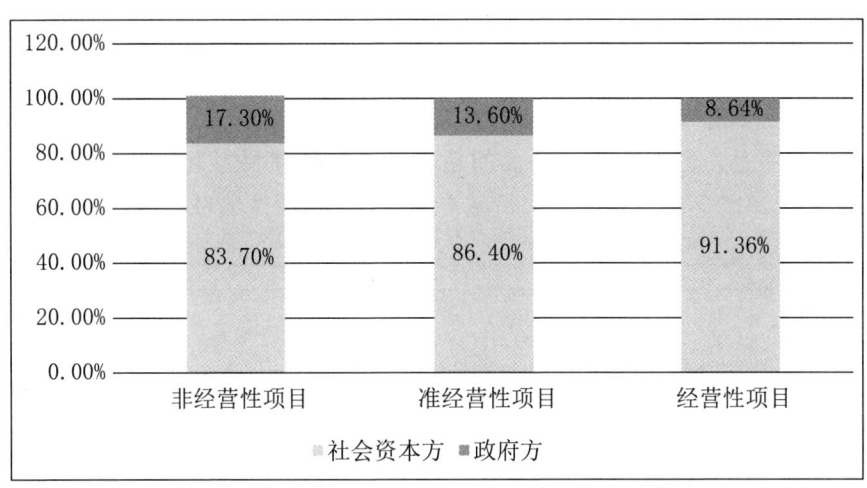

图 4-2　不同经营属性养老服务 PPP 项目资本金公私出资比例

注：①仅考察成立项目公司的 55 个 PPP 项目；②数据来源：根据财政部政府和社会资本合作综合信息平台项目库资料整理。

4.2.2 投资回报机制设计的合理性评价

养老服务 PPP 投资回报机制设计应体现项目特征，这是评价项目投资回

---

[1] 数据来源：根据财政部政府和社会资本合作中心 PPP 项目库项目实施方案和 PPP 项目合同整理，括号中数据是三种不同经营属性 PPP 项目中政府和社会资本方出资比例的均值数据。

报机制合理性的基本标准。因非经营性项目、准经营性项目和经营性项目的属性差异，各类项目投资回报收益的渠道不同，养老服务 PPP 投资回报机制设计需相应体现其差异。

（1）分类项目的发起时间和投资额比较

相较于市政工程、交通运输等行业，PPP 模式在我国养老服务领域推行偏晚，从图 4-3 可以看出，养老服务 PPP 项目发起时间集中始于 2014 年，发展高峰期在 2015 年和 2016 年，2018 年后热度减弱，项目数量呈下降趋势。养老服务 PPP 项目的投资规模主要集中在 1 亿元-10 亿元左右。从内部结构分析，不同经营属性 PPP 项目的发起时间、项目投资金额也存在差异。图 4-3 显示，非经营性 PPP 项目发起时间较早，主要集中在 2014-2016 年，投资规模相对较小，一般在 1 亿元左右；准经营性 PPP 项目从发起时间看分布较为均衡，2014 年至 2020 年间每年都有新发起项目，可持续性较好，但项目数量增加有限。与非经营性项目相比，准经营性项目的投资额较大，基本在 1 亿元-10 亿元左右；经营性养老服务 PPP 项目投资规模最大，通常为数十亿元的大型项目，也有超过百亿元的超大型项目，项目发起时间主要集中在 2014 年至 2017 年间，2018 年以后基本没有新增经营性项目。

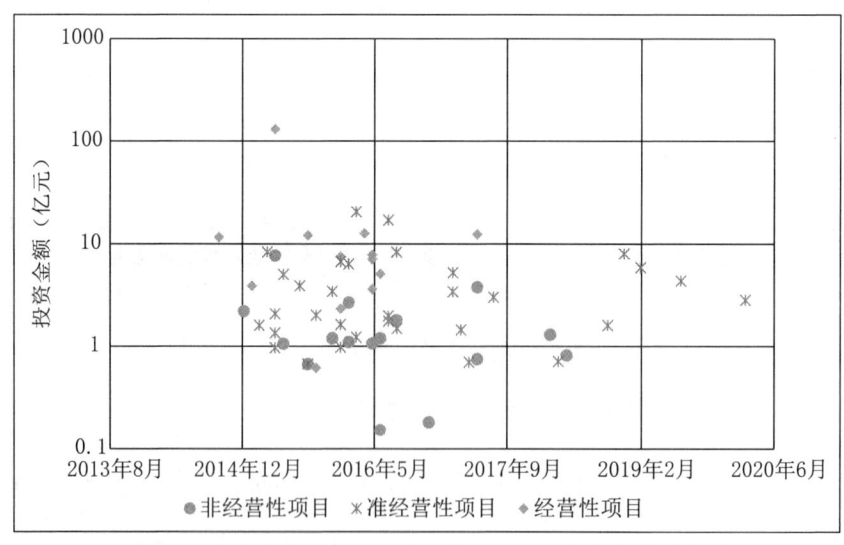

图 4-3　三类养老服务 PPP 项目发起时间与投资规模分布图

数据来源：根据财政部政府和社会资本合作综合信息平台项目库资料整理。

进一步分析发现：三种不同经营属性养老服务 PPP 项目的投资额度差异，与其建设内容及提供的养老服务品质相关，体现项目功能定位差别。非经营性项目定位于"保基本"养老服务，养老基础设施比较简单，建设规模小，投资规模不大，同时政府付费支持有限，投资回报收益较低。准经营性项目多定位于医养结合的"改善型"服务，包括医院建设、设备购置和专业人才的要求相对较高，因而投资规模较高，同时使用量不够稳定，制约投资回报稳定性。经营性项目定位于中高端养老服务，大多属于大型规模化园区经营，医养功能齐全，兼具生态养生、文化旅游等商业性开发空间，投资规模最大，但是开发性资源补偿力度不够，影响项目投资回报水平。

（2）分类项目的合作主体特征比较

养老服务 PPP 项目的政府方，是指政府授权的代表政府与社会资本签订 PPP 协议的实施机构与履责部门。政府方从项目发起阶段就全程参与，在 PPP 各阶段负责合作项目的组织协调与资源调配，包括项目识别、方案论证、招标采购、协议谈判和项目验收等，并对社会资本方履行合同的情况进行评估监管。从养老服务 PPP 项目的政府方构成来看，以民政部门和卫生部门为主，且对于不同经营属性 PPP 项目，政府方为民政部门的占比情况也有所不同（见表 4-8）。通常非经营性 PPP 项目民政部门占比（76.47%）明显高于准经营性 PPP 项目（56.25%）和经营性 PPP 项目（61.54%）。政府卫生部门主要参与准经营性 PPP 项目，满足于医养结合的养老服务需要。

表 4-8 不同经营属性养老服务 PPP 项目的合作主体特征

比较维度	政府方（实施机构）			社会资本方			
	民政部门	卫生部门	其他部门	建筑工程	医养投资	地产旅游	其他行业
非经营性项目（个）	13	1	3	5	9	2	1
准经营性项目（个）	18	7	7	6	19	3	4
经营性项目（个）	8	1	4	2	7	3	1

①数据来源：根据财政部政府和社会资本合作综合信息平台项目库和"企查查"信息查询系统。②"其他部门"主要是财政、住建和旅游等政府部门。

养老服务PPP项目都具有一定公益属性，牵头政府方通常是专司社会福利与保障的民政部门，政府部门资源支持与行政协调影响社会资本投资回报收益。不同经营属性的养老服务PPP项目的公益性程度不同，民政部门支持力度也不一样。非经营性养老服务PPP项目的民政部门和其他部门参与相对较多；准经营性项目较多属医养结合服务项目，具有更高专业性监管要求，需卫生部门较多支持和监管；经营性项目政府也有支持，但是力度相对较小，公共资源对于投资回报的支持较少。

（3）分类项目的社会资本方特征比较

养老服务PPP项目的社会资本构成情况，可以看出社会资本参与的行业结构与投资规模，这影响养老服务PPP项目运营水平和投资回报能力。非经营性养老服务PPP项目一般采用扩建和改建模式，通常注重在已有养老设施的基础上进行，对项目运营投入有限，因而成本可控，投资周期较短，吸引建筑工程类企业参与，投资企业借助自身实力和业绩通过竞争赢得政府招标；准经营性养老服务PPP项目定位于医养结合服务，需要更大的资本规模和更高的经营管理水平，社会资本方需要具备一定专业性能力，养老投资与养老服务类企业通过医疗护理服务获得参与养老服务PPP项目机会；经营性养老服务PPP项目投资额度大，收益回报比较好，社会资本方需要更强实力和开发经营能力，具有综合投资能力的开发类企业获得参与养老服务PPP项目机会，通过房地产开发与旅游开发拓展养老服务市场。表4-8数据显示，在行业资本构成中，参与非经营性PPP项目的社会资本方以建筑工程类与养老服务类企业为主；参与准经营性PPP项目的社会资本方以医养结合服务为主；参与经营性养老服务PPP项目的社会资本方以养老服务类投资与旅游开发类企业为主，可开发性资源补偿力度较大的旅游开发类企业比例仍然偏低，制约相关养老服务PPP项目投资回报水平。

4.3 养老服务PPP模式社会资本投资回报机制存在的问题

运用政府和社会资本合作理论、项目区分理论和精准治理理论，结合财政部政府和社会资本合作中心综合信息平台项目库的实践材料分析，我国养老服务PPP创新已经具有较好的基础，对于丰富养老服务供给数量和改善养老服务质量具有重大价值。同时，对不同经营属性的养老服务 PPP 项目及其社会资本投资回报机制的深入结构分析，也表明养老服务 PPP 模式社会资本投资回报机制存在若干问题，需要明确问题破解的基本思路，进一步完善我国养老服务 PPP 模式及其投资回报机制。

4.3.1 社会资本投资回报机制存在的问题分析

项目回报机制是说明社会资本取得投资运营回报的资金来源及支付方式。根据财金〔2014〕113 号文，我国 PPP 项目的投资回报方式有三种，包括政府付费、可行性缺口补助和使用者付费，分别体现由政府、政府和个人或由个人承担公共服务的购买责任。对于养老服务 PPP 项目，国家为了支持和加快养老服务业的发展，财金〔2017〕86 号文还提出"多渠道构建项目回报机制"，要求根据养老项目特点，建立政府付费、使用者付费和开发性资源补偿相结合的项目回报机制。通过分析全国 PPP 综合信息平台项目库中养老服务 PPP 项目的实施方案和 PPP 项目合同，发现我国养老服务领域 PPP 实践中，项目投资回报方面存在以下几个问题：

第一，社会资本的投资回报率总体偏低。与收费公路等公共基础设施类 PPP 项目相比，养老服务 PPP 项目服务对象是老年弱势群体，项目兼具一定的公益特性及对老年人付费能力的考量都制约项目收费水平，社会资本投资回报应"盈利但不暴利"。根据全国 PPP 综合信息平台项目库披露的落地养老项目中标通知书信息，数据分析后发现：中标标的出现"投资回报率"（或"合理利润率""内部收益率"）的养老 PPP 项目有 31 个，其中投资回报率介于 6%-7% 之间的项目有 19 个，占比高于 60%，投资回报率最高值为 8.31%，最低值为 4.98%，均值为 6.58%。由此可见，养老 PPP 项目社会资本的投资回报率整体偏低。另外，从资本逐利与规避风险角度分析，社会资本投资养老 PPP 项目，投资周期长，不确定性因素多，面临风险大，其投资回报率仅比投资无风险的国债收益率（见表 4-9）高出 2.44 个百分点；比投资市场风险较高的养老上市公司的收益率要低 8.08 个百分点（见表 4-10）。相关数据分析表明：社会资本投资养老 PPP 项目的收益与风险不相称。

表 4-9 2017-2021 年五年期储蓄国债利率数据

年 份	2017	2018	2019	2020	2021	均值
五年期国债利率	4.22%	4.27%	4.27%	3.97%	3.97%	4.14%

数据来源：根据中国人民银行国库局发布储蓄国债发行的通知文件整理得出。

表 4-10 养老相关上市公司净资产收益率数据

企业	2017-2021 年净资产收益率（均值）	所属行业
通策医疗（600763）	26.85%	养老医疗
东软集团（600718）	5.83%	养老医疗
鱼跃医疗（002223）	16.71%	养老医疗
奥佳华（002614）	11.46%	养老医疗
迪安诊断（300244）	24.37%	养老医疗
卫宁健康（300253）	10.3%	养老医疗
双箭股份（002381）	11%	养老地产
中南建设（000961）	10.76%	养老地产
相关企业均值	14.66%	—

数据来源：根据相关上市公司年报资料整理。

第二，PPP 项目投资回报机制结构不均衡。具体来说，以可行性缺口补助和使用者付费为主，政府付费回报机制的项目数量较少，开发性资源补偿回报机制结合运用不够。从表 4-11 可以看出，已落地实施的 62 个养老服务 PPP 项目中，可行性缺口补助回报机制的项目有 34 个，占项目总数的 54.84%，使用者付费项目有 27 个，占项目总数的 43.55%，政府付费机制项目及结合开放性资源补偿的项目偏少。进一步分析这 62 个 PPP 项目的具体实施方案和招标资料，发现各地在 PPP 实践中对于养老 PPP 项目的经营属性的区分不是很明晰，大多数项目在建设内容上既有为低收入群体的兜底养老床位，又有改善性养老床位，或提供其他商业化服务，即非经营性项目与准经营性项目或非经营性项目与经营性项目捆绑"搭售"，在回报机制安排上政府付费责任部分未明确界定，粗略定性为政府补助，这也是政府付费回报机制

PPP 项目数量少的原因。

表 4-11 养老 PPP 项目的回报机制构成情况

回报机制	养老 PPP 项目数（个）	占全部养老 PPP 项目数之比
政府付费	1	1.61%
使用者付费	27	43.55%
可行性缺口补助	34	54.84%
合计	62	100%

数据来源：根据财政部政府和社会资本合作中心综合信息平台项目库资料整理。

第三，政府对于社会资本回报收益的支持原则不明确，影响社会资本投资回报机制的合理性。《国家发展改革委关于开展政府和社会资本合作的指导意见》指出，对于缺乏"使用者付费"基础的非经营性项目，主要依靠"政府付费"回收投资成本；对于经营收费不足以覆盖投资成本的准经营性项目，需政府补贴部分资金或资源。然而养老服务 PPP 项目实践中，项目回报机制设计没有明确界定和区分不同经营属性项目的政府支出责任，以致在政府保基本养老服务的非经营性 PPP 项目中政府付费机制偏少，可行性缺口补助机制偏多（见表 4-12）。另一方面，对于经营收费能够完全覆盖投资成本、具有稳定现金收入预期的经营性项目，在回报机制安排上使用者付费机制占比不高，部分项目采用可行性缺口补助机制，对于结合开发性资源补偿回报机制的运用缺乏。这些都反映出政府财政资金对于社会资本回报收益的支持原则不明确，养老服务 PPP 项目社会资本投资回报机制设计的合理化不够。

表 4-12 不同经营属性养老服务 PPP 项目各回报机制项目数

经营属性	政府付费	可行性缺口补助	使用者付费	合计
非经营性项目	1	14	2	17
准经营性项目	0	16	16	32
经营性项目	0	4	9	13

续表

经营属性	政府付费	可行性缺口补助	使用者付费	合计
合计	1	34	27	62

数据来源：根据财政部政府和社会资本合作中心综合信息平台项目库资料整理。

第四，政府精准治理有待加强。养老服务PPP不仅是一种融资创新，还是治理变革。20世纪80年代以来，我国为了应对养老服务供需矛盾，增加养老服务供给，先后出台多项举措，探索公共服务社会化改革，创新养老服务PPP模式，并在实践过程中得以推广，政府与社会资本方发挥各自比较优势、风险共担、合作共赢。养老服务PPP呈现多元发展格局，根据服务对象与服务定位不同，大致分为非经营性、准经营性和经营性PPP项目三类。分析表明，三种不同经营属性养老服务PPP项目的服务宗旨、资本结构和利益诉求存在一定差异，政府政策文件和具体支持举措的精准治理不够。养老服务PPP项目操作实践中经营性项目和非经营性与准经营性项目"捆绑打包"，项目属性和政府责任边界模糊，保基本养老服务的政府"缺位"和中高端养老服务的政府"越位"以及社会资本在中高端养老服务市场开发"错位"同时并存。此外，养老服务PPP模式的政府与社会资本双方，既存在监督与被监督关系，还存在服务与被服务关系，更存在契约伙伴关系，对政府全生命周期绩效管理能力和协同服务水平以及合同契约意识等都提出了更高的治理要求。

4.3.2 问题破解的基本思路

财政部政府和社会资本合作中心综合信息平台项目库的分析，表明养老服务PPP模式社会资本投资回报机制存在若干亟待解决的问题，关键在于明确破解问题的基本思路。一方面，必须确立养老服务PPP模式社会资本回报机制构建的基本原则，即根据养老服务PPP项目的不同经营属性，分类构建投资回报机制；另一方面，必须改善养老服务PPP模式的政府治理，即重视全生命周期绩效治理，增强政策指导的可操作性，形成各政府部门和多元力量协同治理的合力。

（1）明确回报机制分类构建的基本原则

根据政府和社会资本合作理论、项目区分理论的要求，根据养老服务PPP模式存在的非经营性、准经营性以及经营性项目差别，必须分类构建符合项目属性的主导性的社会资本回报机制，针对性运用政府付费、使用者付费与可行性缺口补助、开发性资源补偿等回报机制，同时注重各种回报机制的灵活综合运用。

非经营性养老服务PPP项目采用政府付费为主的社会资本回报机制，政府直接向社会资本方付费提供养老服务供给。社会资本方负责项目的设计、建造、运营、维护，政府通过检验项目服务质量、公众的使用量以及项目或者服务的可用性向社会资本方付费。养老服务PPP项目回报机制由多种因素决定，同类项目在不同地区甚至同一地区，采用的回报机制存在差异，其中决定性因素是养老服务PPP项目的运营性质。从理论分析，非经营性养老服务PPP项目，属于政府基本公共服务职责范围，其回报机制应以政府付费为主。从政策导向分析，财政部、民政部和人力资源社会保障部三部门出台《关于运用政府和社会资本合作模式支持养老服务业发展的实施意见》（财金〔2017〕86号），重点引导和鼓励社会资本通过PPP模式，参与养老服务供给，立足保障型基本养老服务、改善型中端养老服务和养老业态发展，强调优先支持的养老服务领域为公办养老机构、社区养老体系建设和医养健融合产业，并相应提出"根据项目特点，建立政府付费、使用者付费和开发性资源补偿相结合的项目回报机制"。可见，无论理论分析还是政策导向，非经营性养老服务PPP社会资本回报机制都应以政府付费为主。

准经营性养老服务PPP项目采用使用者付费与可行性缺口补助为主的社会资本回报机制。准经营性养老服务PPP项目定位于改善型养老服务，既具有营利性，又具有公益性。从营利性来看，项目具有一定的市场基础，社会资本可通过使用者付费获得收益回报；从公益性来看，当使用者未达到约定规模，市场收益无法达到社会资本预期的情况下，政府通常根据约定给予可行性缺口补助，保障社会资本利益回报。因此，准经营性养老服务PPP项目社会资本回报机制以使用者付费和可行性缺口补助为主，使用者付费不足以满足社会资本或项目公司回收成本和合理回报情况下，政府给予可行性缺口补助,这在财金〔2014〕113号文中做了解释。[1]

经营性养老服务PPP项目的社会资本回报机制结合采用开发性资源补偿方式。开发性资源补偿方式作为一种养老服务PPP社会资本回报机制,采用的是非经营性公共物品供给捆绑模式,通过向社会资本投资的PPP项目公司补偿资源,进行商业性项目开发,从而让社会资本获得合理投资回报。考虑到经营性养老服务PPP模式的营利属性和开发性资源补偿的市场化,经营性养老服务PPP模式的社会资本回报机制应以开发性资源补偿为主,鼓励各类市场主体逐步成为经营性养老服务PPP供给主体。当然,经营性养老服务PPP模式的社会资本回报机制并不排斥政府付费和使用者付费,这两种回报机制可以作为开发性资源补偿的有益补充。

(2)提升养老服务PPP模式的政府治理

完善养老服务PPP模式的投资回报机制,应根据政府与社会资本的伙伴关系,以政府和社会资本合作理论为指导,提升养老服务PPP模式的政府治理能力。

首先,坚持长期合作原则。养老服务PPP模式政府与社会资本方建立长期的合作伙伴关系,无论项目经营属性如何,都要从长期合作的高度,构建与项目经营性质相符合的回报机制。养老服务PPP合同期限一般都在10年以上,有的甚至长达50年,回报机制的构建应从项目整个运营周期的时间跨度来考虑回收投资成本。因此,养老服务PPP模式的投资回报机制的构建,应坚持长期合作原则。

其次,坚持风险共担原则。养老服务PPP项目在识别、准备、采购、执行、移交等全周期过程中,由于投资规模大、回收周期较长,会面临较多不可预见的风险。养老服务PPP模式的投资回报机制构建过程中,政府应维护社会资本的基本利益,摒弃将风险转嫁给社会资本方的考虑,要按照风险分配优化、风险收益对等和风险可控的原则而将风险分配给更有能力承担、对风险更具有控制力的一方。通常情况下,政策性风险主要由政府承担,商业性风险由社会资本方承担,自然不可抗力产生的风险由双方共同承担。因此,养老服务PPP模式的投资回报机制构建,应坚持风险共担原则。

---

〔1〕 参见《财政部关于印发政府和社会资本合作模式操作指南(试行)的通知》附件2"名词解释"。

再次，坚持收益共享原则。对于经营性和准经营性的养老服务PPP项目，由于项目运营可以带来收益，政府和社会资本方可以约定收益的分成比例。养老服务PPP项目服务对象是弱势的老年群体，应避免项目服务收费定价过高，造成使用者付费不合理。对于项目的超额收益，政府与社会资本方应以收益共享为准则，约定合理的利润空间和分享比例。

最后，明确精准治理重点任务。其一，增强政策前瞻性和指导性，在项目试点逐步成熟的基础上，制定系统性的养老服务PPP模式及其投资回报机制政策文件；其二，加强全生命周期绩效考核与管理，凡是政府财政支出都必须跟绩效考核挂钩；其三，提高支持养老服务PPP的主动性，积极服务PPP项目建设和运营；其四，提升政府契约意识和履约责任，积极构建政府和社会资本合作伙伴关系，为支持养老服务PPP模式及其投资回报机制建设营造法治环境。

第5章 养老服务 PPP 模式社会资本投资回报机制的案例研究

财政部政府和社会资本合作中心 PPP 项目库收集并发布国内全行业 PPP 项目案例资料，截至 2021 年 12 月，我国进入执行阶段的养老服务 PPP 项目案例共 68 个，通过详细了解各项目概况、合作范围、合作期限、采购方式和回报机制等，从中筛选非经营性、准经营性和经营性养老 PPP 项目典型案例，并就各类项目典型性的投资回报机制情况进行总结分析，这对于完善养老服务 PPP 模式社会资本投资回报机制具有重要借鉴价值。

5.1 非经营性养老机构 PPP 项目投资回报机制案例

非经营性养老服务 PPP 项目通常社会公益性强，使用者付费有限，不具备市场开发空间等特点。理论上说，非经营性养老服务 PPP 项目的回报机制应体现政府财政责任，但是从 PPP 项目库显示资料分析，实践中存在较大差距。河南省开封市民生养老院 PPP 项目建设的主要目标，就是为改善孤寡老人的养老服务，其非经营性主体部分明确政府财政支持，而面向社会服务部分探索多元化投资回报机制，在探索上具有创新性，但是也存在政府付费机制方面的不足，值得加以深入分析。

5.1.1 河南省开封市民生养老院 PPP 项目概况

开封市民生养老院 PPP 项目是财政部第二批 PPP 示范项目，也是开封市乃至河南省第一批政府和社会资本合作项目。项目总投资为 2.2 亿元，建设内容分为主体工程和配套工程两部分，占地面积 70.95 亩。主体工程规划用地面积 29 239.29 平方米（约 43.86 亩），建筑面积 34 400 平方米，地下车库 7200 平方米，建设综合楼、康复楼、家居养老楼、智障老人公寓楼、自理型老人公寓及配套设施等建筑，提供床位数 1000 张左右。政府配套工程规划用地面积 18 062.06 平方米（约 27.09 亩），建筑面积 21 250 平方米，建设 2 栋老年养护楼和 2 栋综合服务楼，以孤寡老人为主要服务对象。[1]该项目是开封市现有规模最大的养老服务中心，并可面向社会提供一定数量养老床位以及多元化的养老服务。

开封市民生养老院 PPP 项目发起于 2015 年 9 月，开封市民政局是市政府授权的负责项目具体实施的政府机构，通过公开招标选出的中标社会资本方是由河南宏锦源实业集团有限公司及河南中城建设集团股份有限公司组成的联合体。两公司于 2016 年 7 月出资设立 PPP 项目公司——开封市福祉养老服务有限公司，负责该项目主体工程全部投资建设和政府配套工程的部分投资，以及项目全部设施的运营、维护与管理。河南宏锦源实业集团占项目公司股权的 90%，河南中城建设集团占股 10%。2016 年 7 月，开封市民政局与项目公司签署 PPP 协议，并授予项目公司特许经营权，合作期限 30 年[2]。

开封市民生养老院 PPP 项目是当地促进养老服务发展的重大民生项目。该项目采取 BOT+OM 运作模式，在投资回报机制上实行可行性缺口补助方式，同时因地制宜地予以部分创新式探索，即政府每年将其拥有的 255 张床位交付与社会资本方运营，通过床位运营收益代替通常的货币补偿。这种回报方式下政府不用向社会资本提供补助资金，不仅减轻政府的财政支付压力，而且政府的床位资产委托给社会资本方运营，"专业的人做专业的事"，拓展了养老服务领域政府与社会资本合作的新空间。

5.1.2 河南省开封市民生养老院 PPP 项目运作

第一，因地制宜选择合适的 PPP 运作模式。开封市民生养老院采用 BOT+OM 项目模式，政府部门采用公开招标形式选择社会资本方，并组建 PPP 项目公司负责项目的具体建设与运营。政府和社会资本合作期为 30 年（含 2 年

---

[1]《开封市民生养老院 PPP 项目实施方案》，载财政部政府和社会资本合作中心 PPP 项目库。
[2] 参见陈益刊：《这个开封养老项目为何成为 PPP 典范》，载《第一财经日报》2016 年 7 月 19 日，第 A09 版。

建设期)。总投资规模达 2.2 亿元(含土地费用 0.287 亿元)。项目主体工程需耗资 1.533 亿元,由社会资本出资建设,建成后能提供 1000 张养老床位。政府配套工程投资约 0.38 亿元,其中中央政府出资 0.143 亿元,社会资本出资 0.237 亿元,建成后能提供 500 张养老床位。政社双方在投资比例安排上,政府出资部分占总投资的 20%(包括中央政府投资 0.143 亿元及地方政府承担的土地费用 0.287 亿元),社会资本出资占 80%(包括主体工程投资 1.533 亿元及配套工程投资 0.237 亿元)。正式投入运营后,在养老床位使用分配上,社会资本出资建设的 1000 张床位由项目公司市场化运营,定位于为全市 60 岁以上的老人提供生活照料、康复护理、精神慰藉、文化娱乐等多元化内容的市场化养老服务;政府参与投资的 500 张床位由项目实施机构保留,根据 PPP 协议约定,部分床位用于基本养老服务对象("三无"老人、低收入老人、经济困难的失能半失能老人),由项目公司负责为其提供生活照料、康复护理等内容的基本养老服务,富余部分床位(255 张)以附加床位补偿方式交由项目公司进行市场化经营,以床位替代货币补贴。此外,政府若还有超额富余床位,则这些床位与上述附加床位捆绑打包委托给社会资本运营,政府享有这部分运营收益的 80%。30 年合作期届满后,项目公司将项目设施无偿移交给项目实施机构或开封市政府指定的其他机构[1]。

第二,非经营性项目和准经营性项目捆绑 PPP,政府资金引导效果明显。开封市民生养老院项目中,主体工程和政府配套工程两部分虽然捆绑打包并招标社会资本进行 PPP,但项目两部分的建设目的和定位的服务对象不同。主体工程部分的床位,社会资本全资建设,用于市场化经营,属于准经营性项目,政府给予可行性缺口补助。政府配套工程部分的床位,政府参与投资建设,主要用于保障"三无老人"等弱势群体的基本养老服务,是不具有收费基础的非经营性项目,政府承担付费责任。开封市民生养老院项目中,不同经营属性的子项目捆绑打包 PPP,规模效应易于发挥,有助于增强社会资本的投资吸引力,在发挥政府资金引导作用的同时改善养老服务的供给效率。

第三,在项目全生命周期内进行风险分配。开封市民生养老院项目重视

---

[1] 参见陈益刊:《这个开封养老项目为何成为 PPP 典范》,载《第一财经日报》2016 年 7 月 19 日,第 A09 版。

对项目的风险管控，根据依据风险分配的基本原则，在政府和社会资本间分配项目风险。首先，项目全生命周期的风险识别和评价。分别从微观和宏观角度对项目全生命周期阶段可能的风险诱因进行风险识别，共涉及9大类39项风险。其次，进行风险等级评估。对已识别的39项风险，采用专家评分法从风险发生概率和风险影响程度两个维度进行风险等级评价，评估出需要高度重视和重点控制的高风险7项、予以关注和有效控制的中风险17项、予以明确和一般控制的低风险15项[1]。最后，根据风险分配基本原则，对上述诸多风险在政府部门、社会资本或施工单位、供应商等第三方相关参与主体之间进行合理风险分配。项目前期的政府决策、土地获取方面的风险、建设期间配套设施方面的风险、政治等风险由政府承担；项目融资、主体工程的建设、技术方面的风险以及运营和移交阶段的风险由社会资本方承担；法律变更、运营期间市场需求、物价和税收变动以及不可抗力因素引起的风险由政府和社会资本方共同承担。

第四，建立监管体系，形成监管合力。开封市民生养老院项目确立的监管体系主要包括项目实施机构的履约监管、相关行政主管部门的行政监管及公众监督三部分，以此形成全方位的监管合力，确保公众利益得到充分保障。在项目的经营期内，项目实施机构有权对项目公司的PPP协议及相关合同履约情况进行监管，重点关切点在于质量与安全、收费与成本费用、合法合规性等方面。此外，项目实施机构还需定期进行项目绩效评价，并向社会公示评价结果，从多角度维护老年人合法权益。

5.1.3 河南省开封市民生养老院PPP项目投资回报机制评价

首先，政府给予财政支持，但是政府付费责任凸显不够。尽管政府通过床位运营收益代替通常的货币补偿，减少向社会资本提供补助资金，有助于减轻政府的财政支付压力，项目约定了可行性缺口补助，对社会资本投资回报起到保障作用。但是，政府付费与财政补助将非经营性及其他部分合并核算进行缺口支持，既无助于明确政府付费责任，也无助于考核社会资本开发经营状况。

其次，确立多元化的投资回报机制，但是项目盈亏源头不易厘清。社会

---

[1]《开封市民生养老院PPP项目实施方案》，载财政部政府和社会资本合作中心PPP项目库。

资本从开封市民生养老院项目取得的收入来源于以下两方面：一是使用者付费。包括养老床位收入即来源于运营1000张市场化养老服务床位而收取的市场化养老服务费，以及其他配套养老服务收入和配套养老设施收入。二是政府提供的可行性缺口补助（包括政策性补贴和项目收益差额补偿）。政策性补贴为建设投资补贴和运营床位补贴。建设投资补贴按照建设床位的数量核定，每张床位每年补贴400元，补贴年限5年。床位运营补贴根据入住老人人数确定，每位老人每年补贴600元。项目收益差额补偿即给予项目公司的合理预期收益的差额补偿，采用"附加床位补偿结合现金补偿"方式。附加床位补偿，即项目实施机构从其保留的500张保障床位中交付给项目公司预期数量的附加床位，项目公司通过市场化运营附加床位以增加项目收益，若交付的附加床位实际数等于预期附加床位数时，政府不再给予项目公司现金补偿；若交付的附加床位数小于预期附加床位数时，则不足部分的附加床位数对应的运营床位收益由政府给予现金补偿。[1]开封市民生养老院项目这种"以实物补偿替代货币补偿"的缺口补偿方式，具有其创新性，但由于项目非经营性与经营性部分捆绑运营，盈亏源头不易厘清，容易掩盖社会资本运营存在的问题，制约项目运营效率的提升。

再次，实施动态价格调整机制，但是使用者付费区分不到位。开封市民生养老院项目政府和社会资本在PPP协议中约定：项目经营期内如果社会资本总投资、宏观经济、关于税费优惠政策性补贴方面的政策法规等发生变化，则需要按照政社双方商议的调价方式对基本养老服务的协议价格、年度项目收益差额补偿、土地使用权年租金等予以合理调整（具体调整情况见表5-1）。但是，项目收费部分主要针对社会养老部分，孤寡老人并无收费基础，因而项目对使用者付费的针对性评估还不到位。

表5-1 项目动态价格调整情况表[2]

调整内容	调整原则	调整周期
基本养老服务的协议价格	宏观经济波动造成成本的增减，按照物价指数、工资水平结合成本构成，对养老服务协议价格进行调整。	三年

---

[1]《开封市民生养老院PPP项目实施方案》，载财政部政府和社会资本合作中心PPP项目库。
[2]《开封市民生养老院PPP项目实施方案》，载财政部政府和社会资本合作中心PPP项目库。

续表

调整内容	调整原则	调整周期
年度项目收益差额补偿	1. 经审计，社会资本总投资的增减变化比例超过10%时，对变化部分按照自有资金预期收益率对年度项目收益差额补偿金额进行调整。	运营期初
	2. 税收增加，按照税收实际缴纳金额对年度项目收益差额补偿金额进行调整。	实际发生
	3. 政策性补贴增减，按照实际增减金额对年度项目收益差额补偿金额进行调整。	实际发生
	4. 宏观经济波动造成运营成本的增减，按照物价指数、工资水平结合成本构成，对年度项目收益差额补偿金额进行调整。	三年
土地使用权年租金	按照市场化经营的平均床位价格变化比例，对土地使用权年租金进行调整。	三年

最后，回报收益与运营绩效挂钩，但是非经营性与经营性部分考核分类不明确。为了把控服务质量，开封市民生养老院项目实施回报收益与运营绩效挂钩考核。根据 PPP 协议，社会资本方提供的基本养老服务，应当满足签订的基本养老服务协议的质量要求，如果基本养老服务连续两年不合格，政府方有权向第三方购买基本养老服务质量；社会资本方提供的市场化养老服务，应满足国家和省有关养老服务质量的规范要求，并在运营日后 3 年应达到《河南省养老服务机构服务质量星级划分和评定标准》四星及以上的运营绩效评价标准，如果连续 3 年提供的市场化养老服务质量不合格，政府方有权对项目差额收益补偿的附加床位数量进行相应的调整。由于项目存在孤寡老人和社会服务两个部分，前者考核重点是服务能力，后者考核重点是收支状况，项目对于非经营性与经营性部分考核分类有待进一步明确。

5.2 准经营性养老机构 PPP 项目投资回报机制案例

准经营性养老服务 PPP 项目通常具有一定公益性和市场使用者付费基础，项目规模相对较大，机制运作灵活度高。北京市朝阳区第二社会福利中心是准经营性养老机构项目，其回报机制对于准经营性养老机构 PPP 项目具有一定代表性。

5.2.1 北京市朝阳区第二社会福利中心 PPP 项目概况

北京市朝阳区第二社会福利中心 PPP 项目作为北京市首个采用 PPP 模式的养老机构，也是北京市大力推进养老设施公建民营 PPP 模式的试点项目。朝阳区政府将已投资建设完成的第二社会福利中心的运营权采用政府和社会资本合作模式，引进社会资本方，委托其进行专业化的运营管理，使养老服务质量及效率得以整体提升，实现政府、社会资本和老年消费者的多方共赢。

北京市朝阳区第二社会福利中心于 2012 年由北京市发改委批准建设，总占地面积 5649.2 平方米，建筑面积 20 881 平方米，投入资金总计 19 041.2 万元，共有养老床位 469 张（失能区 240 张，高龄区 229 张），其中 20% 的床位（94 张）属于政府保障床位，主要面向"三无"老人、低保高龄老人、失独等特殊老年群体，其余 80% 的床位面向社会老人[1]。第二社会福利中心是一家提供养老照料、医疗康复、休闲文娱、体育健身等多功能服务为一体的养老机构，建造时充分考虑老年群体多样化的养老需求，有三人间、双人间、单人间等多种房型备选，并进行了适老化改造，各房间配有独立卫生间、有线电视系统、集团电话系统、雾化消毒系统及紧急呼叫系统，部分房间还设有氧气及吸痰系统等生活医疗保障设施。在医养方面，设有卫生服务站，配有医务室、医用电梯等设施，老人在福利中心内就可以看病，能享受医院转诊绿色通道。在文体娱乐方面，配有阅览室、书画室、棋牌室、多功能活动室、700 平方米的室内多功能活动厅。另有屋顶花园和院区活动场地，满足老人多方面需求。

朝阳区第二社会福利中心 PPP 项目于 2016 年 7 月发起，北京市朝阳区政府授权区民政局作为项目实施机构，于 2016 年 10 月通过公开招标形式，选中乐成老年事业投资有限公司作为社会资本方。2016 年 11 月，朝阳区民政局和社会资本方签订 PPP 合同，将朝阳区第二社会福利中心的运营管理交由社会资本方注册成立的社会服务机构以 ROT（改建－运营－移交）模式运营管理。合作期限 10 年，自 2017 年 5 至 2027 年 5 月。项目前期建设阶段政府已出资约 19 145 万元，项目正式运营前，社会资本方需投资 1 668.99 万元用于

---

[1]《北京市朝阳区第二社会福利中心 PPP 项目实施方案》，载财政部政府和社会资本合作中心 PPP 项目库。

购置相关办公设备及功能性装修改造,另需垫支流动资金1040.72万元,用于第二社会福利中心正常运营[1]。2017年4月,乐成老年事业投资有限公司独资设立民办非企业"朝阳区第二社会福利中心"(2018年2月更名为"北京市朝阳区恭和老年公寓"),承担养老项目的管理和运营。项目运营期间,运营机构拥有项目资产的使用权、经营权和收益权。合作期满后,项目资产移交给朝阳区民政局或交接给下一个运营机构。项目自2017年6月运营以来,社会反响不错,2019年被评为"五星级养老机构"。

5.2.2 北京市朝阳区第二社会福利中心 PPP 项目运作

首先,项目选择适合自身特点的 ROT 运作模式。作为北京市首个引入社会资本的 PPP 项目,项目识别和准备阶段工作充分,北京市民政局引入专业的 PPP 项目咨询机构,依据《北京市朝阳区存量养老设施政府与社会资本合作项目操作指南》,组建养老、财务、法律、PPP 方面的专家组,深入分析该项目采用 ROT 模式的可行性和必要性,探讨具体的实施方案、财政预算、效益分析报告,为项目后期顺利实施奠定良好基础。ROT 模式下,项目前期固定资产建造资金政府部门已投入,约占总投资的92%,项目后期设施改造和运营资金由社会资本方出资,仅占总投资的8%。项目按照"让专业的人做专业的事"的原则,社会资本方享有特许经营权并予以运营管理。这种运作模式一方面有助于提高养老服务的供给质量与效率,另一方面,对社会资本方来说,不用承担前期建造阶段的投入成本与资金回收风险,收益预期相对稳定,极大增强社会资本参与 PPP 的吸引力;对于政府方来说,项目运营期间政府不用投入资金,可以减少政府的养老财政开支。根据相关测算,该模式与传统的政府自营模式相比,可以减少14 331万元的财政资金投入,按照四星级养老院人员配备标准,可以减少约200名员工,减少约18 313万人员成本。[2]另外,该模式也有助于加强政府部门及时转变职能,由一贯的经营者转变为宏观调控者、监管者、协调者,更多的精力用于营造良好的政策环境

---

[1] 《北京市朝阳区第二社会福利中心 PPP 项目实施方案》,载财政部政府和社会资本合作中心 PPP 项目库。

[2] 参见国家发展改革委社会发展司等编著:《走进养老服务新时代:养老服务业发展典型案例汇编》,社会科学文献出版社2018年版,第231页。

及加强监管，实现社会福利的较优化。该项目的PPP运作模式，可发挥养老机构公建民营的示范样本，总结探索一套在全国范围内可复制、可推广的实践经验。

其次，项目建立有效竞争机制，采用公开招标方式优选社会资本方。为了充分发挥"专业的人做专业的事"的PPP制度优势，朝阳区民政局作为项目的招标主体，向社会发布公开招标信息，采用公开招标的竞争机制选择合适的社会资本方，该项目共有9家社会资本方参与投标，均是在国内有一定知名度的企业，通过对各参标企业的管理方式、运营方案、资金实力、绩效考核等方面进行综合考量打分排名，最终选定乐成老年事业投资有限公司（乐成集团的全资子公司）作为中标方，这是一家注册资本达1.7亿元人民币、在养老服务业深耕数十年、以提供高品质老年生活照料与护理服务业内有名的民营企业，其资金实力较强，运营管理经验较丰富。

再次，项目强化契约精神，以合同体系明确责权利关系，合理分担风险。朝阳区第二社会福利中心项目中政府和社会资本双方约定合作期限10年，为确保合作顺利实施以及PPP项目的长期稳健运行，合作各方强化契约精神，朝阳区政府与社会机构签署PPP项目主合同、PPP项目咨询合同、PPP项目第三方监管合同、第三方审计合同等多份项目合同，明确各方在PPP项目中的权利和责任。在区第二社会福利中心的权责划分上，政府是土地、建筑、设备设施的所有权人，也是出资人，区民政局对资产运营机构有监督管理权，有权委托第三方监督评估机构对运营机构的服务管理进行绩效考核与督导评价。对于社会资本方来说，区第二社会福利中心的运营由社会资本方全面负责，政府不参与经营。社会资本方承担第二社会福利中心运营前的装修改造费用，有权对机构硬件设施进行管理与使用，享有相关政策优惠和政府补贴。同时政社双方约定：设立机构管理发展资金，由社会资本方每年以不低于国有固定资产投资2%的数额逐年专项留存，实行专款管理与核算。此外，还设立风险保障金，以不低于国有固定资产投资1%的数额由社会资本方以押金形式向政府机构一次性缴纳，主要用于机构设施设备异常损坏的赔偿及社会资本方异常退出的风险补偿等。

最后，项目引入独立的第三方专业监管机构，加强养老服务质量管控。为确保老人能够享受到较好的服务，朝阳区第二社会福利中心项目加强多方监管，设立由政府牵头、联合第三方专业监督评估机构、社会资本方、老人代表等组成的联席会议机制,负责该养老项目的重大决策、研究讨论和设计安排。会议的重大决定都需要各方代表签字确认,再交由政府部门确认并执行。该项目还引进专业的第三方监督评估机构,对项目的运营管理成效进行评估,评估结果直接与社会资本方的绩效奖励挂钩,从而进一步保障养老服务的供给质量。

5.2.3 北京市朝阳区第二社会福利中心 PPP 项目投资回报机制评析

朝阳区第二社会福利中心项目定位 20%的床位面向"三无"老人、低保老人等政府基本养老服务对象,80%的床位面向社会老人市场化运营,项目具有非经营性和经营性特征,其回报机制以使用者付费为主、政府缺口补贴为辅。

一是明确使用者付费为主要回报机制,但是使用者付费存在风险。项目约定面向社会老人提供市场化养老服务的收费,这是项目营业收入的主要来源,也是项目正常运营和社会资本方获得投资回报的基础。但是,该项目对于使用者付费论证还不够充分,也缺乏使用者付费风险应对机制约定,存在一定风险。项目社会资本中标公告书显示,社会老人每月的平均床位费(含床位费、生活照料费、膳食费)为 7580 元,床位费定位较高,两人间的床位费更高于三人间。其他增值服务收益,包括利用第二社会福利中心的部分功能(如餐饮、医疗、停车场等)为周边社区提供货品或服务而取得的运营外收益,每年估计有 200 万元左右的运营外收益。由于缺乏使用者付费部分的单独风险应对机制,收支缺口加大,可能成为政府补贴负担。

二是建立政府补贴的回报机制,但是补贴资金的绩效考核不健全。政府补贴形式分两种:一种是根据享受政府保障的人员数量发放补贴,协议补助金额为 4000 元/人/月;另一种是市区两级分别按照政府保障床位的数量发放补贴,分自理床位和非自理床位两种,市级给予自理床位的补贴金额为 300 元/床、非自理床位的补贴金额为 500 元/床。朝阳区给予自理床位的补贴金额为 150 元/床、给予非自理床位的补贴金额为 250 元/床。这些补贴既是政府对于保障人员的养老服务补贴,也是运营床位的营业收入,但是政府对于这两种补贴形式的资金使用绩效在考核环节标准笼统,结果难于辨析,特别是缺乏全生命周期的绩效考核安排。

三是投资回报与运营绩效考核结合，但是社会资本的民办非企业身份影响其投资回报。根据本案例的 PPP 协议约定，社会资本方参与 PPP 项目的投资回报，主要通过从运营利润中提取一部分基本管理费+绩效奖励的方式获得，投资回报的高低与绩效考核的结果相关。具体来说，按照 PPP 约定，每年引进专业的第三方监督评估机构，对运营机构的运营管理成效需进行评估，社会投资人根据绩效考核的结果获得相应的回报即分年度向政府部门收取基本管理费。当运营机构年度综合评价得分超过 80 分，且利润总额高于基本管理费提取比例时，区政府允许社会投资人从每年的利润中提取一定比例的费用作为基本管理费，其数额不能超过运营机构正式营业前投入朝阳区第二社会福利中心办公设备、养老设施、医疗设施、装修改造等总费用的 11%，当利润不足基本管理费的提取比例数额时，只能提取全部利润，政府不再进行财政资金贴补。具体提取比例直接与评估结果挂钩，若年度综合评估分数在 80-85 分、86-90 分、91-95 分、96-100 分，允许社会资本从运营利润中提取管理费的比例分别是 5%、8%、10%、11%。若评估不合格，需要责令整改。本案例中第三方绩效评估，运营绩效与社会资本回报相联动能够较好地保障养老服务质量，为 PPP 模式回报机制的构建与完善提供了较好的参考与借鉴。需要特别指出来的是，本案例中的项目运营机构"朝阳区第二社会福利中心"，是社会资本方乐成老年事业投资有限公司独资设立的民办非企业。根据有关政策规定，民办非企业的盈利只能用于自身的持续运转，不能用于股东分红，因此民办非企业身份会对社会资本的投资回报形成一定制约。

5.3 准经营性社区居家养老 PPP 项目投资回报机制案例

章贡区社区居家养老服务中心 PPP 项目是江西省首个居家养老 PPP 项目，2015 年 9 月入选财政部第二批示范项目。章贡区社区居家养老服务中心是准经营性社区养老项目，其回报机制对于社区养老服务 PPP 项目具有可借鉴性。

5.3.1 章贡区社区居家养老服务中心 PPP 项目概况

赣州市章贡区是赣州市老龄化程度最高的县级行政区。老年人口基数大、

第 5 章 养老服务 PPP 模式社会资本投资回报机制的案例研究

高龄老人比例高、空巢老人逐年增多、家庭养老功能弱化等问题日益显现，养老服务供给侧改革任务紧迫。2015 年，国家开始在养老服务领域推广 PPP 模式，章贡区政府在分析自建自营居家养老服务中心效果的基础上，决定采用 PPP 模式建设运营居家养老服务中心。项目总投资 1.6 亿元，选取社会资本投资建设和运营区内 72 个居家养老服务中心，包括新建服务中心 10 个、改扩建服务中心 62 个，总建筑面积达 5.05 万平方米。主要建设内容包括护理人员培训中心、保健康复用房、生活服务用房、娱乐用房、智慧养老呼叫平台及其他用房等。项目在 2015-2017 年分三期实施，项目建成后为全区 11 万名 60 周岁以上老年人提供日间照料、供餐、助医、精神慰藉和家政等社区居家养老服务，实现城乡养老服务全覆盖目标[1]。

社区居家养老服务中心 PPP 项目发起于 2015 年 3 月。为确保项目有效实施，章贡区政府授权区老龄办作为项目实施机构，通过竞争性磋商方式，选取社会资本方——江西鹭溪农业发展有限公司。区政府还授权赣州市场建设综合开发有限公司作为政府出资方代表，于 2015 年 7 月与社会资本方共同出资 0.32 亿元成立江西添福养老服务有限公司作为 PPP 项目公司，负责项目的融资、投资、建设、运营、维护和移交等。其中政府出资 0.064 亿元，占项目公司股权的 20%；社会资本出资 0.256 亿元，占项目公司股权的 80%。剩余 1.28 亿元资金由项目公司向国家开发银行贷款。区政府授权项目公司特许经营期 15 年。[2]合作期满后，项目公司将项目全部设施无偿移交给政府指定机构。自 2015 年 7 月章贡区社区居家养老服务中心 PPP 项目实施以来，各项居家养老服务工作有序开展，已在章贡区初步建立了一个范围广、功能多的社区养老服务网络。每个社区居家养老服务中心均设有老年活动室、医疗康复室、日间照料室、医疗室、社区食堂、老年大学等多功能区，提供助餐、助浴、助医等多种助老服务。各社区居家养老服务中心还成立了老年协会和兴趣小组，定期举办唱歌、排练舞蹈、乐器练习等团队活动。从服务效果看，老人满足感较高，初步形成范围广、功能多的社区养老服务网络，居家养老服务供给水平得以显著提升。

---

[1] 参见章萍：《社区居家养老服务 PPP 运作模式研究》，载《当代经济管理》2018 年第 11 期。
[2] 参见银昕：《江西省赣州市章贡区社区居家养老 PPP 项目：在养老服务领域探索可行标准》，载《中国经济周刊》2016 年第 42 期。

5.3.2 章贡区社区居家养老服务中心 PPP 项目运作

章贡区社区居家养老服务中心 PPP 项目落地以来，政社双方按照"规范操作、加快推进、成为标杆、造福于民"的总体要求，在合法合规的前提下加快推进项目建设。主要做法有：

第一，根据居家养老服务的项目特点创新 PPP 运作模式。章贡区居家养老服务中心项目，采用"BOT+O&M"（建设-运营-移交+委托运营）运作模式。具体地说，新建养老服务中心采用 BOT（建设-运营-移交）模式运作，政府授予社会资本方特许经营权，负责项目的融资、设计、建造和运营等，项目资产所有权归政府，项目公司拥有合作期内项目资产的使用权，享有项目收益，项目期满后公司资产无偿移交给政府；存量项目采用 O&M（委托运营）模式，政府将长期闲置的非临街商业用房改扩建后，以零租金方式租赁给项目公司用于社区居家养老服务（如图 5-1 所示）。这种"新建+存量"捆绑式的"BOT+O&M"运作模式，将政府和社会资本的各自优势和资源有效发挥和利用，合力提供高质量的养老服务，实现政府、社会资本、老人和社会的多方共赢。

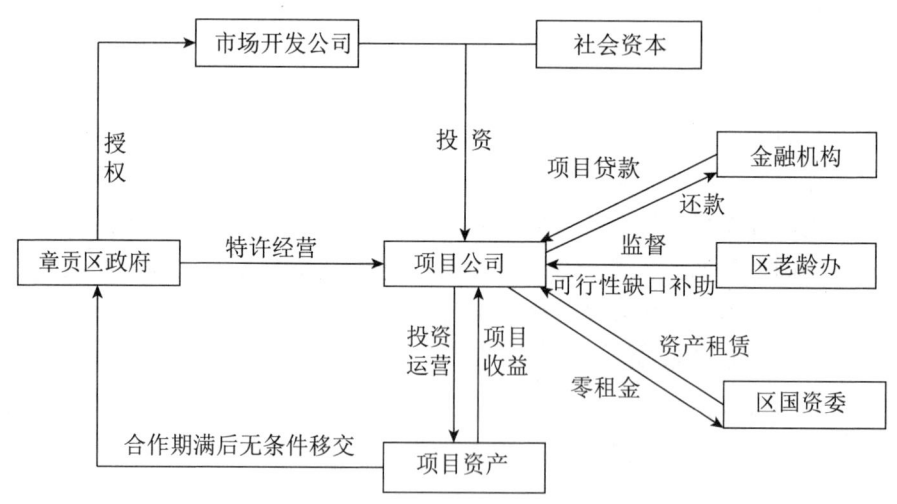

图 5-1 章贡区社区居家养老服务 PPP 运用模式图

第二，政府的政策助力与支持为项目推进保驾护航。首先，政府出台了

第 5 章　养老服务 PPP 模式社会资本投资回报机制的案例研究

《赣州市章贡区人民政府关于加快发展养老服务业的实施意见》《章贡区社区（村）居家养老服务补贴（暂行）办法》等政策文件，为养老服务业发展提供了良好环境。其次，完善政府向社会组织购买养老服务项目目录。如规定具有章贡区户籍且在区内居住的、60 周岁以上"三无"或低保老人，政府每月发放居家养老服务补贴 100 元；对于中度失能以上的老人，每月发放居家养老服务补贴 200 元；对于正常运营的居家养老服务中心（站），每年给予 2 万元-6 万元的运营补贴等。最后，为保障项目顺利融资，政府为项目公司向国家开发银行提供融资担保。政府的这些政策助力与支持有助于提高社会资本的合作积极性，推进项目顺利实施。

第三，多举措防范项目风险。PPP 模式尚属新生事物，投资规模大，回收周期长，不可控因素较多，操作复杂。为了确保项目顺利推进，章贡 PPP 合作双方积极协商，多举措防控风险。首先，广纳民意，项目前期准备充分。在项目识别和准备阶段，区政府项目前期准备和协调工作充分，成立了综合协调、规划建设协调和融资协调等工作组，全面保障项目建设。区政府还在充分吸纳民意、征求社区民众意见的基础上，统筹规划全区养老产业发展和养老设施布局规模，审慎确定 PPP 项目建设规模，最终确定了首批 72 个网点、5 万余平方米的建设规模。此外，区政府授权区老龄办作为实施机构，代表政府参与 PPP 项目全过程，并委托专业咨询机构提供 PPP 项目识别论证、实施方案编制、社会资本方遴选、合作协议起草等全过程专业服务。项目落地时，严格按照财政部《政府和社会资本合作模式操作指南》的流程，强化项目评审，规范项目操作。其次，运用竞争性磋商机制遴选合适的资本方。章贡社区居家养老服务中心 PPP 项目的社会资本方，是江西鹭溪农业发展有限公司，这是一家在赣州市内拥有包括餐饮、生态农业、社区生活配送、广告设计在内的多产业公司。其多产业的竞争能力和优势是维持项目公司持续现金流和盈利的关键。公司盈利点在于，规模效应优势明显，在餐饮和生态农业上有完备的供应链，且业务熟练；公司业务整合能力强，运用其广告设计能力自产自销，为养老服务业务做广告；公司开拓"小饭桌"增收业务，不仅为老人提供成本价的配餐服务，而且面向社区其他人群开拓"小饭桌"业务，利用其业务优势为公司增加收益。最后，充分借智借力，科学识别和分担项目风险。章贡区居家养老服务中心 PPP 项目根据项目周期长，风险因素复杂的特点，注意识别和分担项目风险。在项目准备阶段，政府委托专业咨询机构识别和评估项目全周期风险，并根据风险由最适宜一方承担原则，政府和社会资本方合理分担风险责任。PPP合同约定，社会资本承担项目设计、建造、财务和运营、维护等商业风险，政府承担法律、政策、最低市场需求等风险，不可抗力风险由政府和社会资本共担。

第四，建立居家养老服务PPP绩效考评机制。为确保公共利益最大化，章贡区居家养老服务中心PPP项目建立了比较严谨的绩效考评机制。一是在政府补助中设置了政府民生补助项目，PPP项目公司需要提供相应服务才可获得该项补助；二是编制了《项目绩效考核指标及相关考核表》，制定了一套非常详尽的监管指标，使用者的反馈和打分占有较大权重。每年1月和7月，政府方依据"考核表"组织民政等相关职能部门对照指标逐项考核。考核通过，项目公司获得全额补助资金；考核若第一次不通过，项目公司可以整改；若第二次不通过，政府方有权自行或委托第三方进行必要的整改，一切风险与费用由PPP项目公司承担，并相应减扣补助金额。严格的绩效考评制度，有助于规范项目公司运作中的各类行为，保证项目服务水平。

5.3.3 章贡区社区居家养老服务中心PPP项目投资回报机制评析

章贡区居家养老服务中心项目主要面向区内60岁以上的老年群体（包括"三无"老人、低保老人等）提供基本养老服务，项目具有非经营性和准经营性，项目经营收费无法覆盖建设和运营成本，为此，项目的社会资本投资回报机制采用混合收益模式。

一是明确政府付费回报机制，但存在PPP项目政府付费与政府购买服务两者混用情况。项目社区居家养老服务具有一定付费基础，来自社区家庭给项目公司支付的日常生活照料、精神慰藉等基本养老服务费用，而PPP项目公司收益的来源之一，是享受政府购买的100元/月的居家养老服务费用。项目存在PPP项目政府付费与政府购买服务定位含糊不清的问题。严格来说，PPP项目政府付费与政府购买服务适用不同的政策，因而厘清两者关系非常必要，政府付费型PPP回报机制适用财政部等部门颁布的PPP政策，政府购买服务适用《政府购买服务管理办法（暂行）》等，缺乏准确定位，存在违规隐患。

二是政府补贴形式较多，但与可行性缺口补助区分不明。政府补贴有两种付费方式：一种是政府固定补贴，是区老龄委对正式投入运营的养老服务中心每年按固定标准给予的补贴，主要用于居家养老服务中心的日常运行管理，如管理社区养老服务中心场所，提供卫生保健服务、量血压、健康咨询等。固定补贴数额根据各养老服务中心实际运营情况有每年2万元、4万元和6万元三种。另一种是民生补贴，是政府为区内的60周岁以上"三无"或低保老人、困难失能老人等重点优抚对象购买居家养老服务中心提供的配餐送餐、生活照料等养老服务补贴支出。政府根据PPP协议还给予可行性缺口补助，存在财政重复支出问题。

三是使用可行性缺口补助回报机制，但缺口补助资金的使用绩效考核要求不到位。为保证社会资本获取合理收益，实现可持续发展，章贡区社区居家养老服务中心PPP项目，在使用者付费的基础上增加了政府补助和可行性缺口补助方式，在项目风险超过上限时，启动补贴或调价机制，由政府给予社会资本方一定的经济补助，以弥补使用者付费之外的缺口。这种风险分担和回报机制设计使项目具备商业上的可行性，确实能够保障社会资本方的基本收益水平。表5-2数据反映了项目公司自2015年运营以来的收益情况。根据项目建设安排，2015-2017年项目还处于建设中，2015年建成31个网点，2016年建成22个网点，2017年建成19个网点。从表5-2的运营结果看，2015年因只有少量的养老服务中心处于运营中，故运营收入和政府补贴收入均很低，项目处于累计亏损中，此后，随着建成并投入运营的新网点增多，运营收入和补贴收入不断增加，改扩建成本相对投入较少，项目公司在运营第5年（所有网点正式运营时）扭亏为盈。分析项目实施方案发现，政府对于缺口补助的条件约定不够细致，全生命周期绩效考核不到位，存在社会资本稳赚不赔情况，影响对项目运营效率的激励。

表5-2 章贡区社区居家养老服务中心项目运营数据

年份	营业收入（万元）	补贴收入（万元）	累计净利润（万元）
2015	19.27	1.81	-152.71
2016	539.24	11.25	-236.80
2017	869.81	140.31	-530.94
2018	591.36	171.47	-303.93

续表

年份	营业收入（万元）	补贴收入（万元）	累计净利润（万元）
2019	769.75	684.83	296.38
2020	970.29	119.66	10.59

数据来源：《江西添福养老服务公司审计报告》（2015—2020），财政部政府和社会资本合作中心 PPP 项目库。

5.4 经营性养老社区 PPP 项目投资回报机制案例

经营性养老服务 PPP 项目主要应用于中高端康养产业建设与运营，一般以养老社区或养老商业综合体的形式开发运营，其 PPP 项目的回报机制更体现市场原则。但是，经营性养老服务 PPP 项目也具有一定社会价值，可以满足中高层次养老服务需求，政府应给予一定的资源支持，包括开发性资源补偿或投资者的社会声誉等。从实践来看，PPP 项目库资料分析显示，经营性养老服务 PPP 项目运作并非单纯产业化，而是具有综合性，通常包含若干非经营性或准经营性养老服务 PPP 子项目，而政府的开发性资源补偿力度还比较有限。

5.4.1 山东省蓬莱市智慧健康养老服务 PPP 项目概况

蓬莱市智慧健康养老服务 PPP 项目是财政部第三批 PPP 示范项目，也是较早探索智慧健康养老的 PPP 项目，具备居家、社区和机构养老等服务功能。

蓬莱市智慧健康养老服务 PPP 项目总投资约 7.079 亿元，占地总面积达 16.922 万平方米（约 253.83 亩），总建筑面积达 16.761 万平方米。项目全面综合考虑养生养老需要，旨在建设综合性大型智慧健康养老社区，采用"医养结合"模式，为蓬莱市老人提供日常生活照料、医疗护理、精神慰藉、健康建档管理、休闲养生等医养康养服务。项目产品兼具养老、休闲、养生、人文、医疗等功能。[1]

---

[1] 参见蓬莱市财政局：《山东省烟台市蓬莱市智慧健康养老服务 PPP 项目》，载 https://www.penglai.gov.cn/art/2018/9/29/art_30422_1958198.html，最后访问日期：2022 年 3 月 20 日。

第 5 章 养老服务 PPP 模式社会资本投资回报机制的案例研究

蓬莱市智慧健康养老服务 PPP 项目建设内容丰富,包含社会福利服务中心、医院、颐养学院、养老商业中心、养老公寓、居家养老服务 6 个子项目。各子项目都有较明确的建设目标和产品定位。社会福利服务中心子项目占地面积 5 万平方米,提供床位 1200 张,其中政府供养床位 800 张,用于 60 岁以上的农村五保老人及城镇三无老人等政府保障人群的基本养老服务;社会供养床位 400 张,面向社会市场化运作,主要为有自理能力的老人提供市场养老服务。医院子项目按照二级综合医院的标准建设,床位 400 张,旨在提供医养结合服务。颐养学院子项目建设 1 栋学院综合楼,总建筑面积 1.4 万平方米,主要为老人提供包括健康、烹饪、艺术、戏曲等养生娱乐服务。养老商业中心子项目是养老项目的商业配套,包括餐饮、银行、娱乐等生活配套设施,占地面积 1.68 万平方米,为老人提供就近采购日常生活用品的需求服务,养老公寓子项目占地面积约 7.2 万平方米,共有 900 个房间,主要提供中高端养老服务,内容从餐饮到日常起居照料、护理、医疗、康复、健康管理等多方面。居家养老服务子项目包括日间照料中心和健康管理平台建设,服务对象面向全市 29 个社区老人,服务内容涉及家政服务、生活照料、医疗护理、精神慰藉及健康咨询等健康服务。[1]

蓬莱市智慧健康养老服务 PPP 项目发起于 2016 年 5 月,蓬莱市人民政府授权市民政局作为项目实施机构,负责项目的具体实施。2016 年 7 月,蓬莱市民政局公开发布项目采购公告,通过竞争性磋商选出社会资本方为北京易华录信息技术股份有限公司联合体(北京易华录信息技术股份有限公司为联合体牵头人、成员为华录健康养老发展有限公司和烟台金宇置业有限公司[2])。政社双方于 2016 年 9 月签署 PPP 项目合同,蓬莱市财金投资有限公司代表政府出资方与中标社会资本共同出资设立 PPP 项目公司(SPV 公司),全面负责蓬莱市智慧健康养老服务 PPP 项目的投资、建设、运营维护及移交工作。项目公司注册资本金为 1.5 亿元,占项目总投资额的 21.19%。其中,政府方出资 0.15 亿元,占项目公司 10% 的股权;社会资本方联合出资 1.35 亿元,合计股权占比 90%。项目公司组建成功且资本金到位后,余下资金 5.579 亿

---

[1]《蓬莱市智慧健康养老服务 PPP 项目实施方案》,载财政部政府和社会资本合作中心 PPP 项目库。

[2] 根据 2018 年 6 月 14 日的股东会决议,烟台金宇置业有限公司将所持有的项目公司 35% 的股权转让给奥元美谷科技股份有限公司。

元由项目公司负责自筹。项目采用 BOT+BOO 的运作方式，PPP 合作期限为 15 年。合作期满后，政府方退出项目公司，股权让渡给社会资本方或其他公司。[1]

5.4.2 山东省蓬莱市智慧健康养老服务 PPP 项目运作

首先，注重项目运营社会资本方的遴选。社会资本方能力与项目投资回报机制的落实息息相关，蓬莱智慧养老服务 PPP 项目注重综合考虑资本方融资能力和管理经验。该 PPP 项目属于综合性大型康养社区，项目前期的建设阶段工程体量大、耗资高，后期的运营阶段涉及养老、休闲、养生、医疗等是多生产服务门类，项目自身特点对社会资本方的综合实力要求很高，除了要具备前期的项目融资、工程建设方面的能力，还需要有后期的项目运营维护、风险管理等项目全周期的管控实力。为避免出现单个社会资本方或建设或运营偏重现象，项目实施机构在项目采购阶段高度重视资本方的遴选，强调联合体的参与，严格按照 PPP 项目政府采购的规范流程，选中的社会资本方是由三家公司组成的联合体。作为联合体牵头人的北京易华录信息技术股份有限公司，是一家由央企中国华录集团控股的上市公司，融资能力和智慧城市建设方面优势明显，另外两家公司华录健康养老发展有限公司和烟台金宇置业有限公司，分别在养老服务和房产开发领域深耕多年，业务实力和管控风险经验丰富，为 PPP 项目顺利落地及可持续运行提供有效保障。

其次，根据项目经营特点采用 BOT+BOO 的 PPP 运作模式。由于蓬莱智慧养老服务 PPP 项目的多个子项目市场定位和服务内容差异。为此，蓬莱智慧养老服务 PPP 项目也根据项目差异实行不同的 PPP 运作模式。具体来说，社会福利服务中心、居家养老服务（日间照料中心、健康管理平台）、医院子项目采用 BOT 模式；颐养学院、养老公寓、养老商业中心子项目采用 BOO 模式。在 PPP 合作期内，项目公司负责所有子项目的设计、融资、建设以及运营、维护，通过政府特许经营授权获得项目资产的经营权和使用权，但不同运作方式下子项目的资产所有权有所差别。BOT 模式下的子项目社会福利服务中心、日间照料中心、健康管理平台、医院的资产所有权归于政府，合作

---

[1]《蓬莱市智慧健康养老服务 PPP 项目实施方案》，载财政部政府和社会资本合作中心 PPP 项目库。

期满后政府股权退出，项目公司需将这些子项目资产无偿移交给蓬莱市民政局；BOO 模式下的子项目颐养学院、养老公寓、养老商业中心的资产所有权归于项目公司，政府股权退出时子项目资产无需移交。

再次，项目捆绑增强社会资本参与动力。蓬莱智慧养老服务 PPP 项目包含社会福利服务中心、养老公寓、居家养老服务等 6 个子项目。各项目的市场定位和受益对象不同，项目产品定价和运营收益也有差别，为此，项目经营属性也不一样。如社会福利服务中心，2/3 的床位用于政府供养对象，只有 1/3 的床位面向社会老人市场化运作，项目收费难以覆盖成本，具有准经营性质。而养老公寓子项目，主要服务中高收入人群，服务收费较高，经营属性明显。这些经营属性不同的子项目捆绑打包在一块与社会资本合作，项目规模效应显现从而增强盈利预期，有助于提高社会资本投资吸引力，推进项目落地实施，另一方面，项目产品差异化定位满足当地高、中、低多层次养老服务需求，调动社会资本创新，深度挖掘养老产业的服务内涵，提升民生保障水平，增进社会福祉。

最后，构建适宜的风险分担方案。蓬莱智慧养老服务 PPP 项目在风险分配上，充分考虑到项目方案的吸引力，制定合理的风险分担结构。其一，从项目整体角度，将项目存在的风险识别为政策风险、土地风险、财务风险、建设风险、市场风险、社会风险、公众干预风险、管理与技术风险 8 大类。其二，再对项目每一大类风险进一步详细分析、识别可能存在的风险点，找出 8 大类风险中存在着 33 个不同的风险点。其三，将 8 大类的 33 个风险在政府和社会资本方之间分配，政策风险由政府承担；建设风险、土地成交溢价风险、公众干预风险、管理与技术风险、市场风险、财务风险等社会资本承担；社会风险、项目公司置地风险由政府和社会资本共担。

5.4.3 山东省蓬莱市智慧健康养老服务 PPP 项目投资回报机制评析

蓬莱市智慧健康养老服务 PPP 项目包含多个子项目，在项目回报机制设计上，根据项目经营属性不同，创新性地实行准经营性项目和经营性项目差异化的回报方式（见表 5-3）。

表 5-3　不同经营属性子项目对应的差异化回报机制[1]

项目类别	子项目名称	投资回报机制
准经营性项目	社会福利服务中心	可行性缺口补助：使用者付费不足以满足社会资本收回成本和合理回报时，政府以财政补贴、股本投入、优惠贷款和其他优惠政策的形式，给予社会资本一定的经济补助。
	居家养老服务（包括日间照料中心和健康管理平台）	
经营性项目	医院	使用者付费：由最终消费用户直接付费购买公共产品和服务，如病患支付医疗费；如果使用者付费不能完全覆盖投资建设成本的情况下，由项目公司自行承担相应责任，政府不再予以额外补贴。
	颐养学院	
	养老公寓	
	养老商业中心	

这种差异性的社会资本投资回报机制主要表现在两个方面：

一方面，准经营项目回报机制采用"可行性缺口补助"。PPP 合同约定：对于社会福利服务中心、居家养老服务（含日间照料中心和健康管理平台）等准经营性项目子项目，由市财政局根据运营期间运营绩效考核结果进行可行性缺口补助。具体来说，项目运营期内在获取"使用者付费"收入的基础上，政府按照可用性付费和绩效付费方式每年向社会资本方支付"可行性缺口补助"。可用性付费包括社会福利服务中心项目和居家养老服务（含日间照料中心和健康管理平台）项目的社会资本承担的建设成本、合理利润（合理利润率上限为 7%）；绩效付费包括社会福利服务中心项目和居家养老服务（含日间照料中心和健康管理平台）项目的运营成本（运维费用、人员工资、燃料动力费、其他费用等）。政府每年运营补贴数额的计算公式为：

政府当年运营补贴支出数额 = 可用性付费+绩效付费 - 当年使用者付费

另一方面，对于经营性项目实行"使用者付费"的回报机制。根据 PPP 合同，对于医院、养老公寓、颐养学院和养老商业中心等经营性项目子项目，根据项目提供的养老服务数量和质量，由使用者付费。若这些经营性项目正常运营期内，运营收入高于预期估算存在超额利润，政府和社会资本方需按

---

[1]《蓬莱市智慧健康养老服务 PPP 项目实施方案》，载财政部政府和社会资本合作中心 PPP 项目库。

一定比例进行利润分成;若项目运营收入低于预期估算,政府无需对社会资本方予以额外补贴。

蓬莱市智慧健康养老服务 PPP 项目属于准经营性项目和经营性项目捆绑式合作项目,在项目回报机制设计上,考虑了项目经营属性的差异性,因而政府在财政资金支持方面也注重差异化,此做法有利于明确政府对于不同属性养老服务项目的保障责任差异,降低财政支付风险。需要指出的是,分析该项目的 PPP 合同发现,该项目投资回报机制设计中虽对于政府财政支持资金提出要与绩效考核结合,但是"按效付费"设计比较粗放,对社会资本的激励考核不充分,影响项目的经济效益和社会效益,绩效付费的"按效付费"有待完善。

第6章 非经营性养老服务 PPP 模式社会资本投资回报机制构建

从理论上分析，公益性项目属于政府基本公共职责范围，其社会资本投资回报机制应以政府付费为主。开封市民生养老院等项目案例分析表明，政府给予财政支持，项目非经营性与经营性部分责任区分不精细，政府付费责任凸显不够，且缺乏完善的绩效考核。为完善非经营性养老服务 PPP 模式中政府付费为主的回报机制，应明确政府付费的内涵与基本要求，厘清政府付费与政府购买服务之间的关系，同时根据项目特点优化政府付费方式，加强"按效付费"和公共财政支出的全生命周期绩效评价。

6.1 政府付费为主的投资回报机制

作为非经营性养老服务 PPP 模式的一种主要投资回报机制，准确理解政府付费回报机制，须界定清楚政府付费的概念、政府付费与政府购买服务的关系。

6.1.1 政府付费回报机制的界定

PPP 模式的政府付费回报机制，是以政府与社会资本合作（PPP）为前提，社会资本参与公共基础设施建设或提供公共服务，通过政府付费获得投资回报，从而取得收益的投资回报方式。具体到养老服务领域，养老服务 PPP 模式的政府付费回报机制，则指非经营性养老服务 PPP 项目中，社会资本由于参与非经营性养老基础设施或提供的养老公共服务，通过政府付费取得收益的投资回报方式。

第6章 非经营性养老服务PPP模式社会资本投资回报机制构建

目前理论和实践方面,养老服务PPP的政府付费回报机制与政府购买服务两者概念的理解和应用区分尚不清晰。我国公共服务领域存在政府付费和政府购买服务两种新型公共产品供给模式,学界的理论分析对相关概念的理解存在广义与狭义不分导致的歧义。一些政府主管部门出台的政策文件对于PPP模式的政府付费与政府购买服务项目区分也不够严格,导致政府合作的项目参与方在项目实施过程中常困惑于该按《政府购买服务管理办法》执行预算程序和采办程序,还是按照PPP项目完成物有所值和财政可承受能力评价,或是同时适用以上两类政策规定。实践中还存在将政府付费PPP项目作为政府购买服务项目,通过与项目合作方签订政府购买服务合同,规避PPP项目必须的物有所值与财政可承受能力评价。可见,准确理解政府付费的PPP回报机制,必须正确区分政府付费与政府购买服务的界限。[1]

(1) PPP模式的政府付费

作为PPP模式的一种社会资本投资回报机制,政府付费有理解上的狭义与广义之分。从狭义角度讲,政府付费围绕公共基础设施建设,充分激励私人资本参与公共基础设施的投资、规划、建设、运营与维护,通过政府和社会资本合作保障社会资本投资回报,进而扩大公共设施供给,满足公共需求。从广义角度讲,政府付费推动公共部门和私人部门的合作伙伴关系构建,缓解公共部门单独承担公共设施项目或服务的压力。[2]

通过与政府购买服务相比较,可以加深PPP模式政府付费回报机制的理解:一方面,狭义视角的政府付费主要运用于公共基础设施PPP项目的社会资本投资回报,而政府购买服务领域主要是购买社会力量的服务,就狭义上来看,政府付费与政府购买服务两者基本不存在交叉关系。[3]另一方面,广义视角的PPP既包括提供公共设施,又包括提供公共服务。就广义上来看,政府付费与政府购买公共服务都涉及政府服务领域,两者存在一定交叉或重

---

〔1〕 参见董刚:《政府购买服务与政府付费型PPP模式的适用性研究》,载《建筑经济》2018年第5期。

〔2〕 参见贾康、孙洁:《公私合作伙伴关系(PPP)的概念、起源与功能》,载《中国政府采购》2014年第6期。

〔3〕 政府购买的范围分为货物、工程和服务,货物与工程范围之外的购买,均属于政府购买服务,既包括政府自身运作需要的服务,也包括政府负责向社会公众提供的服务,即政府购买公共服务。这里的政府购买服务主要指由政府购买,提供给社会公众的公共服务。

合关系。

对于 PPP 模式的投资回报机制，政策文件明确界定它是指社会资本方获得投资回报的资金来源，主要方式有政府付费、使用者付费和可行性缺口补助等。考虑到财政中长期的可持续性，避免财政承受过多压力，政策规定各级财政用于政府付费的支出或政府补贴，每年需限制在总支出的一定比例内。具体到政府付费，文件界定为政府直接付费购买公共产品和服务的支出，付费方式包括可用性付费、使用量付费和绩效付费。从资金来源分析，政府付费的资金，既可能来源于政府付费的支出资金，也可能来源于使用者付费不足的情况下，政府补贴的费用。

（2）政府购买服务

从理论上讲，政府购买服务也有理解上的广义与狭义区别。广义来看，政府购买服务作为政府利用社会资源开拓公共服务供给的制度安排和实施机制，按照合同约定的特许权，政府利用财政资金向服务供给者购买公共设施与服务，从而满足居民公共需求。[1]狭义来看，政府购买公共服务是一种新型政府公共服务供给方式，原来由政府直接承担的服务事项，改为通过向社会组织购买来提供供给，通过政府定向委托与合同管理，经过严格评估后，按照社会组织服务的数量和质量，根据一定的标准支付费用。[2]通过上述定义阐释，发现两点：其一，广义与狭义的政府购买服务，都具有三个核心要素，即政府支付资金、社会力量按照承诺提供服务、政府实施监督考评；其二，广义和狭义之分，核心区别在于业务领域，广义的政府购买服务可以包括有形的公共设施，而狭义的政府购买服务主要是公共服务，并不包括有形的公共设施。

政策实践中关于政府购买服务的规定见于《政府购买服务管理办法》等文件，政府购买服务界定为：主要是将原来由政府直接提供的部分公共服务事项，以及政府履责所需的服务事项，通过发挥市场机制的作用，按照政策规定或者政府与社会组织双方约定的方式与程序，委托符合要求的社会力量和事业单位承担服务事项，最后由政府按照规定或约定支付一定费用。分析

---

[1] 参见彭浩：《借鉴发达国家经验推进政府购买公共服务》，载《财政研究》2010年第7期。

[2] 参见杭州市财政局课题组：《关于政府购买服务问题的思考》，载《经济研究参考》2010年第44期。

可见，政策文件关于政府购买服务取的是狭义概念。一方面，政策文件所指的政府购买服务未涉及公共基础设施；另一方面，政策文件规定政府购买服务内容应参照各级政府的指导目录，而基础设施投融资和建设并未被指导目录纳入采购事项中。

（3）政府付费与政府购买服务的区分

综上分析可见，PPP模式的政府付费回报机制与政府购买服务的区分主要体现在三个方面[1]：第一，就关系而言，政府付费是基于政府与社会资本构建的伙伴关系，双方组建项目公司，共同合作开展公共设施建设或公共服务；而政府购买服务是商业采购关系，根据具体的服务内容订立采购合同。第二，就业务领域而言，如前分析，政府付费既包括政府和社会资本的公共设施建设领域，又包括政府和社会资本的公共服务领域；政府购买服务业务领域主要是公共服务领域，一般不包括货物、工程、日常消耗品等设施与商品。第三，就政策适用来说，两者适用不同的政策。也正因如此，辨明两者关系非常必要，政府付费适用财政部等部门颁布的PPP政策文件，特别是回报机制的相关规定；政府购买服务适用《政府购买服务管理办法》等文件。

6.1.2 政府付费回报机制的付费方式

非经营性项目缺乏使用者付费的基础，主要依靠"政府付费"补充社会资本投资回报，促成双方合作提高公共产品供给效率。因此，养老服务PPP模式的投资回报机制采用何种付费方式，是非经营性养老服务PPP项目实践中社会资本方比较关心的问题。非经营性养老服务PPP项目中，政府付费方式根据养老服务产品特性，主要包括可用性付费和绩效付费。可用性付费是政府向项目公司购买符合合同标准的公共产品所需支付的费用，也即政府购买项目公司产品的费用支出，其设计相对复杂，是研究讨论的重点。绩效付费是政府向PPP项目公司购买维持该项目可用性服务所需的运营绩效服务费，换句话说，可以看作政府使用项目公司产品的费用。绩效付费通常在项目公司运营管理必要成本的基础上，加上一定比例的管理利润来计算，其设计相

---

[1] 参见蓝玉涛等：《甄别政府购买服务与政府付费型PPP探索交通项目投融资新模式》，载《公路交通科技（应用技术版）》2019年第1期。

对简单。

(1) 可用性服务付费

第一，财政部21号文付费方式。财政部2015年4月发布的《政府和社会资本合作项目财政承受能力论证指引》（财金〔2015〕21号），适用于指导非经营性养老服务PPP项目的建设与运营。文件提出政府每年直接支付费用由多部分组成，包括社会资本支付的年均建设成本折算成的年度现值、年度运营成本与合理利润。文件还给出了政府每年直接支付费用的计算公式，根据文件的发文号，又称"财政21号文公式"[1]。

$$当年运营补贴支出数额 = \frac{项目全部建设成本 \times (1+合理利润率) \times (1+年度折现率)^n}{财政运营补贴周期（年）} + 年度运营成本 \times (1+合理利润率)$$

公式应用过程中应考虑参数选择，年度折现率应根据财政补贴支出的发生年份，同时参照同期地方政府债券收益率，综合考虑确定；而合理利润率应以商业银行中长期贷款利率水平为基准，并考虑风险等多种因素而确定；项目全部建设成本即项目建设的总投资，通常含有建安工程费、工程建设其他费用以及建设期财务费用支出。财政运营补贴周期也就是财政付费的年数总和；n指的是付费的第n年。财政部发布的文件和指导公式公布后，很多地方政府和社会资本合作的PPP项目，都采用该公式，即便有所差别，也是该公式基础上的变形。部分非经营性养老服务PPP项目的政府付费，采用的基本是差别不大的变形公式。

不难发现，"财政21号文公式"由两部分付费构成：第一部分是可用性付费；另一部分为绩效付费，在年度运营成本的基础上加上一定利润。可用性服务付费不考虑绩效付费情况，这样，政府每年的可用性付费公式就变形为[2]：

$$政府年度付费 = \frac{项目全部建设成本 \times (1+合理利润率) \times (1+年度折现率)^n}{财政运营补贴周期（年）}$$

---

[1]《政府和社会资本合作项目财政承受能力论证指引》（财金〔2015〕21号），以下简称财金〔2015〕21号文，已失效。

[2] 参见董睿楠、陈通：《PPP项目政府付费模式评估及优化》，载《地方财政研究》2019年第5期。

可用性付费公式可以简单理解为，即政府将项目全部建设成本加上合理利润，然后把应付的总数额按运营补贴年数等分，每一年等额支付同时加上应计的复利，两部分一起构成可用性付费。根据"财政21号文公式"计算的可用性付费，费用支出会逐年递增，运营的前期支付少，运营的后期支付多。该支付方式对于政府财政部门安排预算支出较为有利，更加符合政府税收收入和一般公共预算支出逐年增加的特点。

第二，等额本息付费方式。政府付费的等额本息付费方式，参照银行贷款的还款方式，在等额本息付费方式下，政府将非经营性PPP项目建设期内的社会资本总投资额视为一种融资贷款，政府运营期内的年度付费基本类似于每年偿还同等数额的贷款（包括本金和利息）。其中，需偿还的建设总投资看作是本金，社会投资者的投资收益率视作利息。等额本息付费方式的公式为：

$$政府年度付费 = \frac{项目建设总投资 \times 投资收益率 \times (1+投资收益率)^{运营期限}}{(1+投资收益率)^{运营期限} - 1}$$

公式中的运营期限是财政需要付费的总年数。等额本息付费方式下政府每年向社会资本支付的款额相同，有利于政府的稳定预算，也便于社会投资者提前获得比较稳定的现金流，方便社会资本的投资规划。实践中，相当一部分非经营性养老服务PPP项目的政府付费，经过双方协商后采用等额本息付费方式。

第三，等额本金付费方式。等额本金方式同样参照银行贷款的还款方式，借鉴的是等额本息方式。两者不同之处在于，政府付费的等额本金付费方式将运营期内社会资本投资本金总额等分，政府每年支付同等数额的本金（建设总投资）与剩余投资本金在该年所产生的利息（投资收益率），由此可见，政府每年支付的本金数量固定，支付的利息越来越少。等额本金付费方式的公式为[1]：

$$政府年度付费 = \frac{项目建设总投资}{运营周期} + (项目建设总投资 - 已归还建设投资累计额) \times 投资收益率$$

---

[1] 参见董睿楠、陈通：《PPP项目政府付费模式评估及优化》，载《地方财政研究》2019年第5期。

上式中的运营周期是财政需要付费的总年数。该付费方式下政府每年付费额逐年递减，运营初期政府的支付压力较大，随着时间推移，政府年度付费额会逐年减少。等额本金付费方式的公式理解和计算都不复杂，非经营性养老服务 PPP 项目采用该方式进行政府付费的也比较多见。更重要的是，等额本金付费方式可以灵活变通，如通过调整每年建设总投资的支付比例，可以对等额本金公式进行适当变形，或者将投资收益率与银行基准利率挂钩，可以降低利率变动带来的投资收益率风险。

非经营性养老服务 PPP 项目付费方式的选择必须充分考虑非经营性项目的公益属性，这是一个基本原则。对于非经营性养老服务 PPP 项目来说，社会资本的合理利润应该得到基本保障，但是社会资本获得暴利也有违项目公益属性。通常来说，社会资本投资期望的回报率在 8% 以上，而政府更多考虑项目的公益性，会坚持非经营性养老服务 PPP 项目保本与微利原则，社会资本投资回报率通常控制在 7% 以内。[1] 由此看来，社会资本的投资回报期望与政府微利原则下的回报定位，存在一定差额。要弥补此差额，达成合作共赢，就需要政府和社会资本方的努力。一方面，通过和社会资本建立合作伙伴关系，政府可以为社会资本提供更多相关投资机会，拓宽社会资本投资回报来源，注重项目之间的总体平衡，保障社会资本总体投资回报收益。另一方面，社会资本在具体非经营性养老服务 PPP 项目建设和运营过程中，需要积极提升工程项目建设管理水平，适度加强成本控制与优化，通过有效管理手段相对降低建设和运营成本，从而相对提高投资收益水平。

（2）绩效付费

绩效付费在操作上并不复杂，通常为在项目公司运营管理的必要成本基础上，加上一定比例的投资利润来计算。有关绩效付费更重要的问题是如何落实绩效管理要求。非经营性养老服务 PPP 项目的社会资本投资回报以政府付费为主，也就是说，非经营性养老服务 PPP 项目需要安排政府预算资金。对于政府预算，党的十九大提出了构建全面规范透明、标准科学、约束有力的制度要求，重视加强绩效管理。政府付费的财政资金预算已经成为政府绩效管理的重要内容，体现"花钱必问效，无效必问责"的预算绩效管理要求，

---

[1] 参见叶建强：《PPP 项目财政运营补贴公式在财务实务中的运用》，载《财会研究》2018 年第 3 期。

这一要求跟PPP模式"激励相容、物有所值"的理念也高度契合。[1]2018年发布的《中共中央、国务院关于全面实施预算绩效管理的意见》（中发〔2018〕34号）进一步明确政府和社会资本合作（PPP）项目的绩效管理要求，这也意味着非经营性养老服务PPP政府付费回报机制应遵照绩效付费规定。

首先，严格遵循绩效管理原则，真正做到"按效付费"。也就是说，政府既要履行付费义务，又要加强付费的绩效管理。[2]一方面，政府付费是非经营性养老服务PPP项目合同中约定的重要内容，政府应保证及时、足额地付费。应在项目合同中设立清晰明确的付费机制，包括付费的来源、付费的流程和保障，以及不能按时足额付费的违约责任和承担方等。双方合作的PPP项目公司也要积极督促政府及时履行合同的约定，及时了解合同约定的政府应付款时间，提前测算当年应付款金额；约定政府给社会资本的付款进度与付款流程，对于可能出现付款延误的风险规定发函提醒要求等。另一方面，政府应加强对非经营性养老服务PPP项目的绩效管理。对于非经营性养老服务PPP政府付费，除了应制定项目"按效付费"的绩效目标和绩效指标外，还应开展绩效评价工作，严格审核事先设定的绩效目标和指标，评价项目成本收益、实际产出效果、可持续性等方面，真正实现"按效付费"的目的，而不是流于形式。

其次，采用科学可行的财务测算模型。对于非经营性养老服务PPP项目而言，政府支付方式和社会资本投资收益率是社会资本重点考虑的内容，甚至是公私合作双方博弈的焦点。付费额度过多会损害纳税人和社会公众的利益，付费过少又难以保障社会资本收益回报，挫伤社会资本投资积极性。因此，采用科学可行的财务测算模型，是政府付费顺利推进的重点环节。财金〔2015〕21号文中给出了用于实际操作的政府付费计算公式，该公式为非经营性养老服务PPP项目年度运营支出额度计算提供了重要参考，其计算过程相对简单、便于实际操作，但同时也存在一些问题：如支出额度前少后多，不利于吸引社会资本参与难度；投资回报逐年变动，可能背离风险分配初衷等，必须根据实际要求加以变通。因此，为提高财务测算的合理性和可行性，

---

[1] 参见柯洪等：《基于绩效评价的海绵城市PPP项目政府激励性付费研究》，载《项目管理技术》2020年第9期。

[2] 参见周立柱：《我国PPP模式下的财政风险分析及防范对策研究》，载《国际商务财会》2017年第7期。

需要对现有公式进行改造完善，或尝试用其他方法优化。

最后，建立科学的按效付费机制。绩效考核体系是否科学，政府付费相关机制设计如何，是政府付费PPP项目顺利实施的关键因素之一。凡是通过政府付费获得回报的社会资本投资项目，都必须建立按效付费机制，严格绩效评价。在PPP项目合作期间，政府付费必须连续、平滑支付，不能发生支付额度增幅过大，以避免某一时期内财政支出压力剧增；项目建设的成本要接受绩效考核，不能固化政府的支出责任，建设成本的30%以上必须与绩效考核结果挂钩。[1]具体来说，对于非经营性养老服务PPP项目需要注意三点。其一，建设期绩效考核不能简单等同于竣工验收，要做好建设期间的绩效监测。其二，运营期绩效考核不能流于形式，应切实加强运营维护的绩效评价等，建立系统化的全生命周期绩效评价体系和合理的绩效考核方法，不能因执行不力导致绩效考核流于形式，也不能因考核标准过严而增加社会资本参与的畏难情绪。其三，完善绩效考核的动态机制，对于使用量变化较大的政府付费养老服务PPP项目，随着使用"量"的不断变化，政府每年的付费金额也会随之变动。因此，PPP项目合同应考虑到使用量变化建立"量价并重"的调整机制，而不是仅设置"价"的调整机制。

总的看来，绩效评价不仅是按绩效付费方式的题中要义，也是政府付费养老服务PPP项目所有付费方式都必须重视的管理要求，符合"花钱必问效，无效必问责"的政府预算资金特征。然而，从理论研究和实践操作来看，政府付费回报机制的绩效评价研究与实践探索还有待加强。

6.2 政府付费投资回报机制的绩效评价

政府付费养老服务PPP项目的最终目的，在于激励社会资本与政府合作，扩大养老服务有效供给，提高养老服务的绩效。要防范政府付费偏离设计目标，必须重视加强项目绩效管理。中发〔2018〕34号文正式将PPP项目绩效管理纳入全面预算绩效管理内容，但是，我国当前养老服务PPP模式的政府付费绩效管理仍处于起步阶段，还存在绩效管理制度不健全、绩效评价指标

---

〔1〕参见《财政部办公厅关于规范政府和社会资本合作（PPP）综合信息平台项目库管理的通知》（财办金〔2017〕92号）。

体系欠科学等问题,政府付费 PPP 项目全生命周期绩效评价尚待完善。

6.2.1 政府付费回报机制的绩效评价要点

政府付费养老服务 PPP 项目绩效评价的要点主要包括三个方面,涉及绩效评价主体、绩效评价的阶段与内容、绩效评价结果与应用。[1]

第一,就评价主体来看,为了保障绩效评价的科学性与全面性,应引入第三方主体,鼓励专业机构推进第三方评价,建立健全由养老服务的购买主体——政府、养老服务对象和第三方组成的综合性评价机制,得出比较客观的绩效评价意见。

第二,就评价的阶段与内容来看,政府付费养老服务 PPP 项目跨期时间长,涵盖项目设计、融资、建造、运营、维护直至终止移交的全过程。因此应建立全生命周期绩效管理机制。具体来说,在项目识别阶段,强化初期绩效管理。一方面开展项目事前绩效评估,确保项目优质立项,社会效益明显;另一方面编制项目绩效目标,设定绩效评价指标体系。由于项目涉及建设、运营和移交三个阶段,各阶段任务目标与要求不同,因而评价内容和标准也不一样,需分开设定各阶段的绩效目标及相应的绩效评价指标,如项目建设期,绩效评价旨在督促项目建设工作,确保养老服务设施按时按质建成。绩效评价内容侧重项目建设进度、质量、成本、安全施工等指标。在项目实施过程中,重视过程绩效管理,重点突出项目日常运行情况及年度绩效目标实现程度;对照事前设定的绩效目标,定期对项目运行数据进行绩效监控,包括养老设施运行效率,养老服务的数量、质量、投入产出效益、可持续性、公众满意度等方面进行综合评价。

第三,就绩效评价结果与应用来看,应将养老服务 PPP 项目政府付费与绩效评价紧密挂钩,付费调价也应以绩效评价结果为重要依据,保障公共利益最大化。绩效评价结果不但是项目公司取得项目回报的依据,也是政府保障养老服务质量和效率、不断完善相关制度的依据。

全面实施预算绩效管理是党中央、国务院做出的重大战略部署,是政府治理和预算管理的深刻变革。根据相关政策文件要求对政府付费 PPP 项目进

---

[1] 参见温来成、陈青云:《政府付费型 PPP 项目绩效评价研究》,载《经济研究参考》2019 年第 12 期。

行全生命周期绩效评价,充分体现了实践上的理论自觉,必须贯彻落实政策要求,并根据理论和实践发展要求不断完善。

6.2.2 政府付费回报机制的绩效评价现状

理论研究与案例分析表明,非经营性养老服务PPP项目政府付费回报机制的绩效管理问题,主要表现为绩效管理制度不健全,绩效评价指标体系欠科学,政府付费的绩效评价合同管理不完善,绩效评价结果与政府付费管理联动不够等。[1]

首先,绩效管理制度不健全。PPP项目绩效管理的目的在于通过制定和实施一系列规章制度,规范项目实施过程中的各个环节,从而实现对项目质量的有效控制,确保项目能够达到预定的质量目标。绩效管理的内容和环节主要包括绩效目标和指标管理、绩效监控、绩效评价及结果应用等。对于政府付费回报机制的养老服务PPP项目来说,绩效管理制度尚不健全。其一,国家关于PPP项目绩效管理的政策文件仅为原则性的考核内容和结果运用要求,缺乏对于政府付费项目支出绩效目标、绩效指标设计等方面的具体操作指引,更未有专门针对养老服务领域PPP项目政府付费绩效评价的行业标准。其二,全生命周期的绩效管理制度尚未建立。实践中,政府付费养老服务PPP项目需要进行绩效评价,但这仅是绩效管理制度的管理环节之一。从项目绩效评价的实际操作看,大部分项目绩效评价的重点放在项目运营期,缺乏识别阶段的事前绩效评估,对建设期和移交期的绩效评价也重视不够。其三,政府付费的绩效管理制度不健全还体现为第三方专业机构的参与度不够,也缺乏对第三方机构应有的执业质量监督;绩效管理的信息互联互通机制不畅;绩效评价体系及绩效评价方法也有待进一步完善。

第二,绩效评价指标体系欠科学。我国还未出台针对养老服务PPP项目的绩效评价指标体系,实践中非经营性养老服务PPP项目绩效评价操作指引主要依靠政府与社会资本约定。作为绩效评价实施过程的核心与难点,绩效评价指标体系的设计尤为重要。健全的绩效评价体系必不可少的要素有绩效评价指标的选取、指标的权重与具体的评价标准的确定,这些都是当前我国

---

[1] 参见温来成、陈青云:《政府付费型PPP项目绩效评价研究》,载《经济研究参考》2019年第12期。

绩效评价指标体系比较欠缺的方面。政府付费养老服务PPP回报机制的绩效评价同样存在指标体系欠科学、不健全问题，指标权重的设置缺乏合理性论证。具体来说，一方面，养老服务政府付费PPP回报机制的绩效评价，必须体现养老服务PPP项目自身的发展要求与特点，绩效评价指标还要体现非经营性养老服务PPP政府付费回报机制特有的公益属性，不能简单地照搬其他行业PPP项目的指标，也不能忽视非经营性、准经营性、经营性养老服务PPP项目的属性差异。另一方面，同属于非经营性养老服务PPP项目政府付费回报机制的绩效考核，不同项目的绩效评价指标体系水平差异明显，绩效考核的定性指标偏多、定量指标偏少，绩效指标设计主观成分比较大，部分指标缺乏相关性，导致绩效评价结果失真。因此，当务之急是在理论研究的基础上，出台政府付费养老服务PPP回报机制绩效评价指引，使政府付费养老服务PPP项目回报机制绩效考核能够科学实施，保障非经营性养老服务PPP项目的政府付费有据可依，实现按效付费。

第三，绩效评价合同管理不完善。目前，我国养老服务PPP项目实施的政府部门与社会资本，对合同的绩效评价约定都不够重视，关于政府付费回报机制绩效评价的合同管理同样存在类似问题。即便考虑到绩效评价约定，PPP合同中已有的关于绩效评价的约定基本一样，并未体现非经营性、准经营性与经营性三种不同养老服务PPP项目的经营属性差异及其绩效考核差别。如大多数养老服务PPP项目均采用类似KPI的考核方法（关键绩效指标考核法），即将养老服务PPP项目目标细化为可操作的量化指标，再对相关指标赋予不同权重，最后加权计算出考核结果[1]。这类考核方法操作上的科学性普遍不足，实践中不同类型、不同属性的养老服务PPP项目通常使用同一绩效考核手册而较少根据项目的特有属性进行考核指标和考核权重的调整，毋论很大一部分养老服务PPP项目合同中未见有关于绩效考核办法的约定。这些问题的出现，归根究源在于对绩效评价认识不足，执行不到位，因而合同流于形式，绩效考核内容缺乏应有价值，按效付费无法落实，导致政府付费随意性大，对社会资本方难以起到激励与督促作用。

第四，绩效评价结果与政府付费挂钩不密切。绩效评价应作为政府付费

---

[1] 参见温来成、陈青云：《政府付费型PPP项目绩效评价研究》，载《经济研究参考》2019年第12期。

的主要依据，要联动项目回报起到奖惩激励作用。PPP实践中，对于与政府付费关联的绩效评价结果的使用存在形式主义问题，绩效评价结果与政府付费关联度低。这样的付费结构使得运维期的风险主要由政府方承担，也达不到激励社会资本改善治理、提高运营效率的效果。此外，还有部分政府付费项目回报机制对"可用性付费"和"运营绩效付费"未作区分，这种机制设计看似简便易行，实则不够科学合理，只是形式上符合考核程序要求，并非真正意义上的绩效考核，既有违政策规定，也有损政府和服务对象利益，长远角度看有悖于养老服务PPP模式的健康可持续发展的目标。

6.3 政府付费投资回报机制的优化

优化非经营性养老服务PPP模式的政府付费回报机制，要根据其非经营性特点，明确政府付费责任；以调整与完善付费公式为重点，进一步优化政府付费方式；完善全过程绩效评价，建立按效付费制度，从而切实改善公益性基本养老服务供给。

6.3.1 明确政府付费责任

（1）加强付费合同管理

非经营性养老服务PPP项目的政府付费要以项目合同为基准，这既有助于明确政府付费责任，保障社会资本投资回报，也有助于加强政府付费的规范化，约束公共财政支出，维护公众利益。合同是政府付费的法律依据，对政府付费起着至关重要的作用。不同性质养老服务PPP项目政府付费的合同管理重点不同，合同管理首先要明确不同属性养老服务PPP项目的政府付费责任，不该政府付费的，合同需进行排除约定；政府具有付费责任的，合同需约定付费边界、付费条件和付费方式。

即便同属政府付费的非经营性养老服务PPP项目，具体项目的付费合同管理也应具有项目特色，不能照搬其他项目合同。政府和社会资本双方都应在充分了解项目情况的基础上，充分沟通并协商决定政府付费具体方案，就项目的产出、成本、经济效益、社会效益、生态效益、可持续影响和服务对象满意度等评价标准和权重设定等付费条件与细则要达成一致，形成科学合理的付费契约。对于付费是否满足设定条件，合同双方要立足多维视角和多元数据，依托大数据分析技术，选择适合非经营性养老服务 PPP 项目政府付费的考核方法，不应盲目采用关键指标考核法。另外，为了减少合同中付费管理修改引起的不必要麻烦，相关政府主管部门要重视合同签订前的合同审核工作，对于合同中付费管理约定存在的契约不完善、可操作性不强等问题，应及时提出并在合同签订前修改到位，防止合同履行中带来政府与社会资本之间的矛盾。

（2）建立按效付费制度

政府付费属于公共财政支出行为，通过政府付费或可行性缺口补助方式获得回报的项目，都必须建立与项目产出绩效相挂钩的付费机制，非经营性养老服务 PPP 也应"按效付费"。

首先，按效付费应该对"可用性付费"和"运维绩效付费"进行区分。理论上讲，可用性付费以项目竣工验收合格为依据，付费总额包括项目投资总额、融资成本、社会资本的合理投资收益等，一旦项目竣工验收合格，政府从项目运营日起就向社会资本逐年支付费用；而运维绩效付费以运营维护的绩效为标准付费，依据约定的运营维护绩效考核标准及考核程序，根据考核结果支付运营维护费用。可用性付费不跟项目绩效指标挂钩，未真正关注政府支出的社会效益。

其次，按效付费应根据项目类型和风险分配方案的不同，政府综合考虑项目可用性、使用量和绩效要素的组合向项目公司付费[1]。非经营性养老服务 PPP 项目的政府付费可以通过"可用性付费+运维绩效付费"绑定方式操作，适当降低可用性付费的比例，提高运维绩效付费的比例。如建设期的绩效考核不纳入全部建设成本，保留一部分比例纳入运维绩效考核，促使社会资本关注项目后续社会效益。运维绩效考核不仅与全部运营成本挂钩，还应纳入一定比例项目建设成本，具体比例并非一成不变，可以适时加以动态调整。"可用性付费+运维绩效付费"的绑定付费方式，有助于建立按效付费制度，可以避免"重建设，轻运营"的情况，促进非经营性养老服务 PPP 项目的规范发展。

---

[1] 参见温来成、陈青云：《政府付费型 PPP 项目绩效评价研究》，载《经济研究参考》2019 年第 12 期。

最后，按效付费应将正向激励与负向激励结合起来，对于社会资本和项目公司不能"只惩不奖"。只要项目达到了物有所值的合同约定标准，就应该给予正向激励，提高社会资本的投资与运维管理积极性，体现政府付费养老服务 PPP 项目的经济效益与社会效益。也就是说，对于达到合同约定付费条件和奖励条件的，政府安排预算财政支出时应给予支持和激励；相反，对于绩效评价结果较差的，未达到合同约定付费条件，应该扣减政府付费数额，促使社会资本和项目公司改善运维管理。

6.3.2 优化政府付费方式

优化非经营性养老服务 PPP 政府付费回报机制，在明确政府付费责任的基础上，还应针对目前政府付费存在的问题，改进政府付费方式，解决怎样合理付费的问题。

第一，调整付费系数。调整系数是指对政策文件的付费指引公式进行改进，调整年度折现率、净现值相等的系数，将递增付费方式改为等额付费方式。合理的付费方式应兼顾到付方与收方，尽可能保障双方收支平衡，目前根据付费指引公式计算出的支付金额呈现"前低后高"的递增付费态势，一方面不利于社会资本投资回报，因为较大比例资金后续才得以偿付；另一方面也不便于政府对项目全生命周期财政风险的管控，因为后续财务支付压力加大，会增加政府支付风险。因此，为减轻社会资本前期运转资金压力，促进社会资本融资落地，也为保持政府财政支出前后平衡，避免付费压力后置可能造成的财政后期风险，可将"前低后高"的"递增付费"方式改进成"等额付费"方式。当然，是否需要调整与如何妥善调整，原则上由政府和社会资本双方共同协商。[1]

第二，调节等额本息付费梯度。非经营性养老服务 PPP 项目当年的可用性付费可参照等额本息法，考虑大修次数、贷款期限等，借鉴等额本息法进行梯度付费，从而对年度可用性服务费实行分阶段递增支付。具体来说，若项目预期划分为三个阶段，当年付费金额的递增比例，可根据市场环境，由双方协商确定。

---

[1] 参见董睿楠、陈通：《PPP 项目政府付费模式评估及优化》，载《地方财政研究》2019 年第 5 期。

当年付费（第一阶段）＝ 第一梯度付费

当年付费（第二阶段）＝ 第二梯度付费 ＝第一梯度付费+梯度金额

当年付费（第三阶段）＝ 第三梯度付费 ＝第二梯度付费+梯度金额

三阶段梯度付费净现值＝ 等额本息付费净现值[1]

调节等额本息付费梯度的方法，可以激励社会资本方和项目公司关注后期运维，约束项目公司的固定资产进行大修与设备更新，避免社会资本较快收回大部分投资而超前退出。此外，参考大修的年限，采取分阶段增加付费的方法，也更符合非经营性养老服务 PPP 项目的运作实际要求。这种方法还可以一定程度解决项目公司的税负成本问题。根据银行等额本息贷款，项目公司每年支付的本息是一定的，而项目公司的总成本在运营期内则是前低后高的。调节等额本息付费梯度，可以促使项目公司的收入与成本的相匹配，避免项目公司运营前期亏损，运营后期出现高额利润的非均衡情况，产生不必要的所得税负。

第三，根据使用量付费。作为非经营性养老服务 PPP 项目，政府和社会资本双方商定付费机制时，一般会考虑项目的投融资结构、还款计划、服务需求特别是双方认可的未来预期使用量（包括约定的最低使用量和最高使用量）等要素。使用量付费的核心在于"政府付费金额与实际使用量大小直接挂钩"。因政府付费依据来源于社会资本实际提供的养老设施或服务的使用量，根据使用量付费，政府付费金额应是养老设施或服务供给的实际数量与服务单价的乘积，单价测算应根据 PPP 项目投资成本、运营成本以及社会资本的投资回报合理报价。[2]

总而言之，非经营性养老服务 PPP 项目的付费方式优化，充分体现政府和社会资本双赢理念，而作为合作伙伴，政府和社会资本双方在付费合理性问题上，是一荣俱荣和一损俱损的关系。一方面，优化政府付费可以提高财政支付与补助支出的合理性，使支付现金流与地方财政收入相匹配，在当地财政承受能力和增长预期范围内，推动非经营性养老服务 PPP 项目落地及其

---

[1] 参见董睿楠、陈通：《PPP 项目政府付费模式评估及优化》，载《地方财政研究》2019 年第 5 期。

[2] 参见董睿楠、陈通：《PPP 项目政府付费模式评估及优化》，载《地方财政研究》2019 年第 5 期。

回报机制落实。另一方面，优化政府付费作为非经营性养老服务 PPP 项目回报机制构建的重点内容，可以降低社会资本的融资成本，提高项目管理效率，最终在政府、社会资本和养老服务对象三者共同受益的前提下，提升非经营性养老服务 PPP 模式的综合效益。

6.3.3 完善全生命周期绩效评价

全生命周期绩效评价既是非经营性养老服务 PPP 项目回报机制按效付费的基本要求，更是养老服务精细治理的重要体现。全生命周期绩效评价包括建设期、运营期与移交期三个阶段，应有专门的法律对其进行规定。非经营性养老服务 PPP 项目回报机制以政府付费为主，属于政府预算绩效评价范畴，因而应着力完善政府付费 PPP 项目全生命周期绩效评价。

(1) 全生命周期绩效评价的基本要求

我国养老服务 PPP 项目回报机制构建起步较晚，经验不足，全生命周期绩效评价尚处于探索阶段，应学习和借鉴国外相对成熟国家的经验做法。概括地说，全生命周期绩效评价需把握以下几点。[1]

第一，立足国情的绩效评价制度。养老服务 PPP 项目绩效评价制度通常具有国家自身鲜明特点。我国非经营性养老服务 PPP 项目的政府付费机制既需要借鉴其他国家的经验，更要结合我国具体国情和养老服务需求特点，特别是政府治理与企业管理的实际，选择适合本国的全生命绩效评价制度，走出一条具有中国特色的全生命周期绩效管理之道。

第二，全生命周期绩效评价的顶层设计。养老服务 PPP 项目周期较长，不确定性风险因素较多，政府付费机制的全生命周期绩效评价非常重要。全生命绩效管理顶层设计，是规范非经营性养老服务 PPP 政府付费机制有效实施的关键。养老服务 PPP 项目绩效管理比较成熟的国家，大多有专门法律规范绩效管理，并设有专门的 PPP 项目绩效管理机构。相较而言，我国养老服务 PPP 项目政府付费机制还缺乏比较完善的法律保障，绩效管理方面存在政出多门、政令不一，尚需从法律层面和管理层面完善顶层设计。

---

[1] 参见温来成、陈青云：《政府付费型 PPP 项目绩效评价研究》，载《经济研究参考》2019 年第 12 期。

第6章 非经营性养老服务PPP模式社会资本投资回报机制构建

第三，绩效评价信息公开。PPP项目绩效管理比较成熟国家的经验表明，在养老服务PPP项目绩效评价方面，各国非常重视绩效评价信息公开与专业监管。我国对于养老服务PPP政府付费机制的绩效评价探索起步晚，信息不太透明，绩效评价目标、绩效评价过程和绩效评价结果主动向社会公众公开不够。完善非经营性养老服务PPP项目政府付费机制，必须扩大绩效评价的信息公开，使社会公众充分参与到非经营性养老服务PPP政府付费机制的绩效评价中来，在接受社会公众监督的条件下完善政府付费治理。[1]

第四，绩效评价的动态监控与调整。由于非经营性养老服务PPP项目跨时长，人口老龄化程度、老年人需求偏好、经济发展水平及国家政策环境等不可预见因素对绩效评价具有不同程度的影响，因此，需要开展项目绩效监控，突出项目日常运行情况及年度绩效目标实现程度。通过绩效评价的动态监控，可以根据项目的进展情况及时发现项目运行过程中存在的问题和不足予以调整，从而不断优化项目实施方案，提高养老资源配置效率，降低运营成本，增强项目的可持续发展能力。此外，绩效评价的动态监控也能促进政府和社会资本之间的合作与沟通，确保双方利益最大化。政府可以及时了解社会资本在项目运营中的贡献和困难，给予必要的支持和帮助；社会资本也能更好地理解政府政策导向和市场需求，调整自身发展策略，实现双赢局面。

第五，绩效评价结果的充分运用。非经营性养老服务PPP项目绩效评价遵行预算绩效管理"花钱必问效"的政策要求，绩效评价结果运用在实践中具有操作可行性。一方面，绩效评价结果要切实与政府支出责任挂钩，成为合理确定政府付费支出、落实"按效付费"的依据。另一方面，绩效评价结果不能仅是对于单个项目绩效的好坏做出区分，更主要作用在于客观评价养老PPP项目目标实现情况、项目效果，作为不同或者类似项目的参考依据，作为项目改进和完善的基础，充分发挥绩效评价的功能。

遵照上述基本要求，完善非经营性养老服务PPP项目全生命周期绩效评价主要从建设期、运营期和移交期三个阶段着手。首先，建设阶段的绩效评价。此阶段绩效评价主要是考察养老设施项目建设进度、质量、成本、安全文明施工等指标，绩效评价的目的在于考核评估养老设施项目建设相关目标

---

[1] 参见王守清、刘婷：《PPP项目监管：国内外经验和政策建议》，载《地方财政研究》2014年第9期。

完成情况，督促项目建设工作，确保项目按时按质完成。绩效评价的内容是收集并分析建设阶段相关资料和记录，根据建设阶段的绩效考核进展，评估绩效考核阶段性情况，为后续运营期和移交期的绩效评价提供基础。必须指出的是，非经营性养老服务PPP项目建设期结束需要通过竣工验收，这是政府付费绩效考核的重要环节，但竣工验收只是绩效考核项目之一，不能简单地将竣工验收结果等同于建设期绩效评价。其次，运营阶段的绩效评价。运营阶段是非经营性养老服务PPP项目绩效评价的核心，评价指标重在养老服务的质量、效率以及养老服务设施的配置维护、养老服务人员的配置培训等方面，运营阶段的绩效评价，旨在改善养老服务的质量与效益，提高项目资金使用效率。绩效评价方案的制定应不断完善，充分搜集前阶段的成果与资料，根据考核的需要动态调整绩效评价目标，确保运营阶段绩效评价指标体系合理化。考核周期安排上，可每半年或者分季度按期开展常规考核，还可根据需要实施临时考核，以此落实运营阶段的运行监控与绩效评价管理。〔1〕运营阶段绩效考核成果，应及时反馈给养老服务PPP项目公司和社会资本方，及时改善养老服务PPP项目运营管理服务水平。再次，移交阶段的绩效评价。移交阶段是全生命周期绩效考核的最后一个环节，评价指标侧重项目移交的完整性和资产的状态及可持续性，确保项目资产得到有效移交，并保持良好的运行状态。项目移交完成后，由财政部门负责组织整个非经营性养老服务PPP项目实施周期的绩效评价。移交阶段应根据绩效目标的总体情况汇总报告，作为之后完善其他非经营性养老服务PPP回报机制绩效考核的经验。最后，非经营性养老服务PPP项目全生命周期绩效评价还需要加强数字化绩效管理系统建设，推进数据集成与信息共享，包括项目进度、成本、质量、风险等多个方面的数据，实现信息共享和实时更新，提高绩效管理的效率和信度。〔2〕

（2）完善全生命周期绩效评价指标体系

全生命周期绩效评价指标体系可以根据非经营性养老服务PPP项目进展，

---

〔1〕参见董睿楠、陈通：《PPP项目政府付费模式评估及优化》，载《地方财政研究》2019年第5期。

〔2〕参见温来成、陈青云：《政府付费型PPP项目绩效评价研究》，载《经济研究参考》2019年第12期。

分为建设期、运营期与移交期三阶段，建立健全定量和定性相结合的共性绩效指标框架。同时，在法律原则性规定的基础上，加快构建非经营性养老服务PPP项目回报机制绩效评价核心指标，努力构建科学合理、细化量化、可比可测、动态调整、共建共享的绩效评价考核格局。非经营性养老服务PPP项目由政府和社会资本共同运作，绩效评价不仅应对项目的财务状况与进展情况考核评估，更需要考核政府利益、社会资本利益与社会公众利益。

首先，建设阶段的绩效评价指标。建设阶段绩效评价的重点是对可用性资产的形成进行考核，这一阶段绩效考核在于确保项目运营顺利开始。建设阶段绩效评价指标必须根据可用性资产的形成制定、选择跟时间与质量等有关的绩效评价指标，因此，该阶段绩效指标体系以质量、费用和进度为三大核心指标。一旦项目建设结束，可以选择"负面清单法"设定量化评价方法，加强非经营性养老服务PPP项目的建设质量及项目完成时间等方面考核。其次，运营阶段的绩效评价指标。运营阶段的绩效评价是关于项目运营情况的考核，这一阶段主要是确保非经营性养老服务PPP项目提供符合要求的公共养老服务。因此，运营阶段绩效评价以结果评价为导向，评价指标的设定也以养老服务质量为主，其考核指标根据项目输出的社会效益、生态效益、政治效益和经济效益等加以选择。运营阶段评价指标选定后，也可选择"负面清单法"设定量化评价方法。最后，项目移交阶段的绩效评价指标。该指标是对非经营性养老服务PPP项目整体的实施情况实施全面考核，回报机制的绩效指标体系构建，既要反映非经营性养老服务PPP项目总体绩效目标的实施情况，又要反映资产移交的合法性与合理性。所以，非经营性养老服务PPP项目回报机制绩效评价指标的选择，应以工程目标、成本收益、公众满意度和可持续性等指标为主选定。[1]

---

[1] 参见温来成、陈青云：《政府付费型PPP项目绩效评价研究》，载《经济研究参考》2019年第12期。

第 7 章
准经营性养老服务 PPP 模式社会资本投资回报机制构建

根据政府和社会资本合作理论以及项目区分理论,准经营性养老服务 PPP 定位于改善型养老服务,兼有营利性与公益性。从营利性来看,项目具备一定的市场基础,社会资本可通过使用者付费获得收益回报;从公益性来看,通常准经营性养老服务 PPP 项目的营利收益难以达到投资回报预期,根据合同约定,政府一般给予可行性缺口补助,保障社会资本合理回报。准经营性养老服务 PPP 项目一部分属于垄断性养老服务项目,具有比较稳定的养老服务消费量,投资回报可预期;一部分属于竞争性养老服务 PPP 项目,养老服务消费者具有较强的市场选择性,项目投资回报不够稳定。因此,竞争性准经营性养老服务 PPP 项目的社会资本回报机制是研究重点,下文讨论的准经营性养老服务 PPP 项目主要是指竞争性项目。准经营性养老服务 PPP 项目的社会资本投资回报机制以使用者付费和可行性缺口补助相结合为主,同时可以综合运用多种回报机制。我国政府部门发布的 PPP 文件明确了投资回报几种类型,但是未明确项目性质与回报机制之间相对的对应关系,也缺乏回报机制构建的操作性指导。北京朝阳区第二社会福利中心 PPP 项目案例与章贡区社区居家养老服务中心 PPP 项目案例分析表明,准经营性养老服务 PPP 项目投资回报机制存在使用者付费风险,政府补贴形式较多但与可行性缺口补助区分不明,PPP 项目政府付费与政府购买服务两者混用,财政补贴的绩效考核不健全等问题。

7.1 使用者付费的投资回报机制

构建准经营性养老服务 PPP 模式的使用者付费回报机制,有必要对使用

第7章 准经营性养老服务 PPP 模式社会资本投资回报机制构建

者付费机制进行准确把握，明确养老服务 PPP 项目的付费机制要求，梳理使用者付费机制存在的问题，增强研究的科学性和针对性。

7.1.1 使用者付费的界定

使用者付费作为准经营性养老服务 PPP 模式的一种社会资本投资回报机制，是指由养老服务对象直接付费购买养老公共产品和服务，PPP 项目公司直接从养老服务中收取费用，以此回收养老服务 PPP 项目建设和运营成本并获得合理收益。使用者付费机制将社会资本投资回报跟养老服务需求相结合，达到激励服务供给的效果，促进准经营性养老服务 PPP 管理效率提升。一定意义上，政府减轻了养老服务的财政支出负担，而 PPP 项目公司承担了养老服务需求不确定风险。由于使用者付费取决于养老服务需求量，因而社会资本投资者和项目公司特别关注养老服务需求量的可预测性，养老服务需求量越不确定，社会资本对使用者付费项目兴趣越低，相关准经营性养老服务 PPP 模式越难以落地。一般来说，社会资本在接受使用者付费机制的同时，通常会跟政府协商，当养老服务需求量达不到预期的情况下，政府承诺给予可行性缺口补助或者其他补贴。

按照竞争性程度，使用者付费的准经营性养老服务 PPP 项目包括垄断性养老服务项目与竞争性养老服务项目两大类。[1] 垄断性养老服务 PPP 项目在行业中居于垄断地位，其垄断地位可能来自政府规划保护，也可能是自身具备竞争优势。养老服务需求者需要付费才能享受到服务，因此垄断性养老服务项目回报更为稳定。竞争性养老服务 PPP 项目存在充分竞争，养老服务消费者具有很大的市场选择性，因此这类竞争性养老服务项目回报不够稳定。这就要求准经营性养老服务 PPP 项目的使用者付费回报机制设计，应根据项目的竞争性情况，充分考虑使用者付费的适用性、使用者付费的实施方法、项目公司的最低收入保障和政府相关扶持政策等问题。

不同类型养老服务 PPP 项目的经营风险也不同。垄断性养老服务 PPP 使用者付费项目的商业风险相对可控，融资比较容易，项目回报收益更可预测。因此，在国家 PPP 政策正式出台之前，垄断性养老服务项目便已经开始以

---

[1] 参见杨学平：《非垄断性 PPP 项目社会资本方收益保障机制研究——基于政府方视角》，载《建筑经济》2018 年第 11 期。

PPP模式进行运营（当时通常称为BOT模式）。即便养老服务PPP模式的社会资本方是中小型民营企业，获得银行贷款的机会仍然比较大，因此经营与投资回报风险较小。对于竞争性养老服务项目，情况则大相径庭，即便养老服务PPP模式社会资本方具有一定实力，其项目融资难度与融资成本都相对较大，商业风险高。实践中融资机构一般更认可央企、大型国企或者上市公司，而目前上述企业对于投资养老服务PPP项目意愿并不强烈。因此，竞争性养老服务PPP项目往往需要政府补贴托底。

7.1.2 使用者付费的机制要求

养老服务PPP项目的使用者付费机制关系到风险分担和收益回报，是项目的核心内容。养老服务PPP项目使用者付费机制的建构，应当根据项目性质、回款来源、合作周期、运作方式等要求进行合理设计。[1]

养老服务PPP模式的使用者付费机制对于政府和社会资本都有相应要求。就政府方来说，充分考虑使用者付费机制将市场需求风险转移给社会资本方，减轻政府财政压力，通过与收益密切相关的回报机制，激励社会资本方提高养老服务PPP项目的供给效率，这样才能达到使用者付费的目标，体现PPP模式的优势。但对于社会资本方，使用者付费机制的要求更为复杂。

采用使用者付费机制的准经营性养老服务PPP项目通常需要具备三个条件，即养老服务需求可预测性、使用者付费具有实际可操作性、使用者付费机制的合法合规性。[2]一是项目的养老服务需求可预测性。市场需求情况是社会资本开展项目财务测算的重点指标，服务需求量是否具有可预测性，以及需求的预测数量，都是社会资本计算需求风险的关键。一般来说，只有衡量确定通过使用者付费能够收回投资成本，且获得合理收益的情形下，社会资本才具有参与准经营性养老服务PPP项目的意愿。二是使用者付费具有实际可操作性。社会资本方不仅要考虑使用者付费机制可行性，更要考虑其可操作性，充分考虑具体项目的服务群体特点和支付能力。三是使用者付费机制的合法合规性。使用者付费机制应符合养老服务PPP模式法律和政策要求，

---

〔1〕参见马书楷：《PPP模式项目使用者付费机制探究》，载《建筑》2019年第8期。

〔2〕参见吴槐庆、赵全新：《政府与社会资本合作（PPP）模式下公共产品服务定价机制研究》，载《价格理论与实践》2016年第11期。

第7章 准经营性养老服务PPP模式社会资本投资回报机制构建

如果按照政府定价或政府指导价无法保障养老服务PPP项目资本方合理收益,则需要依法约定可行性缺口补助机制。

除上述条件外,社会资本判断是否采用使用者付费机制,还会从以下方面精细考量。[1]一是认清养老服务PPP项目性质,确认使用者付费项目的定价方式,具体属于政府定价或政府指导价,还是市场竞争定价,这直接关系到社会资本方的利益回报风险。二是关注养老服务PPP项目的调价机制。使用者付费项目具有较长周期,价格调整机制极为重要。因为使用者付费机制受原材料价格、运营维护费用、劳动力价格及通胀水平变化的多方面影响,合作期间的价格调整几乎不可避免。在准备阶段,社会资本方应对养老服务PPP项目调价机制给予高度关注,分析其是否科学、合理,是否能够保证项目运营可持续,是否可以达到收益回报预期等。三是测算养老服务PPP项目业务量。业务量是影响使用者付费类PPP项目效益的另一核心因素,业务量水平关系到是否适合采用使用者付费机制,不当决策可能导致项目失败。养老服务业务量测算必须谨慎,如果社会资本方有类似项目的运营经验,一般可根据项目前期成果或实地调查进行测算,否则社会资本方应聘请具有专业水准的第三方机构进行业务量预测,以此作为项目分析的基础数据。四是审慎进行养老服务PPP项目财务分析。项目财务指标是社会投资方判断PPP项目可行性的关键依据,财务分析指标包括运营收入、建设投资、运营成本、财务融资成本、相关税费、资金投入偿还等所有收支情况,计算项目收益率、净现值、投资回收期等指标,并与社会资本方的管理控制指标相比照,以此进行审慎判断和取舍。五是合理进行养老服务PPP项目风险分配。养老服务PPP项目投资金额大、运作周期长、政策敏感性强、潜在风险多,多方面风险影响着PPP项目的成败。社会资本方必须进行风险识别和分配,财政部从实践操作层面明确了指导性原则,主要包括由最适宜的一方来承担原则、可合理转移原则、权责对等原则,具体操作上还应根据政社双方情况和项目特点周密考虑。六是依法合规运作养老服务PPP项目。作为社会资本方,无论是政府承诺,还是自身的合作行为,都要符合国务院、发改委、财政部PPP相关法规、政策,国有企业投资方还要符合国资委等相关投资法规和养老服务相关法律规范。总之,使用者付费机制是具有经营性的养老服务PPP项目

---

[1] 参见严勇:《引导社会资本积极参与养老服务业》,载《人民论坛》2019年第24期。

回报机制，项目运营风险多、过程复杂，对政府和社会资本合作提出更高要求，双方应本着伙伴关系，进行精打细算和审慎决策。

7.1.3 使用者付费机制的主要问题

无论垄断性养老服务 PPP 项目，还是竞争性养老服务 PPP 项目，都存在使用者付费机制的绩效考核不到位问题。垄断性项目收费体系成熟、行业标准明确，这类项目通常具备稳定的现金流，使用者付费机制存在问题较少。竞争性项目通常没有统一收费标准且具备较大不确定性，需综合考虑市场竞争环境、项目自身条件及社会资本经营实力等，收益回报不确定性较大，使用者付费机制存在问题更多。

（1）绩效考核不到位

有观点认为，使用者付费项目不需政府财政安排预算，因此不需对使用者付费项目进行绩效考核或者考核不需设置严厉的奖惩办法。此观点与 PPP 项目运营的准则相悖，PPP 项目之所以能够化解债务、可持续运行，最重要的一点在于设置了绩效考核环节，即通过考核项目的可用性与运营绩效来进行付费达到按效付费目的，但是使用者付费由于不是政府付费项目，使得使用者付费的考核机制也有相应变化。PPP 项目合同应当约定项目具体产出标准和绩效考核指标，明确项目付费与绩效评价结果挂钩；对于绩效评价达标的项目，财政部门应当按照合同约定，向项目公司或社会资本方及时足额安排相关支出。对于绩效评价不达标的项目，财政部门应当按照合同约定扣减相应费用或补贴支出。

使用者付费作为 PPP 项目的一种回报机制，是政府将公共领域的经营权与收费权让渡给社会资本方，根本上也是一种政府的公共资源，不能忽视使用者付费机制的绩效考核。另一方面，使用者付费 PPP 项目的绩效考核机制比较特别，就政府付费 PPP 项目来说，易于根据其绩效考核结果确定政府付费的多寡，而使用者付费机制缺少对绩效考核结果进行奖罚的对象。

使用者付费机制的绩效考核存在的问题，关键在于未能设置联系绩效考核结果的奖罚措施，需要从以下几方面落实相关举措。第一，设置社会资本的履约担保体系。准经营性养老服务 PPP 项目设置履约担保体系，目的在于保障项目按协议正常推进。参照每年预估的使用者付费金额设置，通过设置

第7章 准经营性养老服务PPP模式社会资本投资回报机制构建

合理的投标保证金、建设履约保证金、运营维护保证金和移交保证金等，可以达到项目绩效考核与项目建设成本相挂钩的目的。第二，设置使用者付费的政府代收环节，通过政府对代收的付费与绩效挂钩，加强对使用者付费的可控性，若上述保证金额度设置远低于使用者付费金额，政府可以用代收的付费作为绩效考核的扣减对象。第三，提高使用者付费项目的市场化程度，加强运营绩效与建设成本的隐形挂钩。市场化高的使用者付费项目，经营好坏将直接影响项目收益，收费的多少与运营绩效关联度高。

（2）需求预测审慎不足

对于使用者付费的养老服务PPP项目，尤其是竞争性的项目，一般运营期长达数十年，市场需求风险高，需求预测欠审慎，会给项目运营带来不确定性。因此，合理预测项目需求，降低需求风险或合理分担需求风险是重要环节。然而，由于使用者付费本身测算难度大，加上提供预测服务的咨询公司开展的调查通常不够充分，造成准经营性养老服务PPP项目的实施方案关于使用者付费的预期偏于乐观，测算缺乏应有的审慎性和准确性，社会资本承担的风险高企，项目建设与运维收益难以得到保障，给养老服务PPP项目回报带来压力。

准经营性养老服务PPP项目使用者付费的需求预测审慎不足的原因，除了市场需求本身难以预测等客观因素外，与咨询机构的专业水平与独立性、对项目使用率估计过于乐观等因素也相关。实践中，除非项目自身条件和运营方实力特别强，一般很难达到接近上限的高使用率。并且使用率也有一个调整过程对应项目必经的三个阶段：市场培育阶段、发展阶段、成熟阶段。符合市场规律的使用率在运营期初应起始于一个较低的值，往后逐年增加最后趋于稳定。取值方面，起始使用率对应的收入至少应覆盖项目的运营成本，趋于稳定的使用率建议设定在60%–70%范围内相对保守的一个水平。

（3）使用者付费测算欠精准

一方面前期工作不足。由于一些项目的特殊性，前期工作无法深入到每个子项目，往往仅有个大体框架，测算难度极大。针对此类项目，首先明确子项目是否具备既定的业态，业态明确的情形下可根据已有的基础数据（建筑面积、楼层等）结合当地相关建设标准先合理假设出部分具备现金流的用地面积。若存在业态也不明确的情形，只有在市场测试环节多下功夫，通过市场测试收集各方的建议,充分吸收社会资本方的经验,选取合理、适用的方案作为测算基础。

另一方面收费标准缺乏科学论证。由于竞争型项目通常没有统一的收费标准。价格差异源自不同的市场接受度、地理位置、消费水平、地方政策等因素。在项目的收费标准确定上缺乏科学论证,以同一区域内或者邻近区域内的当前同类型项目作为参考是目前最常用的方式。对于全生命周期内的价格调整更缺乏科学测算。实际上,PPP 项目的合作期长达 10-30 年,在较长运营期内的使用者付费水平的确定需要前瞻性考虑,设计与物价指数和利率水平相挂钩的付费调整机制与调整周期,一方面符合老年消费者的支付能力,另一方面保障社会资本获得合理利润。

7.2 可行性缺口补助的投资回报机制

可行性缺口补助是准经营性养老服务 PPP 模式投资回报的主导机制。对于准经营性养老服务 PPP 项目的经营收入不能覆盖成本和收益部分,由于准经营性养老服务 PPP 项目的公益性,考虑其社会效益,各级财政部门应给予适当缺口补助。理论研究和实践导向还表明,在完善养老服务 PPP 项目财政补贴管理方面,各级财政部门的缺口补助从"补建设"向"补运营"逐步转变,探索建立动态补贴机制,将财政补贴等支出分类纳入同级政府预算,并在中长期财政规划中予以统筹考虑。

7.2.1 可行性缺口补助的界定

可行性缺口补助,是指使用者付费不足以满足社会资本或项目公司成本回收和合理回报,而由政府以财政补贴、股本投入、优惠贷款和其他优惠政策的形式,给予社会资本或项目公司的经济补助。[1]

为了明确 PPP 项目可行性缺口补助的条件,并加强可行性缺口补助的合同管理,政府政策指导层面详细说明了可行性缺口补助要求,指出可行性缺口补助是在政府付费机制与使用者付费机制之外的一种折衷选择。可行性缺口补助针对的是使用者付费预期不足的项目,仅靠使用者付费无法使社会资

---

[1] 参见辛连珠:《PPP 项目付费机制税收问题研究》,载《税务与经济》2017 年第 2 期。

第7章 准经营性养老服务 PPP 模式社会资本投资回报机制构建

本获得合理收益,甚至没法完全覆盖项目的建设和运维成本,这类准经营性项目可以由政府提供一定的可行性补助,通过弥补使用者付费之外的缺口,增强社会资本参与项目建设与运营的动力。由此可见,可行性缺口补助的付费机制以"补缺口"为基本原则,不能也不应让社会资本获得超额利润。我国实践中可行性缺口补助的具体形式包括土地划拨、投资入股、投资补助、优惠贷款、贷款贴息、放弃分红权、授予项目相关开发收益权等其中的一种或多种。政府进行可行性缺口补助的目的在于确保社会资本获得合理投资回报,增强参与 PPP 项目的积极性。

从性质上看,可行性缺口补助机制综合了使用者付费机制与政府付费机制的双重特点,是介于两种付费机制之间的折中选择,体现了政府"实事求是"的项目实施态度。它以预期的合理投资回报率为基准,弥补社会资本通过使用者付费不能得到全部回报满足的缺口部分,但不能因此获得超额利润。对于政府而言,可行性缺口补助机制虽然要求自身承担部分的市场需求风险,并需投入一定的财政资源,但却不像使用者付费机制那样对项目本身的市场化条件要求很高,使得项目更易落地实施。因此,根据财政部 PPP 中心管理项目库的数据显示,截至 2021 年 12 月底,在已落地的养老 PPP 项目中,可行性缺口补助的项目占落地养老 PPP 项目总数的 54.84%。[1]

值得注意的是,在政府付费 PPP 项目中,有些采用可用性付费方式的项目因为建设可用性付费无法满足项目运营的回报需要,所以也需要政府支付相应的运营补贴。此种运营补贴可理解成政府为满足项目的商业可行性所进行的"缺口补助",但与建立在使用者付费基础上的可行性缺口补助机制并非同一概念。即便在很多情况下,采用可行性缺口补助机制的项目现金流表现为使用者付费与政府支付的运营补贴之和,但此时政府仅需承担部分的运营补贴责任,与政府付费机制下政府需承担全部的运营补贴责任性质根本不同。若将可行性缺口补助理解为是一种并列于政府付费机制及使用者付费机制的独立的 PPP 项目回报机制,则它只适用于采用使用者付费方式无法满足项目全部投资回报需求的经营性或准经营性项目之中。

此外,在政府付费机制中,政府支付的运营补贴本质上属于政府为购买

---

[1] 数据来源:见表 4-11,作者根据财政部政府和社会资本合作中心综合信息平台项目库资料整理。

服务而直接支付的费用。与此不同的是，可行性缺口补助机制下，政府支付的运营补贴并没有直接购买付费的内涵，它是政府为了PPP项目的可持续运营所提供的间接性补助。

7.2.2 准经营性养老服务PPP的可行性缺口补助分类

结合学界研究结论和现行政策规定，根据补贴环节差异，准经营性养老服务PPP的可行性缺口补助，可分为投资补助、融资补贴、价格补贴、收益补贴和土地补贴等；根据补贴机制，准经营性养老服务PPP的可行性缺口补助包括固定收入制、固定补贴制、区间浮动制等。[1]

一方面，准经营性养老服务PPP的可行性缺口补助，政府可以从投资补助、融资补贴、价格补贴、收益补贴和土地补贴等多个环节提供补贴。

第一，投资补助。该补助是各级政府运用预算内资金参与准经营性养老服务PPP项目股权投资，常用于规模较大、通过使用者付费无法完全覆盖投资成本的准经营性养老服务PPP项目设施建设。政府投资补助的主要目的，是帮助社会资本缓解前期资金投入压力，减轻项目整体的融资压力。当然，无论采用何种回报机制，政府通常都会通过股权投资PPP项目，持有项目公司较小比例股权，这既是PPP伙伴关系决定的，又有利于政府以股东身份行使股东权利加强项目监管。一般而言，PPP项目的投资补助比例不能超过投资总额的50%，并通常应在制定融资计划时或签订PPP项目合同之前确定具体的投资额。此外，投资补助还必须通过合同约定为政府的投资义务，一般不与项目运营绩效挂钩，属于刚性不变的责任性补助。

第二，融资补贴。依据政策规定，政府可通过自身的资源整合能力支持准经营性养老服务PPP项目，为需要缺口补助的项目公司申请国家开发银行提供的贷款，利用收费权、排污权、特许经营权、集体林权、购买服务协议预期收益、集体土地承包经营权等进行质押担保，最长贷款期限可达30年，贷款利率可适当优惠的贷款，以及财政部门提供的一定年限一定比例的贷款贴息。除此之外，政府还可以协助社会资本争取准经营性养老服务PPP的引导基金，顺利争取各级财政的"以奖代补"资金等，有效减轻社会资本投资

---

[1] 参见吴槐庆、赵全新：《政府与社会资本合作（PPP）模式下公共产品服务定价机制研究》，载《价格理论与实践》2016年第11期。

准经营性养老服务PPP项目的压力，并为项目融资增信，提高项目运作的可行性。[1]

第三，价格补贴。准经营性养老服务PPP的价格补贴，是在使用者付费不足情况下，政府为保障项目运营"可行"而提供的运营补贴，项目通常需要实行政府定价或政府指导定价。由于准经营性养老服务PPP项目的经营性与公益性特点，其价格水平需要跟居民消费价格指数（CPI）关联，故政府必须依法行使准经营性养老服务PPP项目服务价格的管控权，平抑服务供给的价格水平。这也意味着，这类准经营性养老服务PPP项目的实际服务价格，往往不能反映市场价值，无法涵盖实际的生产成本与投资利润，需要政府给予相应的价格补贴。此时，政府需要综合考虑准经营性养老服务PPP项目社会资本投入的建设成本、运营成本与预期的投资利润回报率，在减去使用者付费获得的营业收入后，科学测算需要给予的价格补贴额度，并适时进行动态调整。

第四，收益补贴。相比于前述以资金补贴或实物投入为内容的"直接输血"型补助，准经营性养老服务PPP项目以授予土地收益权或商业开发权，以及放弃股东分红权为手段的收益让渡是更具"间接造血"功能的可行性缺口补助形式。目前，部分地方政府已经开始尝试将养老服务PPP项目周边的土地收益权与商业开发权授给社会资本，通过分层设立建设用地使用权，支持社会资本提高土地容积率，进行地上、地下空间的综合开发。在符合城市规划的前提下，允许准经营性养老服务PPP项目兼营一定比例的商业功能。这种项目实施方案在提高了土地整体增值收益的同时，也提高了社会资本的市场营利能力，实际上是政府通过让渡划拨土地收益权的方式，为准经营性养老服务PPP项目提供可行性缺口补助。

第五，土地补贴。在经营性养老服务PPP项目中，政府以划拨的方式赋予社会资本以无偿使用土地的权利，可显著降低项目投资的规模总额，进而提高项目落地建设与商业运营的可行性。但是，土地作为极其稀缺的资源，具体取得方式必须恪守法律政策的红线，政府无法自由决定。根据相关法律政策的规定，公益事业用地具有以划拨方式取得土地使用权的机会，但同时

---

[1] 参见《国家发展改革委 国家开发银行关于推进开发性金融支持政府和社会资本合作有关工作的通知》（发改投资〔2015〕445号）。

还要符合《划拨用地目录》、土地利用总体规划、城市规划等政策的规定，并履行申请、审查、批准、核准、备案程序。按照划拨方式取得的土地使用权具有三大特点：一是"无偿使用"，但在土地前期开发的过程中仍会形成诸如补偿、安置等费用成本；二是"无使用期限"，但政府享有特定条件下无偿收回土地的权利；三是"禁止流转"，但经政府批准后可依照法定程序进行抵押、出租、转让。当前，在土地划拨供应管理政策从严缩紧的总体局势下，土地划拨的要求很高、难度很大，所以实践中经营性养老服务PPP项目用地都需通过出让、租赁及出资入股有偿取得。

另一方面，准经营性养老服务PPP的可行性缺口补助，政府可以采用固定收入制、固定补贴制、区间浮动制等进行补贴。[1]

首先，固定收入制。这种准经营性养老服务PPP投资回报补贴机制主要使用领域，是部分明显使用者付费金额有限且实际变动成本也有限的项目。在这些项目中使用固定收入制，有的因为其中可产生使用者付费的经营性项目较少；有的因为其中使用者付费的接受程度还不太高，使用者付费机制还有待市场深入开拓。固定收入制的测算是：政府方运营期当年的可行性缺口补贴=项目公司收入上限-使用者付费全额。在不考虑绩效考核的情况下，项目公司经营期的当年收入等于项目公司收入上限，为固定收入，与实际使用者付费基本没有关系。项目公司收益=项目公司收入（收入上限）-项目公司总成本。其中，项目公司总成本扣除固定成本后的项目公司变动成本，一般与使用者用量呈正相关，由此可以得出使用者用量越大，项目公司收益则越小。[2]因此，固定收入制对于准经营性养老服务PPP项目的社会资本方缺乏驱动力，资本方通常没有增加使用者付费的积极性。

其次，固定补贴制。固定补贴机制主要使用在部分政府方与社会方都对项目有相关需求，但不适宜全部市场化经营的准经营性养老服务PPP项目。在这类准经营性养老服务PPP项目中，政府方有设置必要数量养老床位的需求，该需求可能是项目的主要需求，除此以外，社会资本方（项目公司）可自行经营准经营性养老服务PPP项目的剩余空间或其他设施。该固定补贴金

---

[1] 参见余幸：《PPP项目可行性缺口补贴机制下的博弈选择》，载https://www.jumbocn.com/industry/details?id=320，最后访问日期：2022年3月2日。

[2] 参见余幸：《PPP项目可行性缺口补贴机制下的博弈选择》，载https://www.jumbocn.com/industry/details?id=320，最后访问日期：2022年3月2日。

额的确定需要综合考虑政府方实际需求和项目本身投资回报要求而设置。在这种补贴机制下，政府方运营期当年的可行性缺口补贴等于项目竞标时确定的固定补贴金额。

在不考虑绩效考核的情况下，项目公司实际年收入计算公式为：

项目公司实际年收入=可行性缺口补贴（固定）+当年实际使用者付费金额

项目公司收益=可行性缺口补贴（固定）+当年实际使用者付费金额-项目公司总成本[1]。

其中，准经营性养老服务PPP项目公司总成本扣除固定成本后的项目公司变动成本，一般与自身经营的使用者用量呈正相关。

最后，区间浮动制。区间浮动制主要使用在部分投资额比较大，养老服务需求较高，但是项目在建成之初往往使用者付费数额有限，政府方若无必要的补贴，社会资本方将承担较大的风险，融资的难度较大。随着准经营性养老服务PPP项目的开拓，使用者付费预期会随之提升，在达到社会资本方投资回报预期后，政府方可通过合理设置分成机制，作为对自身前期风险承担的一种回报。在区间浮动制下，政府方可以根据准经营性养老服务PPP项目可行性研究报告及项目实际情况，对项目产生的使用者付费设置触发补贴和分享利润的保底使用者付费金额、项目超额分享使用者付费金额和超额分享比例。具体可测算方法是：

政府方运营期当年的可行性缺口补贴=项目保底使用者付费金额-项目运营期当年实际实现的使用者付费金额（此数小于0即政府无需补贴）。[2]

7.2.3 可行性缺口补助回报机制的风险管理

准经营性养老服务PPP项目的政府和社会资本之间形成合作伙伴关系，政府方希望通过合理补贴，保障社会资本"微利不暴利"；社会资本希望通过未来的经营，获得稳定的预期收益。在可行性缺口补助回报机制设计中，应

---

[1] 参见余幸：《PPP项目可行性缺口补贴机制下的博弈选择》，载 https://www.jumbocn.com/industry/details?id=320，最后访问日期：2022年3月2日。

[2] 参见余幸：《PPP项目可行性缺口补贴机制下的博弈选择》，载 https://www.jumbocn.com/industry/details?id=320，最后访问日期：2022年3月2日。

充分考虑可行性缺口补贴机制对于项目建设与运营行为的风险因素，设置合理可行性缺口补贴机制，比如合理的竞价机制与考核奖惩机制等，使政府和社会资本双方共担风险、共享收益、激励相容。

(1) 固定收入制的风险管理

准经营性养老服务 PPP 项目的固定收入补贴机制下，项目公司由于得到固定收入补贴，往往会权衡提供养老服务的收益与其提供服务所承担的相应风险，在项目公司看来，增加养老服务供给不会带来额外收益却会给项目公司带来额外风险。在这种情况下，项目公司没有足够动力去拓展服务，争取更多的使用者付费，这样就存在准经营性养老服务 PPP 项目建设与日常运营质量风险，此种补贴机制下，政府方可在准经营性养老服务 PPP 项目协议中加入对于社会资本（项目公司）经营状况的考核指标，以此约束社会资本与项目公司的不作为行为，加强项目质量的风险治理。

(2) 固定补贴制的风险管理

固定补贴制是政府给予准经营性养老服务 PPP 项目公司固定补贴，金额往往在准经营性养老服务 PPP 项目合同中确认。社会资本在决策是否接受补贴金额时，往往需要考虑未来可实现的使用者付费金额及自身回报的风险。此种补贴制下，增加的养老设施使用者付费均转化为准经营性养老服务 PPP 项目公司收入，项目公司自然有较大的动力去增加使用者付费金额，其手段包括提高项目服务单价或者增加项目使用者数量。

为保证社会资本方获得合理回报且不暴利，政府方在确定固定补贴金额前需进行充分市场测试，合理预测未来项目的养老服务使用量，进而设置合适的固定补贴金额上限或根据经营业务量的不同数据区间设置有差异固定补贴金额。

(3) 区间浮动制的风险管理

区间浮动制的补贴机制，就是根据不同区间应用相应的补贴方式。准经营性养老服务 PPP 项目运营初期，服务资源比较充足，提高养老服务使用量的成本几乎为零，具有向公众提供更优养老服务的意愿。此时，项目的使用者付费收入也会自然增长。随着准经营性养老服务 PPP 项目的服务使用量增多，项目公司希望获得更多的使用者付费收入时，就会评估该行为对其收益的贡献程度，特别是在项目当年实际使用者付费超过协议约定的金额政府方享有超额的情况下，项目公司将谨慎考虑未来增加使用者付费的必要性。这种补贴机制下，为了更好地实现准经营性养老服务PPP项目社会效益，政府应根据不同区间，设计与之相应的政府补贴和绩效考核措施，激励社会资本运营积极性。

7.3 准经营性养老服务PPP模式社会资本投资回报机制的优化

相对于非经营项目养老服务PPP项目和经营性养老服务PPP项目来说，真正大量需要落地的是准经营性养老服务PPP项目。其中，垄断性养老服务项目回报更为稳定，而竞争性养老服务PPP项目存在充分竞争，养老服务消费者具有很大的市场选择性，项目回报不够稳定。因此，准经营性养老服务PPP社会资本回报机制的优化，重点是竞争性准经营性养老服务PPP项目，下文讨论主要针对竞争性准经营性养老服务PPP项目，其投资回报机制以使用者付费与可行性缺口补助相结合为主。一旦项目使用者付费不确定，可行性缺口补助不明确，社会资本收益回报机制不健全，就会增大社会资本经营风险，导致准经营性养老服务PPP项目落地困难。为了保障准经营养老服务PPP项目的社会资本投资回报预期，促进项目顺利落地，有必要完善此类项目财务测算、控制社会资本投资风险、制定运营风险防范机制，并加强政府与社会资本有效沟通，完善准经营性养老服务PPP项目实施方案。

7.3.1 准经营性养老服务PPP项目财务测算适度从宽

一方面，完善使用者付费测算，基于项目公益性考虑，使用者付费量测算不宜过高。实践中，准经营性养老服务PPP项目使用者付费测算难度比较大，相关政策对政府付费的控制比较严格，而部分参与测算的咨询机构开展尽职调查不充分，出现准经营性养老服务PPP项目的使用者付费测算普遍偏高，社会资本承担较高风险，投资收益回报得不到保障，项目运营存在较大压力。考虑到项目公益性质及政府和社会资本共赢原则，在充分市场调研和沟通协商的基础上，对于准经营性养老服务PPP项目使用者付费量的测算，需要留有余地，不宜太高。

其一，项目设施利用率测算。养老设施容量制约养老服务供给能力，应按照养老设施年度预期利用率，参照本地区同类养老服务价格水平，测算年度项目使用者付费总量。实践中养老服务PPP项目设施利用率的测算，存在设施利用率与运营年度不合理递增以及峰值期利用率设置欠科学问题，如章贡区居家养老PPP项目运营期15年，养老床位入住率设定从第8年开始日托老人入住率为98%，全托老人为100%。实际上，养老服务设施利用率与需要服务的老人数量、老人的支付能力与支付意愿紧密相关。因此，准经营性养老服务PPP项目设施利用率测算需综合考虑设施所处的区位条件、经济发展水平、社会需求量和企业实际风险因素等，测算应适度从宽，一般来说，在项目初始运营的前5年，利用率测算应保守，可按50%利用率折中测算，随着项目运营成熟，设施利用率逐渐提升，入住率设定在90%水平较为合理。若入住率要达到98%或100%，对社会资本来说条件过于严苛，需承担较高的运营风险。

其二，使用者流量测算。准经营性养老服务PPP项目也可以依据养老服务使用者流量测算，综合评估每位使用者接受服务的价格，测算得到使用者付费额度。使用者流量测算应充分考量使用者人数和人均付费额度以及人数与付费的年度递增机制。在使用者流量方面，应考虑项目定位和竞争形势等；在人均消费额度方面，包括直接收益和间接收益，直接收益主要是养老床位费等，间接收益包括附属设施消费产生的收入等。按照使用者流量测算中，经常发生政府对准经营性养老服务PPP项目期望值过高，运营收益与初期测算方案差距过大，项目公司收益与社会资本投资回报存在风险，因而使用者流量测算适度从宽。

其三，综合评估。准经营性养老服务PPP项目既可能受设施体量限制，也可能受使用者流量影响，还会存在服务价格不稳定情况。针对影响因素较复杂的准经营性养老服务PPP项目，应考虑采用综合评估的测算方法，将使用者付费的设施容量限制、养老服务需求量限制和养老服务消费价格水平等按一定权重纳入，还要充分了解社会资本对项目投资回报预期，在此基础上适度从宽，确保项目落地并顺利运行。

另一方面，准经营性养老服务PPP项目计算年度政府缺口补助的影响因素较多，主要有项目建设成本、资本金回报、融资利息、运营成本、使用者付费等。完善可行性缺口补助测算，基于项目公益性考虑，财务测算可适度

从宽。较为适合的缺口补助可采用以下公式计算:[1]

当年政府可行性缺口补助支出数额＝项目社会资本方资本金/年金现值系数（P/A，i，n）+当年还本付息额+年度运营成本－当年使用者付费额上式中，P 为准经营性养老服务 PPP 项目的社会资本的出资部分；A 为资本金年金；n 为准经营性养老服务 PPP 项目运营年限；i 为资本金年金现值系数折现率，一般按同期人民银行公布的五年期以上贷款基准利率上浮一定比例。

其一，社会资本方资本金内部收益率。资本金内部收益率是衡量准经营性养老服务 PPP 项目投资回报的重要指标，按照风险与回报匹配的原则，竞争性准经营性养老服务 PPP 项目市场化运营风险较高，投资回报测算也应适度偏高。全国 PPP 综合信息平台项目库披露的已落地养老 PPP 项目实践中，社会资本方资本金内部收益率一般控制在 6%-8%，因此，对于具有竞争性风险的准经营性养老服务 PPP 项目，可以调整为 8%较为合理。

其二，融资年还本付息额的计算。社会资本一般按等额本息偿还 PPP 项目融资本金和利息，因项目建设期仅计息而不付息，通常融资本金包含项目建设期的融资利息。根据已落地的准经营性养老服务 PPP 项目实施方案看，养老 PPP 项目融资利率的确定没有统一的标准，存在两种情况，一是固定利率，PPP 方案中指明融资利率遵照当期人民银行公布的五年期以上贷款基准利率4.9%；二是浮动利率，即融资利率参照同期人民银行公布的五年期以上贷款基准利率上浮 10%-15%不等。相对于其他 PPP 项目来说，养老服务项目公益性强、投资回报慢，贷款机构基于风险考量会要求一定的风险利率补偿，上述两种利率情况都存在利率偏低使得项目公司需承担较大融资风险的问题，尤其是第一种固定利率方式，项目公司还要承担 PPP 项目较长周期内的利率变动风险。实践操作中融资成本通常超过合同限价，致使 PPP 项目公司与社会资本的投资回报得不到保障。因此，准经营性养老服务 PPP 项目招标采购时，融资利率应作为评审因素参与项目竞价，以此的项目中标成交价为政府付费的合法依据。

其三，年运营成本测算。准经营性养老服务 PPP 项目因其公益属性，根据相关税费优惠，一般无需考虑增值税，社会资本方在运营期间的年运营成

---

[1] 参见杨学平：《非垄断性 PPP 项目社会资本方收益保障机制研究——基于政府方视角》，载《建筑经济》2018 年第 11 期。

本，一般指自身经营成本、土地使用权的租金、财务费用等。经营成本构成中工资及福利费以及外购原材料费如食品、日用品等占比较大，这些与入住人数规模相关。由于准经营性养老服务 PPP 项目存在使用量不确定等风险，项目运营维护成本除了常规成本之外，还有项目宣传和推广等营销费用。政府在缺口补贴操作中，一般不易接受营销费用，测算也较随意，规范性不足。为促进准经营性养老服务 PPP 项目顺利运营，保障社会资本合理利润回报，在项目财务测算中可适度从宽，项目运营最初几年可按照项目投资额的一定比例预算营销费用，纳入缺口补贴考虑，并在准经营性养老服务 PPP 项目合同中清晰约定。

其四，年使用者付费。年使用者付费构成项目当年运营收入的主要来源，是政府缺口补助考虑的核心指标。在准经营性养老服务 PPP 项目实施方案中，政府补贴对每年运营收入测算可适度从宽，还应考虑当年项目运营支出，结合收支综合考量政府补贴额度。

其五，政府年度缺口补助结算。准经营性养老服务 PPP 项目建设竣工后，按照项目资本金占比与政府和社会资本股份比例，结合项目资本金回报率与融资利率，测算当年项目可用性付费。运营期间，政府方与项目公司应共同聘请会计师事务所跟踪审计项目公司年度运营情况，重点是审计项目公司年度运营支出与收入。就运营支出来说，如果项目实际支出高于投标报价，则按投标报价结算；若项目实际运营支出低于投标报价且回报利润合理，可按投标报价结算；若实际运营支出显著低于投标报价，则需调整运营支出的结算。就运营收入来说，若项目年度实际运营收入超过项目实施方案测算数值，则按实际运营收入结算；如果项目年度实际运营低于项目实施方案测算数值，则按实施方案测算结果。项目全生命周期的政府实际缺口补助，费用总额一般不得高于实施方案缺口补助一览表的测算总额。为保障社会资本合理收益，考虑到项目运营初期社会资本方的运营风险，通常在运营收入和运营支出安排上，一般将准经营性养老服务 PPP 项目运营初期的运营支出设定偏高，随后逐年减少，运营收入方面则是运营初期偏低，以后随着运营业务日渐成熟运营收入也逐年上升。也就是说整个运营期内，项目运营支出年度分配按递减原则，而项目运营收入按递增原则。

7.3.2 控制社会资本方投资风险

(1) 合理确定需求量

对于社会资本来说,准经营性养老服务 PPP 项目的使用者付费与缺口补助,合理确定养老服务需求量非常关键,也是控制风险的重要方面。实践中政府和社会资本应根据不同项目特点,本着风险共担、合作共赢的原则,合理确定使用需求量,设定不同的缺口补助计算方式。对于垄断性的准经营性养老服务 PPP 项目,政府应承诺保底需求量,保底需求量确定越高,社会资本风险越低。在需求量保底的情况下,政府和社会资本综合考虑项目投资收益率,项目采购时的缺口补助计算,主要是社会资本中标价与使用者实际付费的差价部分。竞争性的准经营性养老服务 PPP 项目,政府应综合考虑社会资本投资收益率,合理确定养老服务使用量。首先测算项目使用者付费的内容与单价,再在此基础上测算预期投资回报水平,计算出使用量或者流量,由政府按照一定比例承诺使用保底量。

(2) 政府不参与利润分配

准经营性养老服务 PPP 项目具有公共服务属性,政府对项目公司投入一定比例资金,本意并非为获取经济收益,而是体现政府管理职能转变,从传统行政管理转向市场手段和股东身份,其主要目的是行使政府的项目实施知情权与监督权,提高养老服务的质量和效率。准经营性养老服务 PPP 项目中,政府若不参与项目公司利润分配,而是将应得利润部分由项目公司留存用于后续持续经营,可视为政府对项目公司运营绩效的一种正向激励,不仅有助于扩大项目公司自有资本金比例,增强其抗风险能力,也有效激励项目公司改善养老服务质量,提高供给能力,从而获得更多的投资收益,形成项目公司的良性运转。从政府与社会资本合作准经营性养老服务 PPP 项目的本源出发,政府不参与项目公司利润分配,也符合政策规定和 PPP 模式本意。

(3) 规范用地保障及相关配套政策

根据国家支持养老服务业发展的相关政策规定,养老服务 PPP 项目用地根据其服务功能,可通过划拨、出让、租赁、作价入股等方式获得。划拨方式可以无偿获取土地使用权,对社会资本较为有利。出让方式则需要项目公司支付一定的土地出让金。租赁方式通过租赁合同明确约定土地租赁期限、租金标准及调整方式等，手续相对简单灵活，社会资本的资金压力较小；作价入股能够减轻政府和社会资本双方资金压力，但是土地作价入股的政策限制比较严格。对于符合划拨用地目录的准经营性养老服务PPP项目，为了最大限度减轻社会资本项目风险，项目公司可争取按划拨方式取得土地。若准经营性养老服务PPP项目中捆绑商业用地需求，需明确不同用地性质与比重进一步确定划拨标准，无法划拨的土地可考虑长期租赁方式保障土地需求且用资压力小。此外，在土地的获取方面，实际操作中很多养老PPP项目还存在土地获取和项目实施出现严重的期限错配问题，合同签订后很长一段时间内无法真正落实项目土地情况。由于用地获取时间直接关系到项目后续推进进度，因此，需要政府相关配套政策与措施继续放开和细化项目土地使用政策，节约土地获取时间。

（4）商业性开发项目打包

为降低准经营性养老服务PPP项目投资风险，支持社会资本商业性开发项目打包运作，通过多元化经营有效提高社会资本回报收益。特别是有的项目区位优势明显、周边商业发达，在不影响准经营性养老服务PPP项目养老服务功能的前提下，可充分挖掘部分商业设施的潜在价值，如提供餐饮、银行、娱乐、停车等服务，通过开辟多元化的服务项目增加收费来源，提升社会资本投资收益。

（5）合理设置合作范围

准经营性养老服务PPP项目实践中，以机构养老PPP项目居多，大多采用BOT或BOO的运作模式（见表4-4），这两种模式都涉及养老设施建设、养老床位购置等，社会资本方前期需投入资金量大，由于回收周期长，现金回笼慢，对社会资本方的整体实力和融资能力都是挑战，项目的投资风险高。因此，对于准经营性养老服务PPP项目来说，需合理设置合作范围，控制投资规模，可考虑选择公建民营模式，即将养老基础设施建设与配套等由政府负责，缩减政府和社会资本合作范围与规模，突出具有一定现金流的养老设施运营部分，从而降低投资回报风险。

7.3.3 防范社会资本方运营风险[1]

（1）建立调价机制

一是建设成本的调价。政府对建设成本核定主要依据两个指标，即项目竣工决算和建安费下浮率报价。竣工决算根据项目实际发生的工程量与清单，参照国家有关工程量清单计价规范、有关计价定额和当地信息指导价计算。准经营性养老服务PPP项目建设期一般在两至三年，有的甚至时期更长，建设期间难免发生人工、材料和设备价格变动，出现实际价格与指导价不符合的情况，或因客观因素引起工期延误，导致项目建设成本增高。从风险共担、合作共赢的伙伴关系考虑，可参照《建设工程施工合同（示范文本）》指导精神，建立施工合同调价机制，这对降低准经营性养老服务PPP项目投资回报风险十分必要。

二是运营成本的调价。运营成本是受多种因素影响，例如物价变动、劳动力价格变动、管理水平等运营维护价格的调整，一般3年为一个调价周期，可以采用价格指数调整或成本监审调整办法。由于准经营性养老服务PPP项目运营成本测算有偏差，价格指数调整受运营维护费初始报价影响较大，可能发生项目实际运营维护费高于调整后价格的情况，导致社会资本投资回报收益难以保障，此时可采用更为合适的运营成本监审调整办法，充分考虑养老服务定价的构成项目、核定方法和标准等内容。

（2）构建绩效考核调整机制

准经营性养老服务PPP项目约定的绩效考核方案，应根据项目进展与实践需要协商调整，构建绩效考核调整机制。一般说来，每3年左右应对准经营性养老服务PPP项目进行中期评估，根据实际情况及时更新绩效考核指标。绩效考核指标重点考虑项目运行状况与合同的合规性、适应性和合理性，及时评估项目建设与运营风险，确定针对性措施。构建绩效考核调整机制可避免项目预期指标与实际运营指标严重偏离，控制社会资本投资回报风险。

---

[1] 参见杨学平：《非垄断性PPP项目社会资本方收益保障机制研究——基于政府方视角》，载《建筑经济》2018年第11期。

(3) 加强运营风险评估机制

准经营性养老服务 PPP 项目可能存在政府预期过高而与项目实际运营收益出现较大偏差、增加项目运营风险的情况，因而应完善运营风险防范机制。若项目运营期间出现连续 3 年亏损，政府需组织相关部门、第三方评估机构、财务审计机构等组成的评估机构，对项目运营情况和风险进行全面评估。在科学评估的基础上，政府和社会资本方共同商定风险防范对策。实践中应注意的是，一方面准经营性养老服务 PPP 项目出现亏损，并非仅指运营收入低于运营支出，而是指项目投资回报率低于零。另一方面运营评估的重点，是评估项目公司在管理、营销中是否尽职尽责，查找风险点，针对亏损深入分析原因，采取有效的风险规避策略。

(4) 完善合同再谈判机制

准经营性养老服务 PPP 项目通常因需求量不足或者使用者付费测算过高，导致项目公司和社会资本亏损，投资回报无法保障。特别是当项目亏损严重超过社会资本的资本金时，应考虑启动合同再谈判机制。完善合同再谈判机制的重点，一是提升项目需求量，政府充分利用资源优势，进行扶持激励，通过大型活动组织、项目策划推介等方式，协助准经营性养老服务 PPP 项目开展营销活动，提升项目知名度与品牌效应，提高项目养老服务使用量。二是调整服务价格，在项目预期收益不易达成的情形下，调整项目服务定价机制，采用政府指导体制下的市场调节价格机制，以市场调研为基础，由相关政府部门对原有收费项目和收费价格等进行适度调整。三是重新测算财务指标，本着社会资本"微利不暴利"原则，考虑准经营性养老服务 PPP 项目实际运营情况，重新测算项目财务指标，包括年度运营维护费、使用者付费额度以及资本金折现率、融资利率，调整政府缺口补助等，并签订 PPP 项目补充合同，保障社会资本合理的投资回报收益。

7.3.4 加强政府与社会资本方的有效沟通

准经营性养老服务 PPP 项目兼具公益性和营利性，政府和社会资本方基于"风险共担、收益共享"的长期合作伙伴关系，建立有效的沟通机制。加强有效沟通是项目有序推进和成功运作的关键。一般来说，沟通应体现专业性、合理合规性。

首先,明确沟通渠道和沟通频率,确保信息能够及时、准确地传递。可以设立定期的项目联席会议,邀请政府相关部门和社会资本方代表参加,共同讨论项目进展、存在的问题以及解决方案。同时,注重沟通的透明度和开放性,利用现代化数字技术,如项目管理平台与数据库,实现信息的实时共享和在线协作,提高沟通效率。

其次,建立互信机制。对于社会资本方来说,准经营性养老服务PPP项目使用者付费量及其收入占比是其合作的关切点,很多社会资本方甚至将使用者付费量及其占比作为项目是否具备合作价值的评判依据。在双方的商谈沟通中,社会资本倾向于使用者付费占比更小化,降低项目运营风险,保障资本投入回报。政府方可以根据项目情况给予适度支持,但要防止政府支出责任固化,违背PPP模式本意。政府方应履行合同约定,按时支付相关费用,保障社会资本方的合法权益。社会资本方则应按照合同要求,积极投入资源,确保项目质量和进度。在项目实施过程中,双方应相互支持、密切配合,共同应对可能出现的挑战和风险。

最后,加强沟通的效果评估和反馈机制。定期对沟通效果进行评估,了解沟通中存在的问题和不足,及时进行调整和改进。同时,建立反馈机制,让双方能够及时了解对方的意见和建议,不断优化沟通方式和内容。

总的来说,准经营性养老服务PPP模式的社会资本投资回报的精髓是"利益共享、风险共担",关键在于双方能否以伙伴关系对待合作。政府应解放思想,换位思考,在避免固定回报、成本回购、违规担保等问题的前提下,精准分析准经营性养老服务PPP项目运营风险点,构建项目建设与运营风险防范机制,按照"微利不暴利"原则,保障社会资本合理收益。社会资本应树立风险意识,对准经营性养老服务PPP项目进行专业研判,合理预期项目收益,本着合理合规原则,与政府进行诚实、信任、专业沟通,建立双方长期合作伙伴关系。唯有如此,项目合作才会长期顺畅,从而政府的公益诉求和社会资本的逐利目标得以达成,实现互利共赢。

CHAPTER 8 第8章

经营性养老服务 PPP 模式社会资本投资回报机制构建

财政部 PPP 中心项目库数据分析表明，保障型基本养老和改善型中端养老是养老需求的主体。随着中高端养老服务需求群体的不断增长，发展经营性养老服务 PPP 模式并构建合理回报机制，调动社会资本参与中高端养老服务合作供给，无疑是养老服务 PPP 模式及其社会资本回报机制构建的重要内容。与此同时，通过 PPP 案例分析可见，山东蓬莱市智慧健康养老服务 PPP 项目的中高端养老服务具有较好收费基础，社会资本也具有较强投资意愿，但是项目捆绑"搭售"转移经营风险，不利于激励社会资本商业开发，政府对于开发性资源补偿的力度有待加强。

8.1 养老服务 PPP 模式开发性资源补偿为主的投资回报机制

关于经营性养老服务 PPP 模式社会资本回报机制的研究尚不丰富，对于开发性资源的理解及实操应用成果更不多见。经营性养老服务 PPP 项目案例分析表明，相关实践走在理论研究之前，这得益于政府政策的导引。财金〔2017〕86 号文提出政府付费、使用者付费和开发性资源补偿相结合的回报机制，但并未明确养老服务 PPP 项目分类与具体回报机制的对应关系。考虑到经营性养老服务 PPP 模式的营利属性和开发性资源补偿的市场化，经营性养老服务 PPP 模式的社会资本回报机制应以开发性资源补偿为主，鼓励各类市场主体逐步成为经营性养老服务 PPP 供给主体。当然，经营性养老服务 PPP 模式的社会资本回报机制并不排斥政府付费和使用者付费，特别是具有综合功能的经营性养老服务 PPP 项目，需要多种回报机制结合。

8.1.1 开发性资源补偿的界定

(1) 开发性资源补偿机制的提出

开发性资源补偿来源于政府和社会资本合作（PPP）实践创新，最初是旅游开发的融资回报模式，后来发展为一种养老服务 PPP 模式社会资本投资回报机制。具体起源于我国西部某县的旅游开发项目，当地政府为了对景观湖区的旅游资源全面开发，规划修筑一条通往景观湖区的旅游公路，由于政府财力不足而考虑引入社会资本。但通往湖区景点的旅游公路项目的收益预期不高，达不到社会资本的投资回报期望，因而吸引投资不到位，公路工程无法推进。由于湖区旅游公路未通，景点开发的投资者也无意投资开发。为了打破旅游公路与景区开发的博弈困境，该县政府与一家企业达成创新性的旅游公路建设协议：企业投资 5.27 亿元修建旅游公路，政府为补偿企业公路投资的亏损，无偿将景观湖区 50 年的开发经营权整体交予该企业，合作顺利进行。[1]

实践创新经验逐步转为政策导向，财金〔2017〕86 号文提出，探索养老服务 PPP 模式开发性资源补偿的回报机制，用以克服养老服务 PPP 模式融资难题，支持养老服务 PPP 模式良性发展。为此，开发性资源补偿从旅游开发的融资回报模式发展为养老服务 PPP 模式的一种投资回报机制。

(2) 开发性资源补偿机制的内涵

开发性资源补偿（即 Resource-Compensate-Project，"资源-补偿-项目"，英文缩写 RCP）应用于养老服务 PPP 模式中，通常是指政府配置土地、金融、物业、广告等经营资源，将与 PPP 项目相关的一定数量的资源开发权出让给项目公司，以养老设施或服务项目捆绑商业性项目的方式，提高 PPP 项目公司的整体营利能力，为稳定投资回报、吸引社会投资创造条件。开发性资源补偿选择可能产生期望投资回报的资源项目去补偿投资回报上不可行的项目，通过非经营性和经营性项目联动，带来公益性与营利性服务的联动，其本质上是政府和社会资本合作（PPP）模式的一种捆绑式投资回报

---

[1] 参见刘方强、周心愿：《RCP 项目融资模式解析》，载《建筑经济》2008 年第 3 期。

机制。[1]

开发性资源补偿相较于其他回报机制，可以进一步减轻政府的财政压力。经营性养老服务 PPP 项目借助开发性资源补偿，让项目投资者通过补偿资源的市场运营获取合理回报，从而调动投资者参与养老服务 PPP 的积极性，增加社会养老服务供给能力，有助于减轻政府的供给压力。

开发性资源补偿主要破解的是养老服务 PPP 项目运营、维护和管理问题。作为一种养老服务 PPP 社会资本回报机制，采用的是非经营性公共物品供给捆绑模式，通过向社会资本投资的养老服务 PPP 项目公司补偿资源，进行商业性项目开发，从而让社会资本获得投资回报。开发性资源补偿支持的经营性开发，主要目的在于运用商业项目支持养老服务运营，解决养老服务 PPP 社会资本投资回报问题。PPP 实践中，养老综合体就是经营性与公益性项目捆绑的创新，有利于充分发挥政府与社会资本两方面积极性，借助可开发资源为养老服务提质增效。[2]

8.1.2 开发性资源补偿的机制要求

前述经营性养老服务 PPP 案例研究说明，经营性养老服务 PPP 模式探索"养老+"新业态，促进政府扶持从补建设向补运营转变，通过资源补偿实现保障型养老服务、改善型养老服务与中高端养老服务绑定发展，拓展开发性资源补偿的投资回报机制，保障社会资本投资回报，激励社会资本参与多层次养老服务供给。

（1）探索多样化资源补偿方式。根据经营性养老服务 PPP 项目特点，政府对于开发性资源补偿机制的支持，可综合运用授权经营、资本金注入、土地入股、运营补贴、投资补助等多样化补偿方式。授权经营是政府将养老服务设施授权给社会资本运营，能够为社会资本免去设施建设的投资压力。资本金运营是政府为经营性养老服务 PPP 项目提供资本金注入，既可以减轻社会资本的投资压力，又可借助政府参与，为项目融资增信。土地入股，则是

---

[1] 参见朱蕊、王守清：《资源补偿项目（RCP）融资模式特许权要点设计——以某湿地公园项目为例》，载《建筑经济》2011 年第 9 期。

[2] 参见盛依婷、严运楼：《养老综合体 PPP 项目组合式回报机制研究》，载《工程经济》2019 年第 11 期。

地方政府利用土地资源支持 PPP 项目建设。运营补贴、投资补助，则是结合项目情况和地方政府实际能力采取的更加直接的支持方式。财金〔2017〕86号文关于 PPP 模式支持养老服务业发展的实施意见规定，鼓励经营性养老服务 PPP 模式将闲置厂房、商业设施及其他可利用的社会资源改造成养老服务机构；支持政府将社区养老服务打包，通过经营性养老服务 PPP 模式，由社会资本方投资、建设或运营，运用连锁经营理念，实现区域内的养老服务统一标准、统一运营；探索"养老+"现代服务业综合养老新业态，兴办养老主题产业，附加康养、体育健身、医疗、教育、文化娱乐、互联网等健康娱乐服务。此外，还可以利用渔业、砂石、林业等资源补偿方式，结合资源特色和地方政府实际情况，发展生态型养老服务等。

（2）兴建"养老+"新业态。建设养老为主题，结合康养医疗、体育健身、文化教育、娱乐休闲等现代服务业的"养老+"综合新业态，加强养老服务机构与医疗卫生机构、健康服务机构的密切合作，形成健康管理为基础、养老服务为核心、医疗服务为支撑的全生命周期养老服务链。[1]鼓励社会资本运用信息技术创新智慧养老运营模式，促进资源共建共享，降低项目经营成本，提高项目运营效率和投资回报水平。支持社会资本配套建设附属设施，在政策许可和合同约定范围内，开发康复医院、康养中心、疗养院等经营性项目，提高"养老+"新业态的综合营利能力。

（3）政府导向从补贴建设向补贴运营转变。经营性养老服务 PPP 项目运营比较复杂，风险因素多，社会资本获得预期回报比较困难。政府对于开发性资源补偿，可以从补助支持养老服务 PPP 的设施建设，转向更多补助支持养老服务 PPP 运营。政府的运营补助既要加大养老服务 PPP 财政资金投入，优化项目使用方式，促使财政资金从生产要素环节向终端服务环节转移，更要提高养老服务 PPP 的资源补偿，逐步从补贴建设向补贴运营转变，保障社会资本的投资回报利益。一些社会急需而且项目发展前景可观的经营性养老服务 PPP 项目，更应构建符合养老服务 PPP 运营需要的资源补偿方式，激励社会资本参与。

（4）多层次养老服务需求绑定发展。经营性养老服务 PPP 的资源开发补

---

[1] 参见尹德挺、廖闻文：《从国家战略高度重视"养老+"新业态》，载《北京观察》2021年第9期。

偿机制，不仅有利于满足中高端养老服务需求，而且还可以与保障型养老服务和改善型养老服务绑定发展，通过营利性服务补贴非营利性服务，促进多层次养老服务平衡发展。由于保障型养老服务和改善型养老服务的公共服务属性，非经营性与准经营性养老服务PPP项目的社会资本回报周期一般较长，营利能力低，这就可以考虑运用打包方式，支持公益性与营利性项目互补发展。如政府可以将机关与企事业单位所属的度假村、培训中心、招待所、疗养院等，作为开发性资源打包开发为养老服务项目；一些商业地产库存高、出租难的设施，也可以通过养老服务PPP模式，将闲置厂房、商业设施及其他可利用的社会资源改造成养老服务项目；城乡社区居家养老服务网点与综合服务设施，同样可以探索养老服务打包的资源补偿方式，交由社会资本方投资、建设或运营。[1]这样不仅开拓养老服务投资来源，还可以实现社区养老服务项目统一标准、统一运营，提高养老服务运营效率。

8.1.3 开发性资源补偿机制的优劣势分析

一方面，经营性养老服务PPP模式的开发性资源补偿机制具有自身优势。就社会资本来说，开发性资源补偿拓展项目进行商业性项目开发的机会，降低传统养老服务项目利润低、回报周期长的风险，提高项目投资回报收益，加快投资回报速度，保障社会资本合理收益。就政府方来说，经营性养老服务PPP模式的开发性资源补偿机制同样可以盘活资源，减轻政府的财政负担，减少政府协调和管理难度，规避项目风险，提高项目的运作效率。

第一，有利于加强资源开发。经营性养老服务PPP模式的开发性资源补偿机制既可以盘活闲置资源，又可以提高资源开发利益和效率。对于养老服务PPP项目，通常要等到养老设施建设完成，才能进行资源开发利用，而采用开发性资源补偿机制，可以实现养老设施建设与可开发的资源项目同步进行，大大加快资源的开发进程。

第二，减轻政府的财政负担。采用开发性资源补偿机制建设与运营的经营性养老服务PPP项目，其建设资金主要由社会资本方负责融资，政府大大减少资金投入压力，因而可以降低政府财政压力和债务负担。

---

[1] 参见新华社：《三部门发文鼓励发展养老服务PPP项目》，载 https://www.gov.cn/xinwen/2017-08/21/content_5219360.htm，最后访问日期：2022年3月6日。

第三，减少政府协调和管理的工作量。经营性养老服务 PPP 模式的开发性资源补偿机制下，由项目公司承担 PPP 项目的融资、投资、设计、施工、运营、维护等工作，相较于政府直接投资建设与运营维护，政府协调和管理的工作量大大降低，政府可以有更多精力聚焦于养老服务规划。

第四，规避政府的项目风险。采用经营性养老服务 PPP 模式的开发性资源补偿机制下，投资风险主要由社会资本方承担，政府融资风险大大降低。

第五，提高养老项目的运作效率。养老服务 PPP 项目资金投入比较大、建设运营周期长，由于经营性养老服务 PPP 项目为社会资本负责运营，贷款机构对项目的审查、监督更加严格，社会资本自身为了降低风险，获得期望的投资回报收益，自我加强管理主动性更强，更有动力控制成本并提高服务质量，从而有利于提高项目运作效率。[1]

另一方面，经营性养老服务 PPP 模式的开发性资源补偿机制同样存在不足，需要政府和社会资本增强全面认识，发挥机制创新的长处，克服机制存在的不足。[2]

首先，经营性养老服务 PPP 项目前期费用较高。由于此类经营属性的 PPP 项目商业风险较大，社会投资者往往会经过一个较长时期的调研、谈判与磋商过程，历时长，项目前期的费用较高。

其次，政府对于项目控制力不够的风险。经营性养老服务 PPP 模式的开发性资源补偿机制，通常采用特许经营和授权开发等方式，项目期间政府一般难以对项目开发权和经营权进行有效控制，同时还会丧失相应资源的开发经营权，对此政府应注重通过项目合同加强监督约束。

再次，社会资本合作方的选择存在风险。经营性养老服务 PPP 模式成功与否，很大程度上取决于项目公司能力，对政府方而言，能否选择到合适的社会资本合作方，存在不确定性。因而，在选择社会资本合作伙伴方面，政府要承担较大的风险，应慎重选择资质优越、实力雄厚的投资方。

最后，项目投资回报率确定的风险。就经营性养老服务 PPP 模式的开发性资源补偿机制而言，投资者往往期望的投资回报率较高。过高投资回报，损害公共利益；过低投资回报，挫伤社会资本积极性，这就要求政府建立投

---

[1] 参见刘方强、周心愿：《RCP 项目融资模式解析》，载《建筑经济》2008 年第 3 期。
[2] 参见杨涛等：《PFI 和 RCP 融资模式的比较研究》，载《特区经济》2011 年第 7 期。

资回报的科学测算机制。

8.2 开发性资源补偿投资回报机制的运用

养老服务 PPP 项目运作实践表明，非经营性与准经营性养老服务 PPP 项目回报机制商业运营空间有限，制约社会资本参与养老服务 PPP 模式的积极性。经营性养老服务 PPP 模式的开发性资源补偿方式，拓展项目商业开发空间和营利能力，尊重社会资本投资回报诉求，通过经营性养老服务绑定非经营性和准经营性养老服务，能够促进各类养老服务 PPP 模式协调发展。

8.2.1 开发性资源补偿的运用程序

开发性资源补偿回报机制按照"资源-补偿-项目"的运作程序，主要包含以下几个步骤。[1]

第一，确定拟实施开发性资源补偿回报机制（RCP）的经营性养老服务 PPP 项目。这类项目定位于中高端养老服务，而且具有适合商业开发的资源，在充分调研与论证基础后，政府管理部门选择合适的项目作为拟采用 RCP 模式进行融资、建设和运营的养老服务的 PPP 项目。

第二，完成项目立项。政府管理部门委托第三方专业咨询机构，对拟采用开发性资源补偿回报机制的经营性养老服务 PPP 项目完成《项目建议书》《可行性研究报告》《环境评价报告》，按照政策文件指导的程序，完成项目立项工作。

第三，确定资源补偿方式。政府依据相关政策文件和前期可行性研究报告书，以及可开发的资源情况，确定可行的资源补偿方式。

第四，发布招投标公告。政府管理部门对拟实施开发性资源补偿回报机制的经营性养老服务 PPP 项目，通过媒体发布招投标公告，寻找潜在的经营性养老服务 PPP 项目的社会资本投资者。

第五，PPP 合同谈判与签订。政府主管部门与具有合作意向的项目投资者进行谈判，双方就拟建经营性养老服务 PPP 项目及其投资回报机制等充分协商，包括经营性养老服务 PPP 项目的建设内容、运营目标、政府的资源补

---

[1] 参见刘方强、周心愿：《RCP 项目融资模式解析》，载《建筑经济》2008 年第 3 期。

偿、双方权利及义务、特许经营权的授予、不可抗力及风险分担等方面内容,协商达成一致后签订经营性养老服务PPP项目合同。

第六,项目实施。经营性养老服务PPP项目实施,包括工程设计、建造、运营、移交和资源开发等过程。合同订立后,社会资本主持成立PPP项目公司,进入实施阶段,着手施工设计、工程招标、工程施工等工作。工程竣工验收后,开始进入商业运营阶段。项目实施期间,政府和社会资本投资者必须确保项目从设计、建设到运营和维护都完全遵守合同规定的要求。经营性养老服务PPP项目实施的同时,项目公司对政府补偿的资源进行开发,通过资源开发获得投资回报收益。

8.2.2 开发性资源补偿的运用经验

根据财政部PPP综合信息平台项目库信息,经营性养老服务PPP项目有一定比例运用开发性资源补偿机制,通过开发性资源的商业运作保障社会资本的利益回报。实践表明,开发性资源补偿回报机制的运用,必须选择合适的开发性资源补偿方式,政府为开发性资源商业运作提供政策支持,通过开发性资源补偿养老服务公益性,实现经营性养老服务PPP模式商业性与公益性协调发展。

第一,明确开发性资源补偿方式。首先,以多种有偿使用方式供应养老服务设施用地。土地资源是开发性资源补偿的重要方式,包括新增建设土地补偿、存量建设土地资源,还有集体建设用地资源,不同土地资源的具体补偿和开发必须符合相关法律规定,养老服务PPP项目社会资本可以通过土地开发获得利益回报;生态资源是"养老+旅游"的经营性养老服务PPP项目重要资源,包括山水林田湖草等都可以作为生态开发性资源补偿方式,用于经营性养老服务PPP项目社会资本开发,进而获得利益回报;此外还有养老机构、厂房等闲置设施资源补偿,金融等政策性资源补偿等,支持养老服务PPP项目社会资本方获得开发回报。其次,灵活运用资源补偿方式。以土地资源补偿为例,对于单独成宗供应的经营性养老服务PPP项目设施用地,可运用租赁、先租后让、出让等方式供应,应鼓励优先以租赁、先租后让方式供应。对于国有建设用地使用权的出让与租赁,如果同一宗养老服务PPP项目建设用地只有一个意向用地者,政府主管部门可按照协议方式出让与租赁。

如果有两个以上意向用地者，按照政策规定应当采取招标、拍卖、挂牌方式出让与租赁。如果存量土地需要改变用途，经审查符合政府规划，市政府主管部门可依法依规办理土地用途改变手续。最后，盘活存量资源的补偿方式。经营性养老服务 PPP 项目实施建设实行过渡期政策，支持盘活商业、办公、工业、仓储存量房屋以及社区用房等。使用存量房屋，在符合规划且不改变用地主体的前提下，可在五年内实行继续按土地原用途和权利类型适用过渡期政策；如果过渡期满，可以按新用途、新权利类型和新的市场价格以协议方式办理转让手续。[1]

第二，支持开发性资源商业运作。经营性养老服务 PPP 模式获得开发性资源，属于政府支持的社会资本投资回报方式。在政府和社会资本合作过程中，政府应支持开发性资源商业运作。养老服务 PPP 模式除了养老服务本身所具有的社会价值外，与项目相关的开发性资源具有极大的商业开发价值。为此，为了提高经营性养老服务 PPP 项目，政府应大力支持社会资本开发养老服务 PPP 项目相关资源，发展旅游、养生等产业，吸引游客为开发性资源商业运作提供充足的消费群，不仅保障经营性养老服务 PPP 项目社会资本方投资回报，还能进一步吸引更多市场主体投资养老服务业，最终形成协同发展的良好局面。政府支持开发性资源商业运作，实际上也是为社会资本方创造商业价值，为经营性养老服务 PPP 项目提供更大的营利空间，满足社会资本的回报期望。此外，经营性养老服务 PPP 项目稳定的营利预期，也会赢得银行等金融机构的青睐，使得项目公司或社会资本方在融资中获得高信用级别的长期融资，形成经营性养老服务 PPP 项目可持续发展的态势。

第三，以开发性资源补偿公益性。经营性养老服务 PPP 的开发性资源商业化运作，作为一种社会资本投资回报机制，不同于一般的私营养老服务项目。政府支持的开发性资源，主要是补偿公益性养老服务的收益，保障社会资本的投资回报。因此，商业开发不是全部，而应以商业开发支持和补偿公益性养老服务。采用开发性资源补偿作为回报机制的经营性养老服务 PPP 项目，建设内容通常划分为 A、B 两部分，其中 A 部分用于养老服务，具有公

---

[1] 参见《自然资源部关于加强规划和用地保障支持养老服务发展的指导意见》(自然资规〔2019〕3 号)，载 http://www.gov.cn/xinwen/2019-12/05/content_5458765.htm，最后访问日期：2022 年 3 月 8 日。

益性；B 部分用于商业开发，具有营利性。开发性资源项目运营期内，政府和社会资本合作的养老服务 PPP 项目公司被授予项目规划范围内的开发性资源特许经营权，该部分资产归属于养老服务 PPP 项目公司，项目公司在约定范围内进行商业开发。换句话说，经营性养老服务 PPP 项目中所补偿的开发性资源受体为项目公司，且补偿资源为养老服务项目相关的配套资源，而非额外补偿，并且补偿资源的开发被限定使用范围。同时，养老服务 PPP 项目公司通过特许经营方式从政府获得商业开发机会，运用资源补偿和特许经营权补偿，既可以增加预期收益、保障社会资本收益回报，也能减轻政府缺口补助方面的财政压力，达到以开发性资源补偿公益性的效果，实现商业性与公益性协调发展。

8.2.3 开发性资源补偿运用的问题

开发性资源补偿回报机制如果能够在养老服务 PPP 模式中得到充分运用，必将激励社会资本投资养老服务 PPP 基础设施与服务项目，提升养老服务供给效率，进一步缓解我国老龄化资金缺口和治理问题。但考虑到开发性资源补偿回报机制尚处于探索之中，运用于实践时应注意分析存在的问题，不断予以完善。

首先，资源补偿方式的选择问题。开发性资源补偿的核心，是用高收益的经营性资源项目支持社会资本的收益回报，在综合性养老开发项目中，则可以补偿非经营性或准经营性养老服务项目的投资。资源的补偿方式将直接影响社会资本投资方的收益回报和投资积极性，因此，经营性养老服务 PPP 模式的政府合作部门应进行充分调查分析，选择合理可行的资源补偿方式，确保投资者获得合理的投资回报。

其次，资源补偿方式的法律问题。为激励社会资本投资养老服务领域，完善经营性养老服务 PPP 模式及其回报机制，最近十多年来，我国政府颁布实施一系列的相关经济、金融政策与法律法规，为资源补偿方式的运用提供法律保障。但是，我国法律体系关于经营性养老服务 PPP 模式及其回报机制的保障还存在诸多不完善的地方，特别是资源补偿方式这种新型的社会资本投资回报机制，政府与社会资本及其相关各方之间的权益和责任都需要进一步明确规定。因此，应加快经营性养老服务 PPP 模式及其回报机制相关立法步伐，对资源补偿方式实施过程中所需的法律进行完善。

再次，政府服务的有效性问题。经营性养老服务 PPP 模式的政府和社会资本是一种合作伙伴关系，政府资源补偿方式选定后，还需要提供必要的服务，这中间包括土地资源的征用、已有设施的盘活，涉及比较复杂的多主体关系，政府的协调支持很重要。对于资源补偿方式这种具有创新性的社会资本投资回报方式，还需要政府部门在相关环节简政放权、放管结合、优化服务，本着合作伙伴的契约意识与协作精神，为养老服务 PPP 模式资源补偿方式的实施创造良好环境，确保 PPP 项目顺利实施，促进公益性和营利性的利益协调，实现政府、市场主体和养老服务对象多方共赢。

最后，资源补偿机制的优化问题。对于可开发性资源补偿的回报机制，需要有试点实践的优化过程。政府应积极支持可开发性资源补偿试点探索，调动社会资本参与 PPP 模式的积极性。土地、存量养老设施、闲置厂房、社区资源，以及医疗、旅游、教育培训等，均可作为可开发资源，纳入经营性养老服务 PPP 模式的可开发资源补偿回报机制。在试点过程中，突出重点加强可开发资源补偿机制的优化，完善有形收益与无形收益结合的补偿机制，优化社会资本关注的土地资源和金融资源等补偿机制。

8.3 养老服务 PPP 开发性资源补偿投资回报机制的优化

开发性资源补偿回报机制的优化主要体现在两个方面，一方面是收益回报机制，应拓展社会资本收益回报方式，不仅包括社会资本的有形收益补偿，还应探索社会资本的无形收益补偿。另一方面是资源补偿机制，特别是重点优化社会资本关注的土地资源、金融资源等可开发资源补偿机制。

8.3.1 开发性资源的收益补偿机制

经营性养老服务 PPP 模式借助开发性资源的收益保障社会资本的投资回报。发改投资〔2014〕2724 号文指出，对于养老服务 PPP 项目可适当向地方下放价格管理权限，依法依规为养老服务 PPP 项目配置土地、物业、广告等经营资源，为稳定投资回报、吸引社会投资创造条件。收益补偿不仅指货币收益直接补偿，也可以是社会声誉、潜在收益等非货币形式的收益间接补偿。政府可以运用货币与非货币形式对项目直接或间接补偿，以达到项目预期收益，保障养老服务PPP项目正常开展。资源补偿运作方式既指经营性养老服务PPP项目的商业资源开发权，也可以针对综合性养老服务PPP项目，即将准经营性、非经营性项目和经营性项目捆绑"搭售"，通过经营性养老服务项目的商业资源开发，弥补准经营性、非经营性项目回报不足问题，综合平衡保障社会资本合理投资回报。

(1) 有形收益补偿的优化

政府可以为经营性养老服务PPP项目配补适当的开发资源、配套服务及副产品，通过商业开发营利，克服因项目收费困难或收费不足造成收益过低的难题，即所谓的有形公共资源供给的捆绑模式或联合供给模式。

首先，授权资源开发权，增加项目收益。政府对经营性养老服务PPP项目公司进行可开发资源授权，将养老服务项目周边一定数量的土地、旅游资源等的开发权出让给养老服务PPP项目公司，项目公司利用周边资源开发产生的收益，补贴养老服务项目收益的不足，达到合理投资回报收益。[1]政府还可以运用与周边关联商业项目如休闲养生中心、餐厅、地下停车场等捆绑开发的方式提高项目公司的整体营利能力，以确保项目投资者获取收益，调动投资者的积极性。

其次，增补配套服务，拓展收益链条。经营性养老服务PPP项目设施建成运营后，政府可授权项目公司提供能够产生预期收益的配套服务，如医疗、康复保健、娱乐健身、餐饮、物业等，这样不仅可以通过拓展项目开发的价值链，满足目标群体多元化的需求，也拓宽收入来源，支持项目公司获得比较稳定的现金流收益。

最后，开发副产品，增加收益来源。经营性养老服务PPP项目公司在提供养老产品或服务时，可以附带生产出具有商业价值的经营性副产品，如养老设施外墙的广告、建筑作品知识产权的授权使用等。通过提供服务老人需求的多元化副产品，可以弥补或增加项目公司收益。

(2) 无形收益补偿的优化

社会资本的投资回报收益不仅仅是货币形式的收入，还包括能够为其自

---

[1] 参见孙中瑞等：《运用PPP模式盘活存量文体设施的难点分析及解决建议》，载《建筑经济》2021年第6期。

身增加社会美誉度、为其长远发展提供支持的知名度、潜在收益等非货币形式的收益。如经营性养老服务PPP项目公司的养老服务及其配套设施和周边道路桥梁的名称可以授权社会资本方冠名，提高社会资本的影响力和美誉度。在这一点上，其他项目可开发性资源授权合作的经验可以提供有益的启示。如丰田汽车公司曾捐赠350万元人民币在天津建造过街天桥，政府将该桥的冠名权授给丰田公司，命名为"丰田桥"。[1]合肥市为支持美菱和荣事达家电公司的投资发展，以企业名称命名了"美菱大道"和"荣事达大道"。这些案例中的社会资本未必获得直接现金收益，但收获了巨大的隐性声誉，得到的是无形的收益补偿，经营性养老服务PPP项目可以借鉴。

8.3.2 开发性资源的土地补偿机制

土地作为一种开发价值高的稀缺资源，是社会资本重点关注的开发性资源补偿方式。经营性养老服务PPP项目推行土地资源补偿需要在当前土地管理政策框架下执行，避免与相关政策法规冲突招致项目建设与运营风险。为推动项目的顺利开展，PPP项目各参与主体需协商选择开发性资源土地补偿机制，充分遵照国家土地政策及其改革方向，积极优化补偿机制和操作程序，保证项目资源补偿的合理合法，有效可行。[2]在此基础上，具体还需要考虑国有土地和农村集体土地等不同土地属性，采取针对性的优化举措。

（1）国有土地资源补偿的优化

根据现行法律法规及已有PPP项目实践经验，国有土地资源补偿的优化，可进行土地一二级联动开发和土地综合开发。

一方面是土地一二级联动开发。指的是土地、房屋两级市场联动开发，即项目公司从事土地一级开发的同时，通过一定的方式参与甚至主导二级开发。一二级联动开发对于经营性养老服务PPP项目的社会资本方来说，由于土地成本可控，可以节省开发建设成本，而且从事一级开发的养老服务PPP项目公司比其他企业更熟悉整个开发项目用地的状况，在人力资源、土地开

---

[1] 参见刘松、费俊亮：《PPP项目资源补偿——土地资源补偿探析》，载《经济》2016年第6期。

[2] 参见孟斌：《土地资源参与PPP模式项目的探讨》，载《中国招标》2018年第47期。

发状态、拆迁遗留问题、工程进度要求等方面更有优势。对于政府而言，养老服务 PPP 项目公司负责一二级联动开发，可以解决一级开发资金不足的问题。为此，在土地资源补偿过程中，政府可以优化招拍挂程序实现一二级联动开发。如在招拍挂文件中为养老服务 PPP 项目公司量身设置一些条件，以及在地块内预先建设规划技术指标条件所要求的辅助设施、配套设施等。

另一方面是土地综合开发。国家明确支持 PPP 项目补偿用地综合开发。政府可鼓励经营性养老服务 PPP 项目公司对补偿的养老建设用地的地上、地下空间进行综合开发，支持 PPP 项目公司养老设施用地与商业开发用地一体规划，按照市场化、集约化原则实施综合开发，以开发收益支持养老服务 PPP 收益回报。一是鼓励经营性养老服务 PPP 项目盘活现有养老项目用地，以现有养老项目及周边地区相关规划为依据，支持养老服务 PPP 项目公司利用自有土地、平等协商收购相邻土地、依法取得的划拨用地进行综合开发，可分层设立建设用地使用权，提高利用水平。二是鼓励新建经营性养老服务 PPP 项目实施土地综合开发，明确土地综合开发项目与对应养老服务设施一体规划、联动供应、立体开发、统筹建设，合理确定综合开发用地边界。三是完善经营性养老服务 PPP 项目的土地综合开发配套政策，编制养老服务 PPP 项目土地综合开发相关规划；完善综合开发用地的供应模式，并对综合开发用地指标予以计划单列；完善相关工程的建设标准规范等。

（2）集体土地资源补偿的优化

经营性养老服务 PPP 项目的开发性土地资源补偿可以充分利用农村集体土地。主要因为：一方面，农村老龄化对养老服务 PPP 项目提出了需求；另一方面，国家政策逐步放开，支持使用农民集体土地举办养老服务业并扶持养老服务 PPP 项目产业化发展。《国务院办公厅关于推进养老服务发展的意见》（国办发〔2019〕5 号文）明确提出"鼓励各地探索利用集体建设用地发展养老服务设施"。[1] 自然资源部随后也颁发文件，对利用集体建设用地发展养老服务设施方面进行具体规定：农村集体经济组织可依法使用自有建设用地自办养老服务设施，或以建设用地使用权入股、联营等方式与其他单位和

---

[1] 参见《国务院办公厅关于推进养老服务发展的意见》（国办发〔2019〕5 号），载 https://www.gov.cn/zhengce/content/2019-04/16/content_5383270.htm，最后访问日期：2022 年 3 月 20 日。

个人共同举办养老服务设施；鼓励盘活利用乡村闲置校舍、厂房等建设敬老院、老年活动中心等乡村养老服务设施。[1]一些地方充分利用政策优惠，通过非经营性与经营性养老服务PPP项目综合开发，盘活农民集体所有的土地兴办养老设施，丰富养老服务供给。

实践中部分地方政府对养老用地政策进行创新探索，允许符合一定条件的企业（包括养老机构）使用农民集体所有的土地。深圳支持用农民集体所有的土地开发养老地产，规定对于原农村集体经济组织继受单位尚未进行开发建设的、规划为机构养老设施的合法用地，鼓励原农村集体经济组织继受单位自行举办机构养老设施；对于尚未完善征（转）地补偿手续且规划为机构养老设施的用地，可以采取招拍挂方式公开出让土地使用权。政策还明确了土地收益分配，所得收益的50%纳入市国土基金，50%归原农村集体经济组织继受单位。[2]以上规定分析可见，集体土地上举办养老服务业，就其开发主体而言，可以是政府、集体经济组织或者社会资本；就其性质而言，鼓励不以营利为目的的开发，取得合理回报收益的非经营性、准经营性和经营性养老服务PPP项目原则上符合政策规定。可见，农村集体土地可作为经营性养老服务PPP项目开发资源补偿的重要来源。

8.3.3 开发性资源的金融补偿机制

经营性养老服务PPP项目融资不到位，可能导致PPP项目合同提前终止，给政府和社会资本方带来一系列合作问题。建立开发性资源金融补偿机制，有助于促进项目成功合作，实现政府、社会资本、金融机构和养老服务需求者共赢。

（1）开发性金融

开发性金融是很多发展中国家基础设施和公共服务领域的重要融资渠道之

---

[1] 参见《自然资源部发布关于加强规划和用地保障支持养老服务发展的指导意见》（自然资规〔2019〕3号），载 https://www.gov.cn/xinwen/2019-12/05/content_5458765.htm，最后访问日期：2022年3月20日。

[2] 参见《深圳市规划和国土资源委员会关于印发〈深圳市养老服务设施用地供应暂行办法〉的通知》，载 https://www.sz.gov.cn/zfgb/2015/gb919/content/post_4982850.html，最后访问日期：2022年3月28日。

一,也是PPP项目建设与运营的重要金融政策工具。[1]不同于传统商业银行,开发性金融机构作为独立金融法人,一般由政府支持,以执行公共政策为目标,是纠正市场失灵、培育市场和促进结构转型的有力政策工具与金融工具。

不同国家的开发性金融在所有权、资金来源、金融工具、运营模式、目标和对政府依赖度方面存在较大差异,但基本具有由政府支持、执行公共政策而非利润最大化并提供长期资金支持的特征,其运作形式包括但不限于开发银行、出口信贷机构、担保和股权投资机构等。狭义来看,我国在20世纪90年代成立的中国国家开发银行、中国进出口银行和中国农业发展银行三个政策性银行,即是开发性金融。但从广义来说,中信保、财政部下属的PPP基金、绿色清洁基金,以及一些中央和地方的引导性基金,都可以归入开发性金融的范畴。[2]

经营性养老服务PPP项目一般投资大、回报周期长,更需要政府给予开发性金融资源补偿支持。在我国,从资金融通看,商业银行和其他资本市场金融机构出于监管机构的经营定位,优先考虑短期业绩和收益,回避回报周期长、低成本、不确定风险高的项目,经营性养老服务PPP项目建设和运营通过传统金融机构融资存在困难。开发性金融资源以政府作为主导,可以填补经营性养老服务PPP项目依赖市场竞价原则融资难、授信不足的缺憾,促进养老服务PPP模式政府政策导向落实,为项目顺利实施提供融资保障。

(2) 开发性金融资源补偿的优化

开发性金融资源补偿的优化,重点在于两个方面。一方面,引导开发性金融直接支持经营性养老服务PPP项目。尽管国家发改委与国家开发银行联合下发了《关于推进开发性金融支持政府和社会资本合作有关工作的通知》(发改投资〔2015〕445号),但PPP实践中,商业银行由于授信注重企业资产实力、信用评级等因素,对于纯项目融资风险数据积累不够,因而对PPP项目融资介入较谨慎。而开发性金融在整个基础设施投融资市场体量仍然比较小,相比于规模更大的商业金融机构占比有限,对PPP项目融资支持还有

---

[1] 参见包许航、叶蜀君:《试论开发性金融对提高PPP项目落地率的特殊作用——基于三方相互威慑讨价还价模型》,载《中央财经大学学报》2018年第2期。

[2] 参见徐佳君等:《当代开发性金融的复兴》,载《金融博览》2019年第10期。

待加强。[1]近年来，我国PPP市场投资规模已达万亿元，需要发挥商业银行和开发性金融机构的合力，政府在调动商业银行积极性的同时，应鼓励政策性银行等开发性金融机构示范参与，重点支持具有重要社会影响和经济影响的经营性养老服务PPP项目融资。

另一方面，政府将开发性金融引入经营性养老服务PPP项目前期筹划，带动后续项目商业开发融资。一直以来，公共服务领域的投融资创新是地方政府面临的重要任务。经济发达的地区可选的金融渠道相对多元化，而欠发达地区PPP项目融资渠道和融资规模均薄弱，需要政府发挥开发性金融的政策牵引和政策落实作用，就经营性养老服务PPP项目来说，政府需将开发性金融引入项目前期筹划，将资金和技术的优势统筹起来推进项目开发。开发性金融不仅作为资金的提供者，同时作为项目开发参与者，其专业优势可以推进项目滚动式开发，以点带面带动后续经营性养老服务PPP项目的商业化融资。

---

[1] 参见梅建明、邵鹏程：《开发性金融助力PPP模式高质量发展初探》，载《行政事业资产与财务》2020年第17期。

第9章 完善养老服务 PPP 模式社会资本投资回报机制的治理保障

有关理论研究、政策分析和案例思考,以及我国快速老龄化的养老服务形势都表明,养老服务 PPP 模式的回报机制构建本质是社会治理变革,由于相关治理配套政策和制度尚欠成熟,其在 PPP 实践中还存在不少问题与阻碍,需进一步加强治理环境建设,按照建机制、分步骤、有重点推进的总体思路,从健全法律规范、强化契约行为、创新发展形式、提升精准治理等方面不断努力,推动养老服务 PPP 模式取得切实成效,缓解我国快速老龄化的养老服务供给压力。

9.1 健全法律法规

我国养老服务 PPP 模式的发展存在立法层级较低、适用条款不清晰、不同法规政策矛盾等情况,立法的缺失与不完善造成 PPP 模式现实运行监管乏力。健全养老服务 PPP 模式及其社会资本投资回报机制的法律法规,才能有效降低政策的不确定性,解决现有法规效力低下且相互存在冲突的问题,维护养老服务 PPP 项目利益相关者的合法权益。一方面,加快中央层面和地方多层次 PPP 法制体系建设,可充分借鉴国际上主要国家 PPP 立法的专业经验,总结探索我国养老服务 PPP 试点过程中的实践情况,分析典型案例暴露的问题,制定统一、权威的养老服务 PPP 专项法律,为 PPP 项目顺利推进保驾护航。另一方面,应加强监督体系的立法,明确养老服务 PPP 项目主体责任与权限,重点把握契约关系、风险承担方式等关键环节,从法律层面明晰政府和社会资本权责关系,运用法律手段加强监管,确保养老服务 PPP 项目合作方有法可依。[1]法律层面的监管是双向的,既包括政府维护公共利益监督社会资本的行为,也包括社会资本维护自身合法权益监督政府、防止权力滥用的行为。

9.1.1 健全法制体系

完善法律法规是养老服务 PPP 项目顺利进行的保障。养老服务具有鲜明的公共性,养老服务 PPP 法律体系建设,为社会资本与政府合作提供一个健全的法律体系环境,有利于 PPP 模式在养老服务领域最大限度发挥公共效用。养老服务 PPP 合作主体共同承担风险,互利共赢,各方权责必须有明确的法律依据,通过完善的养老服务法律法规保护各方合理利益,规范 PPP 的实践运作。

我国目前关于养老服务 PPP 模式及其投资回报机制的立法层级不够高,层次不完整。一方面,规范养老服务 PPP 模式运行的法律法规,多由国务院相关部门或地区制定,法律层级较低,约束性较差;部门或地区法规关于养老服务 PPP 模式及社会资本投资回报方面缺乏紧密联系和互补关系,未形成完整的法律体系。国务院各部门关于 PPP 模式的政策法规,多以工作通知与指导意见的形式颁布,这些政策法规指导及时,针对性强,但约束效力不高,且前瞻性和系统性不够。部分社会资本因养老领域 PPP 实践缺乏权威的立法保障,认为法律风险较大,合作信心不足。因此,国家立法机关应在条件具备时完善 PPP 立法,增强法律的权威性和指导性,真正做到养老服务 PPP 模式及其投资回报机制建构有法可依。另一方面,养老服务 PPP 模式涉及很多参与方,特别是政府各参与方具有不同行政层次,需根据层次制定明确、具体的法律法规,从立法层面界定各层次参与方权利与义务。国务院制定的工作通知与指导意见为 PPP 模式提供了国家层面的指导,民政部、财政部应着重研究部门职权内的 PPP 立法,将法治理念注入养老服务 PPP 模式中,同时部门之间的立法应加强协调,形成互补,对养老项目 PPP 模式的风险分担、伙伴关系、契约制定、权责关系、监管机制等方面进行有效规范,为养老服

---

[1] 参见徐玖玖:《公私合作制 PPP 项目法律激励机制的制度重估及其优化》,载《商业研究》2019 年第 6 期。

第9章　完善养老服务 PPP 模式社会资本投资回报机制的治理保障

务 PPP 项目的实施提供法律依据;[1]各地方制定养老服务 PPP 模式相关法规时,应具体考虑与其他法律的适应性,确保养老服务 PPP 模式相关法律不与其他部门法规相抵触,在不违背现有法律法规的基础上,体现地方特点和创新灵活性。

完善养老服务 PPP 项目的法律法规。第一,应进一步明确养老服务 PPP 发展模式内涵、参与主体及具体合作框架,将项目参与方权、责、利关系以书面形式界定清晰。第二,对养老服务 PPP 项目应用领域、项目评价、风险分担、利益分配等基本法律问题进行合理有效规范。在此基础上,相关主管部门可制定详尽的项目实施细则,进一步明确政府授权、融资渠道、市场准入、退出机制以及信息公开等方面的制度内容。第三,应注意 PPP 法律以及行业规范的一致性,促进养老服务 PPP 项目的规范化发展。强化信用约束机制建设,以法律条文方式明确双方利益与风险分担机制,明确信用法律责任。[2]

养老服务 PPP 项目管理同样需要有法可依。养老服务 PPP 项目运作是长期的系统工程,从立项申请到项目落实、运营、移交都是全新探索,且投入资金大、持续时间长、涉及的责任主体及利益主体多,因此,应尽快完善项目管理立法工作,做好法律与政策衔接,推动养老服务 PPP 项目的发展。一是特许经营立法。养老服务 PPP 项目与工程招标等基础设施项目相比具有一定特殊性,需要制定具体的特许经营法律文件,指导养老服务 PPP 项目运作。二是权责立法。明确划分责任担当、利益分享补偿方面的法律依据,使养老服务 PPP 项目运作过程中的固定资产和流动性资产所有权、利益分配、融资及经济补偿得到相应法律保护。[3]三是合同管理立法。合同是养老服务 PPP 项目主体合作的关键文件,养老服务 PPP 项目政府方追求社会价值,社会资本方追求经济效益,双方利益存在一定差异,但都需要通过 PPP 项目实现利益,而这些利益差异与利益契合,都需要通过契约明确责权利,形成合同条款并督促合同履行。

---

[1] 参见明珠:《我国 PPP 立法存在的问题及对策》,载《法制与社会》2016 年第 33 期。
[2] 参见徐玖玖:《公私合作制 PPP 项目法律激励机制的制度重估及其优化》,载《商业研究》2019 年第 6 期。
[3] 参见章萍:《养老服务 PPP:从理论逻辑到实践运作》,中国政法大学出版社 2019 年版,第 134 页。

9.1.2 健全监管体系

养老服务 PPP 模式政府和社会资本合作主体都存在各自的利益诉求，难免在项目推进过程中出现自利行为，因此，建立相应的监管体系十分必要。合作治理理论主张多元主体参与，养老服务 PPP 模式形成利益关联的共同体，多方共治推动 PPP 健康发展，养老服务供给侧提质增效，从而养老服务 PPP 利益共享真正得以实现。对于项目合作中存在寻租和腐败问题，政府应积极强化对其他利益主体的监管，同时加强社会监督，为 PPP 可持续发展提供透明法治环境。

养老服务 PPP 项目监管体系是立体的，包括政府监管、公众监管和第三方专业机构监管。[1] 首先，完善政府内部监管。政府对养老服务 PPP 项目具有监管责任，加强项目全生命周期绩效监管，明确资金的流向和用途，确保项目运行的经济效益与社会效益。政府作为项目的内部监管者，从建立科学标准市场准入制度作为事前监督开始对项目予以支持，在科学调研论证前提下，制定 PPP 项目的社会资本准入制度。严格准入机制能够在事前审核社会资本方的实力和诚信水平，挑选出适合的社会资本合作方。养老服务 PPP 项目由政府主导意味着项目要满足公众需求，在项目运作过程中政府应建立起对 PPP 供给效率中关于养老服务能力的考核，正确对待政绩与权力，重点关注养老服务供给的内容、质量与效益，更不能忽视公众满意程度。要时刻关注项目的运作效果，考评社会资本方的运营能力对于项目效率的影响，防范社会资本不当行为破坏项目的顺利运作。

其次，强化社会公众外部监管。社会监管是养老服务 PPP 监管体系的重要外部监管力量，强化社会公众与媒体监督作用。[2] 老年人作为直接消费者需有效发挥监督作用，社会公众与媒体也需发挥自身的社会监督功能。在提供养老服务的实践过程中，社会公众有权监督购买行为、督促养老服务供给者改进服务质量，积极利用新媒体等新兴媒体手段，充分发挥大众媒体的监

---

[1] 参见安彤等：《新媒体环境下公众参与的 PPP 项目绩效监管研究》，载《工程管理学报》2022 年第 1 期。

[2] 参见李妍、王学英：《公众参与监督视角下 PPP 项目三方演化博弈分析》，载《管理工程师》2022 年第 3 期。

督作用。满足老年群体的养老服务需求,是 PPP 项目发起的根源,政府、社会资本与公众间应该保持提供服务、利益共享的和谐关系。为了防止养老服务 PPP 项目公司追求自身利益最大化,以不对称的信息优势做出自利行为导致公共利益受损,社会公众在 PPP 项目中的全流程参与是保障项目成功运行的重要因素。[1]公众参与 PPP 项目首先需转变对于公民角色的认知。在互联网时代,公众获取信息的机会和速度大大增加,不再是政府执政的被动接受者,而是积极自由地参与养老事务的主人翁。公众素质影响着参与效率。第一,发挥舆情监督作用。利用电视、网络等使公众正确认知 PPP 在项目过程中的作用,使其自愿参与到 PPP 项目各环节中。第二,重视 PPP 项目开放性。政府部门借助大众媒体、教育讲座等形式,提高公众参与养老服务 PPP 项目的专业素养,让公众了解 PPP 运作的基本知识和模式特点,提高参与能力,良好的参与素养是公众参与机制真正发挥功效的前提保证。第三,政府建立社会参与的机制。在明确养老服务 PPP 项目中公众参与主体、参与领域以及参与方式的前提下,设计信息传递和反馈渠道,让公民真正有机会参与到 PPP 项目中。项目运作透明化能有效控制项目中的机会主义行为,尤其是寻租腐败行为的发生。在参与形式上,使公众亲身参与到养老服务 PPP 项目的决策中来,降低监督成本,同时提高公众参与的热情。项目具体运作过程中,采用公众体验的方式,实现对项目质量、效率及定价等方面的监督。全面监督体系和渠道的建立,有助于减少养老服务 PPP 项目中政府和社会资本的不当行为。

最后,增强第三方专业机构监管。公共选择理论认为,政府作为公共产品的主导方无法监督其自身,而需受各方监督,需以制度形式对政府进行监督,防止因垄断产生寻租行为。完善的监管机制是 PPP 模式良好运营的重要保障,养老服务 PPP 项目关系老年人切身利益,因此需要完善的监管机制来对项目建设、运营等方面进行监督约束。政府在项目中既是参与者又是监督者,容易利用职权之便为己谋利,政府存在监管角色不明确、监管合理性有待论证的问题,引入独立的监管机构必不可少。由于养老服务 PPP 项目涉及众多专业领域的审计知识和实践,必须提升 PPP 项目审计人员的专业水准,使之胜任具体监督工作。监管机构必须专业化建设,由中央设立独立的专业

---

[1] 参见夏高锋等:《PPP 项目公众参与机制的国外经验和政策建议》,载《建筑经济》2018 年第 1 期。

监管机构,负责养老服务 PPP 项目监管的规则制定和具体监管执行,地方政府也可以设立独立监管机构,负责地方监管政策的具体执行。独立监管机构应该在项目各阶段充分参与,确保全周期监督项目中政府和社会资本的行为。政府监管并非政府亲力亲为,若政府对社会资本的监管效率不高,可借鉴国外成功经验,建立第三方监管机构来专门监管 PPP 项目,从而更客观反映项目运行成效,改善养老服务的质量与效率。[1]

9.2 强化契约行为

根据不完全契约理论,合作关系的参与方几乎不可能对未来可能发生的所有情况或事件做出全面准确预测,所以合作双方需要制定合理契约,将风险降到最低。[2]为更好确保养老服务 PPP 项目的顺利运营,有效降低项目风险,政府和社会资本方应通过合同明确双方的权责关系,包括权责义务划分、风险分担原则、建设周期、出资比例划分、收益分配原则以及特许经营期限等方面的内容,从而更好地应对养老服务项目建设运营和利益回报过程中出现的各种状况,保障养老服务 PPP 项目的良好运营。从政府治理角度来看,政府不仅要重视契约内容的合法性与严密性,更要培养契约服务意识,为政府和社会资本互利共赢创造良好治理环境。

9.2.1 重视契约内容设计

养老服务 PPP 项目是建立在契约合同设计基础上的合作,契约是规范政府与社会资本行为的依据与底线,对保障养老服务 PPP 项目的顺利运行至关重要。契约内容设计越完善,合作关系就越亲密,信任度就越高,长期合作也将有效制约不当谋利等机会主义行为的发生。

有关养老服务 PPP 项目及社会资本投资回报机制的设计,政府和社会资本应就责权利分配和履约程序等进行详细谈判,最终达成协议并签订合同。

---

〔1〕参见陈慧璇、李菊容:《养老服务 PPP 项目政府监管国外经验及启示》,载《合作经济与科技》2021 年第 1 期。

〔2〕参见耿博慧:《基于关系契约的 PPP 特许经营项目治理研究》,沈阳建筑大学 2015 年硕士学位论文。

第9章 完善养老服务PPP模式社会资本投资回报机制的治理保障

契约内容设计应该体现出以下原则：首先，设计参与者合作责任的约束条款明确责任。养老服务PPP项目合作主体的法定权利义务部分有法律规制，重要的是由合同规定的权利义务必须严密，这样合同履行中可能出现的分歧甚至违约行为都可以得到有效约束。一般来说，政府和社会资本在合作过程中的主观行为很难量化，但可对其行为的实际后果进行衡量，比如运用收益水平与公众的满意度等识别合作行为的特性，建立相关的事前预防机制、事中监督机制与事后惩罚机制，在项目运作过程中达到约束合作参与者行为的目的。[1]其次，设计风险分担条款。不当谋利等机会主义行为是由一方以损害对方利益为代价追求自身利益或优势的行为，易造成项目风险分担失衡，导致项目合作最终失败。风险分担是养老服务PPP模式的核心要素，因此有必要在契约设计中充分体现，对政府和社会资本双方行为进行约束，通过风险共担、收益共享达成相互间伙伴关系。养老服务PPP项目的风险合理分担不是一种风险的平均分担，而是在具体项目中进行风险识别，根据具体风险发生类型，交由最具有应对能力的一方承担。同时，应根据风险分担与收益回报相匹配及风险分担上限原则，对项目各种风险进行合理分配，对于无法独立承担与有效应对的风险，养老服务PPP项目合作各方应共同协商处理。风险分配并不意味着责任转移，养老服务PPP项目转移的是风险，而不是责任，政府和社会资本各自承担的责任需协商约定并严格执行。最后，设计动态调整条款。养老服务PPP项目责权利的动态调整机制，是合同内容设计的重要事项。与法律法规的宏观性和稳定性相比，具体养老服务PPP项目的契约内容具有指向性和灵活性，由于项目建设周期长，在设计契约时，应考虑环境和时间因素，建立契约调整动态机制，对于政府和社会资本合作行为进行合理规范和灵活调整。在合作不同阶段遇到的问题不可能在协议中充分体现出来，需双方就遇到的问题进行协商，对部分因条件变化引起的问题及时做出调整。以契约关系为核心的养老服务PPP协议，可将持续合作关系简化为契约条款的格式化内容，以弥补合作机制不完善的局限性。当不当合作行为难以控制时，可通过设计合理的奖惩机制进行调整。同时，契约应设立奖惩原则，通过额外奖励，激励合作双方正向合作行为；若出现疏于管理的情况，采取一定的

---

[1] 参见章萍：《养老服务PPP：从理论逻辑到实践运作》，中国政法大学出版社2019年版，第138页。

惩罚措施,这些奖惩机制能够发挥政府和社会资本合作助力剂的作用。

养老服务 PPP 项目合同履行坚持原则性与灵活性结合的原则,政府与社会资本在 PPP 项目中的权责关系,具有明确性、严格性和柔性三个维度。合同明确性就是清晰界定政府与社会资本的权责义务,避免理解歧义与不必要的争议;合同严格性是政府与社会资本严格履行合同约定,享有权利并承担义务,一旦发生违约情形,将接受法定与约定惩罚;合同柔性是合同履行期间,双方本着协商谅解,根据环境和项目具体情况的变化,通过再谈判适当调整合同的内容,保护政府、社会资本与公众的利益。政府和社会资本在养老服务 PPP 项目合同中应该设置再谈判机制,主动应对市场环境、法律条件以及其他不可抗力的变化。养老服务 PPP 合同的柔性还体现在合同弹性条款的约定,充分考虑项目合同的长期特性。[1]养老服务 PPP 项目合同一般都是长期契约,意味着合同具有信息滞后性和风险不可穷尽性。这种情况下,建立有效的弹性调整机制,能够保证 PPP 项目各方在合作中持续沟通并做适时调整。借助合同的弹性约定,有助于养老服务 PPP 项目合作主体及时应对新因素、新变化,控制风险蔓延,避免发生合作危机,保证项目健康运行,实现政府与社会资本的合作目标。

9.2.2 培养契约服务意识

政府发起养老服务 PPP 项目的目的是满足公共利益需求。21 世纪以来,增强政府服务意识已经成为新政策导向,要求建立服务型政府的呼声越来越高涨,公众社会服务理念成为主流,政府应建立以人民为中心的思维,秉承为人民谋福利的宗旨,在与社会资本平等地位上开展一系列合作。

政府作为社会事务管理者,在养老服务 PPP 项目中承担着多种角色,在合作过程中政府应审慎扮演好其角色,即不能因为权力大而采取不当的消极合作行为。在项目发起阶段,努力完善规范项目审批程序,简化步骤,防止政府权力滥用,作出机会主义行为损害项目利益。在项目规则制定过程中,应与社会资本相互沟通协商,信息处理与分享达到互通有无,在建立相对平等关系的基础上,尽量满足项目发展的客观要求与双方的意愿与诉求。在项

---

[1] 参见王琦、刘思瑞:《基于特性契合考察的 PPP 项目合同非诉纠纷解决机制建构——以争议评审机制为例》,载《中国行政管理》2022 年第 6 期。

第 9 章 完善养老服务 PPP 模式社会资本投资回报机制的治理保障 ❖

目运作过程中,政府承担好项目统筹规划角色,维护项目实践上的需求,将项目的合作效率不断提高。政府作为项目的监管者,积极承担监管项目运作效果的责任,切实建立起沟通协商机制,尽力关注项目的运作数据,建立绩效考核机制,量化项目具体运作流程,防范机会主义行为的产生。政府是 PPP 项目的主导者与最终负责人,对于最终失败的项目承担兜底责任,明确这一责任,有利于政府在合作过程中减少破坏项目合作的行为。

在养老服务 PPP 项目中,增强契约意识与社会信用体系息息相关,市场经济的高效运行也离不开完善的社会信用。政府需提升自身信用能力,肩负起整个社会信用体系建设的责任。信任和合作是相互促进的,养老服务 PPP 运行强调合作下的契约精神,要求契约双方遵守自由、平等原则建立起合作关系。若政府忽视契约精神与信用建设,那么在养老服务 PPP 项目中将很难有效建立长远合作关系,势必反向伤害政府社会信用度,形成恶性循环。严谨的契约意识能够缩小政府与社会资本在地位和信息上的不平等,促使双方在平等地位上开展合作,防止政府朝令夕改、滥用权力;政府以身作则和规范行为在一定程度上还能够给社会资本作出正确表率,展现合作诚意,从而间接减少社会资本唯利是图、消极运作项目的行为。提高政府的契约意识是保障养老服务 PPP 项目顺利运作的关键所在。契约精神与信任度的培养与信任建立是一个长期过程,除制度建设外还需培养社会契约意识,加大社会的宣传教育,努力提升社会对契约精神的推崇。

9.3 完善政策支持

养老服务 PPP 项目的投资、建设、运营各个阶段都存在过程性风险,需要政府加强政策支持,与社会资本共同承担。政府可以通过完善政策支持,在资金、人才、物资等方面,有效激励社会资本参与养老服务 PPP 项目建设的积极性。

9.3.1 完善资金支持

养老服务 PPP 项目资金来源包括社会资本投入资金、通过融资方式获得资金、政府公共财政投入资金等。政府资金支持是项目实施的重要保障,也是社会资本权衡投资决策的重要考量因素。政府资金支持首先应审慎，本着按"需"施"供"的原则，对于是否给予资金支持和如何给出支持做出精准评估；对于合乎资金支持要求的养老服务PPP项目，政府资金支持应积极主动，本着伙伴关系从多方面扶持养老服务PPP项目落地运营。

政府基于精准评估做出资金支持的决策。一方面，按"需"施"供"，杜绝浪费。对社会养老服务PPP需求做出精准判断，需求指向、需求规模决定供给资源的投向与投资规模。忽视公众需求的供给会造成供需不匹配、资源严重浪费的后果，带来不良社会影响，与供给初衷相违背。另一方面，合理优化养老服务PPP投入结构，提高效用。养老服务PPP项目包括非经营性、准经营性和经营性不同类型，不同种类养老服务PPP特点及回报方式，决定不同资金支持方式。社会资本对于投资回报率低的项目积极性可能不高，但是这些投资回报率低的项目同样是社会发展不可或缺的一部分，对政府和公众来说具有社会价值，需要政府更大力度资金支持。因此，政府资金支持必须进行精细化项目分类，合理优化投资结构，针对不同的项目特点设计适当的支持方式，激励社会资本参与养老服务PPP项目，实现养老服务PPP模式效用的最大化。[1]

对于具有社会效益和经济效益的养老服务PPP项目，政府积极出台资金支持政策。处于起步探索阶段的养老服务PPP项目，最大发展阻碍是缺乏资金来源，这就需要政府在引入社会资本的同时，给予项目一定资金方面的积极支持。具体说来，可以从财税支持和资金补贴两方面着手。一方面，政府制定相应财政和税收扶持政策。随着我国社会发展，老龄人口在总人口中所占的比重越来越大，因此养老服务PPP项目需要更多的资金投入，满足老龄社会对日益增长的养老服务需求。作为政府，要根据经济的增长逐渐增加资金的投入量，同时要对项目的投入结构进行细致调整，通过财政转移支付或者税收等相应优惠形式，将原来投入到企事业单位的福利资金部分转化成养老服务PPP项目的资金来源。加大社会资金扶持力度，对一些养老服务PPP项目给予税收优惠政策。如免除项目部分服务增值税，对养老服务PPP项目在资产重组过程中涉及的不动产、土地使用权转让，不征收增值税与所得税

---

[1] 参见贾康、张晶晶：《论积极的财政政策与稳中求进》，载《地方财政研究》2022年第2期。

等。另一方面，政府应进行直接资金补助。养老服务 PPP 项目作为一项公共服务，前期需要大量的投入资金，这种资金投入是长期且非一次性的。特别是非经营性养老服务 PPP 项目与准经营性养老服务 PPP 项目，由于其具有公益性、利润率低、回收周期长，社会资本投资积极性不高，政府直接资金补助有助于保障社会资本合理的投资回报，为养老服务 PPP 模式扩大生存和发展空间。

9.3.2 完善人才支持

人力资源是养老服务 PPP 项目的重要倚仗与组成部分，既包括建设运营管理专业人才，更包括中高端养老服务 PPP 项目的医疗康复以及心理辅导服务人才。政府加强养老服务 PPP 人才支持，同样应体现精细化管理要求，包括通才供给支持与专才供给支持。一方面，通才供给是养老服务 PPP 建设运营的人才基础，养老服务 PPP 管理人力需要通晓项目全流程，这样才能从全局视角合理高效把握养老服务 PPP 发展所需的人才能力，从全局聚焦局部，从项目整体出发正确认知单个流程的特殊性，强化专业知识获取与运用，以便与其他流程做好相应衔接。另一方面，专才支持是养老服务 PPP 人才精细化的关键要素。养老服务 PPP 专才所应具备的素质可以分为：与专业相关的丰富理论知识、基于实践的操作技术以及保障 PPP 项目得以顺利开展的能力及服务公众的意识。政府的人才支持除了应注重相关素质能力与需要的适配度，更要注重后期培训与引导，努力提升专业人员的岗位胜任力，从而实现人才配备精细化。

加强养老服务 PPP 人才培训与引导，包括建设管理人才与服务人才两个维度。一方面，养老服务 PPP 项目运营需要管理人才。养老服务 PPP 项目管理人才的优劣关乎 PPP 项目的成败，建立 PPP 项目管理人才培养体系，造就高水平的项目管理者至关重要。养老服务 PPP 项目工程量较大，运营周期较长，涉及的利益主体较多，包括政府、社会资本、金融机构、评估机构和服务对象等，对项目管理者专业管理能力水平有较高要求。我国养老服务 PPP 项目呈现发展态势，专业管理人才需求大，但当前并没有形成完善的项目管理人才培养体系。养老服务 PPP 项目管理者一部分是政府机构工作人员，一部分是社会资本管理者，其知识结构和管理经验尚缺乏应有的专业水准。政府工作人员对项目运作不熟悉，缺乏相应的项目管理经验；而社会资本管者对项目公共性认识不足，缺乏公共管理视角，应建立PPP项目管理人才培养体系，培养具备专业知识和管理能力的养老服务PPP项目管理人才，保障养老服务PPP项目的良好运营。另一方面，养老服务PPP项目需要专业服务人才。随着社会经济的不断发展以及物质水平的极大提高，养老服务对象的需求更具有多层次性和多样化特点，服务质量正朝着品质化、专业化以及个性化方向发展。现阶段我国养老服务PPP项目的服务人员学历层次一般不高，大部分服务人员教育水平还是初中、高中与职高水平，且服务人员的专业服务技能培训不够，服务意识、服务技能与专业素养高低不均，跟养老服务对象日益增长的服务需求存在差距，再加上养老服务人才队伍流动性很大，导致养老服务PPP服务效率大打折扣。政府应当建立一系列完善的服务标准与流程，从而实现标准化的管理与服务，同时，定期地完善从业人员的各项福利，尤其是建立针对专职护理人员的各种福利待遇体系，从而最终建立稳定的专业从业人员队伍。政府还可借鉴其他国家和地区的典型经验，设立专业化培训院校。由于我国在这方面发展相对滞后，因此养老服务PPP项目应积极推动政府来共同促进打造、培养专业化队伍，从而促进从业人员队伍职业化。因此，政府应努力完善养老服务型人才培养管理支持政策，加大对于养老机构服务型人才的培养力度，构建以职业教育为重点的服务人才培养体系，建立服务型人才培训院校与再教育平台，注重培养人才技能专业化、高素质服务型人才，从而全面提高养老机构服务人才的供给数量与质量，从而不断提高养老服务PPP项目水平。

9.3.3 完善资源支持

政府资源支持对于养老服务PPP项目的发展具有重要影响，政府资源支持能够实现社会资本轻资产运营，有助于降低养老服务PPP项目资金回报周期长、回报率低的风险，增强社会资本参与积极性。在合作过程中，政府的资源支持，重点在基础设施资源和土地资源等方面。

除和社会资本合作兴建养老服务PPP设施之外，盘活存量资源也是政府支持养老服务PPP发展的有效方式。政府将公办养老机构委托给社会资本方运营管理，将机关、企事业单位闲置的度假村、培训中心、招待所、疗养院等，通过PPP模式转型为养老服务设施，都是盘活现有资源的可行办法。政

第9章 完善养老服务PPP模式社会资本投资回报机制的治理保障

府还可以协调库存高、出租困难的商业地产,运用PPP模式将闲置厂房、商业设施及其他可利用的社会资源改造为养老服务设施。政府可以支持社会资本在城乡社区内盘活资源,发展社区居家养老服务PPP项目,建设居家养老服务网点,兴办或运营老年供餐、社区日间照料、老年精神文化生活服务等。政府还可以探索将区域内的零散社区养老服务资源通过PPP模式"打包"交由社会资本方投资、改建或运营,实现区域内的社区养老服务项目统一标准、统一运营。[1]政府还可以协调医疗卫生资源、康养服务资源,支持打造"以健康管理为基础、以养老服务为核心、以医疗服务为支撑"的全生命周期养老服务链,兴建一批以养老为主题,附加康养、体育健身、医疗、休闲等养老服务PPP新业态。

土地是养老服务PPP发展的重要资源,应不断完善土地利用与审批政策。制约养老服务PPP项目建立与发展的一个关键因素是场所用地需求,较多项目受限制于场所问题而选择位置偏远的郊区,造成了一些养老服务PPP项目不受老年人的青睐,相对增加了其运营成本。政府政策积极为养老服务PPP发展提供了诸多支持,但在实际操作中,养老服务PPP项目在土地获取方面当前存在土地支持进度与项目进展不一致的问题。土地获取时间直接影响项目推进,因此绝大部分养老服务PPP项目希望一次性获得用地。而很多养老服务PPP项目土地需要分批获得,这跟项目实施进度存在时间错配,甚至有的PPP项目在合同签订后相当长的时间内都无法落实项目所需的土地。因此,政府应当在养老服务PPP项目用地上给予政策支持。国务院办公厅文件《国务院办公厅关于进一步激发社会领域投资活力的意见》(国办发〔2017〕21号)提出,应放宽养老行业准入,[2]提供社会资本进入养老领域的跨部门全流程综合审批窗口服务,推进一站受理、一网通办、并联审批。文件同时明确给予土地政策扶持支持,对于养老服务领域新供土地符合划拨用地目录的,参照办法按照划拨方式供应土地。对于养老领域可使用划拨用地的项目,遵循用地者自愿原则,鼓励政府以出让、租赁方式供应土地,支持政府以国有建设用地使用权作价出资或者入股,提供养老服务项目建设土地,积极推进

---

〔1〕 参见章萍:《社区居家养老服务PPP运作模式研究》,载《当代经济管理》2018年第11期。
〔2〕 参见《国务院办公厅关于进一步激发社会领域投资活力的意见》(国办发〔2017〕21号),以下简称国办发〔2017〕21号文。

政府和社会资本合作的养老服务 PPP 项目。对于养老服务领域应当有偿使用的用地，政策明确依法可招标或通过协议方式供地，土地出让价款可分期缴纳。同时，政策还支持养老服务用地先租后让、租让结合或者长期租赁方式，灵活获得用地。

9.4 创新发展形式

政府和社会资本合作方式比较丰富，较常见的项目运作模式包括 BOT、TOT、BOO、ROT、O&M 等，政府应根据实际需要和不同模式的特点，结合政策文件指导和实践案例经验，创新养老服务 PPP 发展形式。

9.4.1 优化养老服务 PPP 发展模式

养老服务 PPP 包含多种管理模式，政府应根据不同 PPP 模式特点和地方实际情况相机选择，灵活运用 BOO、BOT、ROT、TOT 和委托运营等，并在积极借鉴已有养老服务 PPP 项目案例和其他领域成功案例典型经验的基础上，创新多种发展模式。[1]如政府以土地及现金等方式出资，引入房地产承包商和医疗机构等作为投资股东，积极参与整体谋划，与社会资本合作创办养老服务产业园。

一方面，因地制宜地选择 PPP 运作模式。PPP 模式应用于养老服务领域，就是要借助于社会资本拥有的资金优势和管理优势，提高社会养老服务的供给水平和服务质量。实践中，各个地区的经济发展水平、养老服务供求状况、政府和社会资本的具体情况差异等决定了不同地区不同项目采用的养老服务 PPP 模式也不相同。当前实践中有适用于新建项目的 BOT 模式、有由 BOT 模式演变而来的 BOO 模式；有适用于存量项目的 O&M 及 TOT 模式；适用于改建、扩建项目的 ROT 模式；还有 BOT+O&M、BOT+BOO 模式。实践中这些模式已有较好的运作案例，如采用 BOT 模式的河南省开封市民生养老院 PPP 项目、BOT+O&M 模式的江西赣州市章贡区社区居家养老服务中心 PPP 项目、ROT 模式的北京市朝阳区第二福利中心 PPP 项目等都是一些典型案例。这些

---

〔1〕参见章萍：《养老服务 PPP：从理论逻辑到实践运作》，中国政法大学出版社 2019 年版，第 148 页。

养老服务PPP项目可取的运作模式与经验为其他PPP项目提供了可复制、可推广的实施范例与学习范本,其成功做法与经验能有效促进PPP项目的顺利实施与健康运行。因此,对于养老服务PPP项目的未来发展,应坚持因地制宜的原则,积极推进和创新PPP模式在养老服务领域的应用。

另一方面,运用PPP模式整合资源实现养老服务整合发展。针对当前社区养老资源分散的特点,探索整合已有社区资源,通过PPP模式促进整合发展。老年人日间照料中心、老年餐厅、老年社区医疗护理机构等小型养老服务项目可采取联合发展模式,这些项目经发展壮大可形成大规模连锁店效应,既增强了小规模养老机构的营利与抗风险能力,也使得小型养老服务项目应用PPP模式成为可能。一旦条件成熟,可以通过养老服务PPP模式盘活现有养老资源,支持机关、企事业单位将所属度假村、招待所、培训中心、疗养院等转型提供公共养老服务。

9.4.2 适应社会资本多元投资偏好

政府优化治理环境,运用非经营性养老服务PPP模式、准经营性养老服务PPP模式和经营性养老服务PPP模式,分别满足基础养老服务、改善型养老服务以及中高端养老服务等多层次需求。同时,政府尊重社会资本合理利益诉求,适应社会资本多元投资偏好,积极推进医疗融合PPP项目,创办支持居家养老服务PPP项目,扶持养老服务PPP产业,推进"互联网+"养老服务PPP项目。

(1) 推进医养融合PPP项目

医养融合PPP项目充分利用社会资本整合医疗资源与养老资源,具有四种形式,包括鼓励原有医疗卫生机构利用PPP模式开展养老服务、原有的养老服务PPP项目增设医疗服务资质、医疗机构与养老服务合作发展PPP项目以及医养结合PPP项目支持社区养老和家庭养老。灵活推进医养融合PPP项目,对于高龄化社会养老服务具有明显针对性,有助于补充家庭养老资源,克服家庭养老不能提供医疗护理的缺陷。[1]

---

[1] 参见福州大学课题组:《运用PPP模式促进福建省养老产业发展的对策建议》,载《发展研究》2018年第4期。

从实践来看，费用较高是"医养结合"型养老服务 PPP 项目制约需求的瓶颈。相较于基本养老服务，"医养结合"型养老服务 PPP 项目服务质量定位较高，服务收费标准也比较高。因此，为使老年人享受更好的养老服务，也扩大养老服务 PPP 项目的收费基础，政府可通过提供适度财政补贴降低医养结合 PPP 项目服务价格，运用差别化收费引导差异化需求。一旦有支付能力的有效需求形成规模效应，项目成本将显著降低，从而一定程度上降低服务收费，实现供需良性循环。总而言之，"医养结合"型养老服务 PPP 项目通过医养结合的服务，提高家庭养老能力，进而减少家庭成员的养老压力。

（2）支持居家养老服务 PPP 项目

我国推行的"9073"养老服务体系中，居家养老占据主体地位，90%的老年人有居家养老服务需求，需要积极支持居家养老服务 PPP 项目，推进居家养老服务供给。另一方面，居家养老服务 PPP 项目资金规模相对较小，准入门槛较低，可以成为养老服务 PPP 模式发展的一个主要方向。居家养老服务 PPP 项目可提供便利的为老上门服务，帮居家老年人助餐、助洁、助急、助医、助浴和照护等，还可发展定制服务，提供个性化、规范化的服务项目。居家养老服务 PPP 项目辐射面广，社会效益高，能够为相当数量的居家老人提供切实的福利与便利，政府可积极支持社区建立居家养老服务网点，引入社会组织和家政、物业等社会力量，兴办或运营老年供餐、社区日间照料、老年活动中心等形式多样的养老服务项目。同时，还可以支持居家养老服务 PPP 项目品牌化运营，政府和社会资本合作构建连锁化、规模化的养老服务机构，推进跨区联合、资源共享，发展共建共享的养老新模式，推动形成一批具有品牌号召力的养老服务 PPP 项目。政府可投入优势资源，扶持具有影响力的养老服务 PPP 项目龙头社会资本方，打造覆盖领域广、产业链长、经济社会效益显著的养老服务知识品牌企业。

（3）扶持养老服务 PPP 产业

针对多层次养老服务需求，政府可通过扶持养老服务 PPP 产业，满足中高端养老服务需求。养老服务 PPP 产业可探索开发养老为主的综合产业园。综合养老服务 PPP 产业园可包含非经营性项目、准经营性项目以及经营性项目，通过经营性项目开发反哺公益性项目[1]。养老服务园还可以根据不同消费群体进行评级，分级收费，政府可利用产业园的利润贴补对困难老年群体进行补助开支。政府还可以积极鼓励并推动在养老服务PPP项目建设、运营、管理等方面具有专业资质的社会资本方，通过产业兼并重组等方式，发展跨区域、跨行业的综合性养老服务集团，从而有力推动养老服务向品牌化、连锁化以及规模化方向发展。

（4）探索"互联网+"养老服务PPP项目

大数据信息技术应用于养老服务，探索"互联网+"养老服务PPP项目，是信息时代政府养老服务精准治理的需要。数字时代老年人对养老服务的需求呈现内容丰富、层次提升、差异化与个性化凸显等特点，这些变化对原有养老服务PPP供给的模式、工作方式以及政府治理精准化提出了更大的挑战。"互联网+"养老服务PPP项目不仅仅促进了政府与社会资本合作，更体现了数字时代信息化应用，在养老服务供需之间搭建有效桥梁，为数字时代政府精细治理提供了条件。首先，政府精准信息资源供给，可以最大限度地满足公众需求。政府通过对不同群体、地区、年龄层等公众的需求信息进行合理收集、筛选、汇总、统计及分析，可以最大限度掌握需求的差异化与多样性，从而发展具有针对性的公共养老服务PPP项目，以实现供需匹配，通过数据呈现其相关性，并对养老服务需求发展规律及未来趋势做出相应预测，为供给方的政策制定及供给行为指明方向。同时，在获取数据的过程中，积极与公众加强沟通，能够唤醒公众的主体参与服务意识，有利于提升公众参与养老服务PPP合作治理的积极性与主动性。其次，政府部门根据养老服务信息，对养老服务绩效做出精准评价。有了大量信息的积累与处理，政府可对项目运行情况做出精准判断，从而大大提高按照管理绩效付费的科学性与有效性。政府还可通过对养老服务PPP项目的实施绩效进行有效评判，做出继续实行、中止整顿或终止退出等相应判断，杜绝养老服务资源的无效供给，最大程度地提高养老服务的供给效率。最后，互联网精准治理运用于养老服务PPP项目，两者相互结合共同推进智慧养老的发展进程，开拓养老服务PPP发展空间。社区养老模式作为居家养老和机构养老的结合点，同时兼具两方优势，

---

[1] 参见盛依婷、严运楼：《养老综合体PPP项目组合式回报机制研究》，载《工程经济》2019年第11期。

以社区养老模式为基础，积极构建互联网思维与养老服务PPP相结合的模式。通过借鉴APP式菜单订购模式，可在线上自主选择服务，如生活照料、医疗保健、康复理疗、心理抚慰等服务等，养老服务人员提供个性化上门服务。这种模式创新的成败取决于是否能够有效协调多方资源，可依托养老服务PPP项目提高社区养老服务输出能力，创建贴近服务对象的社区养老驿站，开拓养老服务PPP发展空间。

9.5 提升精准治理

养老服务PPP项目的发展离不开社会资本的积极参与，社会资本作为养老服务供给的重要主体发挥着重要的作用。如何更高效地发挥社会资本在养老服务供给中的作用，需要政府的持续支持与引导，也需要政府提升精准治理能力，整合各种社会资源和社会力量，完善各类社会参与体系，使各种社会力量积极投身于我国养老服务的供给中，促进养老服务PPP项目的健康发展。

9.5.1 发挥行业协会的治理作用

养老服务PPP项目的发展需要在治理中加强养老服务行业协会的作用。养老服务行业协会建立的目的，就是为了实现行业自律、积极引导规范行业发展，对于养老服务PPP发展具有积极促进作用。政府治理应对老龄化社会的养老服务需求，面临资金短缺、服务水平落后、管理不规范、设备设施差等相应问题，这些问题严重制约了我国养老服务PPP的发展。因此，政府治理应支持养老服务PPP行业协会发展，使其成为养老服务PPP项目与政府、社会资本与老年人间沟通交流的桥梁与纽带，做养老服务PPP主体之间的利益沟通者；行业协会也可以分担政府的部分职能，减轻政府负担，提高政府治理能力；行业协会还可以作为政府帮手对项目加以适当管理与监督，帮助存在困难的养老服务PPP项目在内部管理、资金筹集、人员培训等方面解决问题，使其更好地促进养老服务PPP项目发展。[1]

---

〔1〕 参见王豹等：《PPP行业协会的功能定位与构建思路》，载《中国政府采购》2018年第1期。

发挥养老服务行业协会的作用，政府治理过程中需要培育其多方面功能。首先，行业协会的管理功能。养老服务行业协会可加强行业自律建设，对养老服务PPP项目进行管理与监督，制定养老服务行业准则，规范养老服务市场竞争，整合养老服务行业资源，实现互补式协调发展。对于蓄意扰乱养老服务市场的行为，养老服务行业协会可协助有关部门进行严厉查处。其次，行业协会沟通功能。养老服务PPP行业协会可搭建养老服务信息平台，促进多方主体的信息沟通，如发布养老服务供给信息，反馈老年人养老服务需求，进行各种先进经验交流等。另外，协会还可组织养老服务PPP人才培训，提供培训信息，统筹培训和专业人才认证资源。最后，行业协会服务功能。养老服务行业协会作为民间组织，可积极发挥协会的服务功能，找到政府、社会和老年群体的结合点，结合政府的公共服务情怀、社会资本投资的利益关切和老年群体的养老服务诉求，推进多样化高质量的养老服务。因此，政府治理应加强养老服务PPP行业协会建设，使其更好地为养老服务PPP项目和老年群体养老需求提供有效服务。

9.5.2 充分整合社会力量

提升政府治理应充分发挥社会力量的作用。我国社会力量在参与养老服务PPP模式中发挥了积极作用，开展了大量义工、捐助等养老服务志愿活动，但是仍然有较大提升空间，存在组织化程度不高，服务内容与形式较为单一的问题。事实上，社会力量具有参与养老服务PPP模式的天然优势，一方面，社会力量可以发挥联络优势，积极联络企业和社会组织对养老服务PPP项目进行慈善捐助，对项目运作提供设备、资金和技术方面的帮助。另一方面，社会力量可充分发挥自身的人力优势，组织义工开展服务活动，构建结对服务机制，缓解养老服务机构人员短缺、护工不足等问题。总之，社会力量参与养老服务PPP项目的作用还有很大发挥余地，需要加强组织，进一步发掘和利用。

政府治理应充分利用青年志愿服务资源，通过志愿服务为养老服务PPP项目运营帮助。一方面，政府在青少年中开展孝老敬老宣传和教育，让青少年形成助老爱老的良好品质，组织青年志愿者孝老服务，可以在一定程度上缓解养老服务PPP项目的人手紧缺，还可以让青少年在志愿服务的过程中接受尊老的传统文化教育。另一方面,政府可加强志愿服务活动的机制化建设,加强青年志愿者服务能力培训,对志愿服务给予一定的物质补助或精神激励,有效调动其参与积极性。同时,政府还可以充分调动社会力量,积极鼓励公民、法人或其他社会组织向养老服务 PPP 项目捐物捐资,动员企事业单位和社会人士、青年学生参与养老服务,定期组织和开展各类养老志愿服务活动等,政府通过提升治理,营造全社会孝老敬老的良好环境。

总的来说,老龄化社会伴随突出养老服务问题,加上新冠肺炎疫情影响,老年服务需求包括身体、生活和心理多个方面,政府不仅需要做好长远规划与科学设计,还需要改进社会治理,发挥政府、市场和社会等各方力量作用,形成合力发展养老服务的格局。

就政府力量分析,政府重点发挥老龄化社会治理的引导作用,推进基本养老服务全覆盖和多层次养老服务体系建设。基本养老服务全覆盖是养老体系建设的最基本要求,体现在养老服务时间覆盖老龄群体生命的每一阶段,包含医疗护理、生活照顾和心理关怀多个方面;服务区域覆盖城乡老年群体,促进城乡与地区之间养老服务公平性。多层次养老服务体系建设重点保障基本养老服务设施建设与基本养老服务供给,同时满足老年群体改善型与高端型养老服务需求。

就市场力量分析,发挥市场作用,激励企业资本参与养老产业发展,更好地满足老年人更高质量更加精细的养老服务需求。老年人在信息时代和智能社会存在多方面不便,这就要求产品和服务更加符合老年人需求。前瞻未来不断深化的老龄化趋势和不断增长的养老服务需求,还要加强养老服务人才队伍的建设,提高养老服务专业化水平。同时,产业战略布局方面,充分利用科技发展成果,扩大养老服务的智能化便利化。

就社会力量分析,社区和公益组织等是养老服务基层组织,应深入分析老人养老服务的群体性和时代性需求,丰富养老服务内容,包括医疗保健、生活照料和精神文化等全方位养老服务。社区和公益组织发挥服务中介作用,加强各种社会力量的协调,针对现实中老年人就医困难热点难点问题,协同就近医院加强对老年人的医疗服务引导,创造条件争取医疗资源深入社区服务,建设点对点的长期医疗跟踪服务机制。社区和公益组织加强养老群体内部的组织,积极探索老年群体之间互帮互助的养老服务项目,让老年人"老有所为",在参与社会活动的过程中,保障老年人社会活动能力和身心健康。

参考文献

期刊

[1] 刘薇、贾康:《中国政府预算绩效管理改革研究——系统化思路与基本要领》,载《江西社会科学》2022年第6期。

[2] 张思锋:《中国养老服务体系建设中的政府行为与市场机制》,载《社会保障评论》2021年第1期。

[3] 张博:《供给侧视角下社会资本参与智慧健康养老服务供给研究》,载《兰州学刊》2021年第3期。

[4] 陈功等:《"十四五"时期养老服务高质量发展的机遇和挑战》,载《行政管理改革》2021年第3期。

[5] 章萍:《重大科技基础设施公私合作路径研究——基于"伽利略"计划的启示》,载《科学与社会》2021年第1期。

[6] 严斌等:《基于可拓理论的养老地产PPP项目系统风险管理研究》,载《系统科学学报》2021年第2期。

[7] 王一婷:《吉林省养老产业PPP融资模式研究》,载《税务与经济》2021年第2期。

[8] 许莲凤:《养老服务业PPP项目运行机制构建——基于股权合作的视角》,载《东南学术》2021年第1期。

[9] 刘桂海等:《医养结合如何影响民营养老机构的服务效率?——来自北京市的证据》,载《管理评论》2020年第12期。

[10] 贾康、吴昺兵:《PPP财政支出责任债务属性问题研究——基于政府主体风险合理分担视角》,载《财贸经济》2020年第9期。

[11] 安超、王杰秀:《技术效率视角下的公办养老机构改革——基于北京市居家养老服务设施摸底普查数据》,载《社会保障研究》2021年第1期。

[12] 胡宏伟、蒋浩琛：《我国现有兜底性长期照护保障制度评价与完善构想》，载《北京行政学院学报》2020年第6期。

[13] 龙玉其：《基本养老服务均等化的核心概念及深层意蕴》，载《老龄科学研究》2020年第10期。

[14] 金永祥等：《中国式PPP愿景分析》，载《施工企业管理》2020年第1期。

[15] 沈俊鑫、顾昊磊：《供应链治理体系视阈下养老PPP项目落地率影响因素分析》，载《当代经济管理》2020年第10期。

[16] 廖卫东、廖剑南：《基于协同治理的PPP养老产业困境和优化路径研究》，载《江西社会科学》2020年第4期。

[17] 孙涛等：《养老PPP的服务模式与融资结构研究》，载《吉林大学社会科学学报》2020年第2期。

[18] 韩烨：《社区居家或入住机构——养老服务PPP模式的差异化构建与优化》，载《吉林大学社会科学学报》2020年第2期。

[19] 马杰、刘璐：《社会资本参与公立医院建设的障碍及对策研究》，载《卫生经济研究》2020年第12期。

[20] 张博：《新时代新经济：智慧健康养老产业及发展路径》，载《兰州学刊》2020年第6期。

[21] 张博：《智慧健康养老产业发展困境与出路——基于有效供给视角》，载《兰州学刊》2019年第11期。

[22] 徐永顺等：《PPP项目中合同柔性对项目价值增值的影响研究》，载《管理学报》2019年第8期。

[23] 张博、韩俊江：《积极老龄化政策下智能养老产业发展研究》，载《广西社会科学》2019年第7期。

[24] 曹蕾等：《区域性医养结合支持平台系统的建设与应用》，载《中国卫生信息管理杂志》2019年第3期。

[25] 张博：《"互联网+健康养老"视域下老年照护产业发展研究》，载《当代经济管理》2019年第10期。

[26] 贾韶琦：《PPP项目合同：一种行政私法合同》，载《黑龙江省政法管理干部学院学报》2019年第6期。

[27] 周坚、邓绮琳：《医养结合养老服务"供需错配"问题研究》，载《卫生经济研究》2019年第10期。

[28] 张彩、严运楼：《PPP模式下医养结合项目研究——基于社会交换理论》，载《卫生经济研究》2019年第8期。

[29] 岳向华、林毓铭：《政府监管下养老PPP项目服务质量演化仿真分析》，载《社会保

障研究》2020 年第 6 期。

[30] 门明等：《城市养老地产 PPP 模式及其投资决策研究》，载《兰州学刊》2019 年第 8 期。

[31] 康蕊、朱恒鹏：《养老服务投入对经济发展的影响研究——基于 PPP 模式的分析》，载《财政研究》2019 年第 5 期。

[32] 韩烨：《养老服务 PPP 模式：运行机制、实现策略与对策研究》，载《兰州学刊》2019 年第 3 期。

[33] 岳向华、林毓铭：《养老 PPP 服务质量监管三方演化博弈关系研究》，载《江西财经大学学报》2019 年第 2 期。

[34] 徐宏、商倩：《中国养老服务资金缺口测算及 PPP 破解路径研究》，载《宏观经济研究》2019 年第 2 期。

[35] 沈俊鑫等：《基于系统动力学演化博弈的养老 PPP 项目三方合作共赢机制研究》，载《河北经贸大学学报》2019 年第 2 期。

[36] 徐晓雯、唐晴：《PPP 模式下养老服务机构供给侧改革路径研究》，载《福建商学院学报》2018 年第 5 期。

[37] 严运楼、李静：《养老机构 PPP 社会资本回报机制研究》，载《财会研究》2018 年第 7 期。

[38] 高震等：《浅析山东省 PPP 养老项目建设的发展困境与路径》，载《劳动保障世界》2018 年第 29 期。

[39] 王焰、张向前：《购买服务、社会资本合作（PPP）中政府与社会组织合作模式研究》，载《科技管理研究》2017 年第 18 期。

[40] 杨璐瑶、张向前：《政府购买服务、社会资本合作（PPP）促进社会组织发展——基于居家养老分析》，载《哈尔滨商业大学学报（社会科学版）》2017 年第 1 期。

[41] 张豪、张向前：《日本政府购买服务、社会资本合作与社会组织发展》，载《现代日本经济》2017 年第 1 期。

[42] 王焰、张向前：《政府购买服务、社会资本合作（PPP）促进社会组织发展——以社会救助为例》，载《领导科学论坛》2016 年第 17 期。

[43] 高小娜：《浅析 BOT 融资项目的发展及运用》，载《纳税》2018 年第 17 期。

[44] 王海发：《"BOT+OM" 模式在养老服务业的应用研究》，载《招标采购管理》2017 年第 8 期。

[45] 牛毓政等：《PPP 模式应用于居家养老的案例分析》，载《企业改革与管理》2017 年第 6 期。

[46] 章萍：《基于新公共管理理论分析的居家养老服务 PPP 模式——以安徽省合肥市金玫瑰居家养老示范项目为例》，载《广西社会科学》2018 年第 9 期。

[47] 章萍:《社区居家养老服务 PPP 运作模式研究》,载《当代经济管理》2018 年第 11 期。

[48] 潘鸿雁:《金山区颐和苑:上海养老服务领域的 PPP 模式探索》,载《人口与计划生育》2016 年第 9 期。

[49] 邓慧:《PPP+互联网融资模式研究》,载《北方经贸》2018 年第 3 期。

[50] 康蕊等:《PPP 模式下我国养老服务投入的经济适应性研究》,载《经济问题探索》2018 年第 9 期。

[51] 段世霞、邢璐明:《基于演化博弈的 PPP 模式下政府和社会资本方合作策略选择》,载《财会月刊》2019 年第 6 期。

[52] 栾珺:《公式调整法和基准比价法结合的 PPP 项目调价研究》,载《中国工程咨询》2017 年第 2 期。

[53] 冯之倩、姜军:《养老项目采用 PPP 模式的制约因素分析及对策研究》,载《中国建设信息化》2018 年第 2 期。

[54] 严宇珺、严运楼:《养老服务 PPP 项目风险防范机制构建研究》,载《财会研究》2018 年第 4 期。

[55] 柯洪等:《政策工具视角下 PPP 政策文本分析——基于 2014-2017 年 PPP 国家政策》,载《情报杂志》2018 年第 11 期。

[56] 张家颖等:《关于 PPP 项目政策路径和存在问题的探究》,载《山东工业技术》2018 年第 21 期。

[57] 柳文臻、汪泳:《PPP 模式进入养老行业的现状分析和建议》,载《智库时代》2018 年第 28 期。

[58] 蒋四荣:《PPP 项目创新性盈利模式探析》,载《中国总会计师》2018 年第 12 期。

[59] 徐宏、岳乾月:《养老服务业 PPP 发展模式及路径优化》,载《财经科学》2018 年第 5 期。

[60] 郑传军等:《PPP 与政府购买服务的比较研究》,载《经济体制改革》2018 年第 2 期。

[61] 陈亨武、郑惠丹:《浅谈政府和社会资本合作 PPP 项目的投资回报机制》,载《文摘版:经济管理》2016 年第 3 期。

[62] 李文启:《PPP 模式中社会资本利益保障机制构建研究》,载《创新科技》2016 年第 7 期。

[63] 伊然:《国家两部委要求建立 PPP 动态投资回报机制》,载《工程机械》2016 年第 7 期。

[64] 喻文光:《PPP 规制中的立法问题研究——基于法政策学的视角》,载《当代法学》2016 年第 2 期。

［65］温来成、郭莹莹:《PPP 项目的政府预算管理问题研究》,载《经济研究参考》2016 年第 31 期。

［66］李开孟:《正确界定 PPP 模式中的社会资本主体资格》,载《中国投资》2015 年第 12 期。

［67］王经绫、华龙:《PPP 机制应用于我国养老机构建设的必要性研究》,载《经济研究参考》2014 年第 52 期。

［68］郜凯英:《我国养老机构应用 PPP 模式建设与管理研究》,载《价格理论与实践》2015 年第 10 期。

［69］刘春雪等:《发达国家机构养老模式对我国的启示》,载《广西中医药大学学报》2015 年第 2 期。

［70］桂雄:《PPP 应用于我国养老服务业的政策分析》,载《中国财政》2016 年第 7 期。

［71］蔡晓琰、周国光:《PPP 项目政府和社会资本合作的投资回报机制研究》,载《财经科学》2016 年第 12 期。

［72］李天建:《PPP 模式中的"围观"困局及其破解思路》,载《价格理论与实践》2016 年第 8 期。

［73］刘晓凯、张明:《全球视角下的 PPP:内涵、模式、实践与问题》,载《国际经济评论》2015 年第 4 期。

［74］唐祥来:《PPP 模式的治理逻辑、工具属性及其绩效》,载《经济与管理评论》2016 年第 4 期。

［75］罗星:《中国特色治理理论的构建:治理理论从西方到东方的演进》,载《实事求是》2015 年第 5 期。

［76］俞可平:《治理和善治引论》,载《马克思主义与现实》1999 年第 5 期。

［77］J. J. Zaato, P. Hudon, "Governance lessons from public–private partnerships: examining two cases in the Greater Ottawa Region", *Commonwealth Journal of Local Governance*, Vol. 16, No. 17., 2015.

［78］B. Baruah, M. Katati, "Pricing and financing of infrastructure projects: the challenge before the Indian policymakers", *Journal of Management and Science*, Vol. 1, No. 2., 2014.

［79］David Blanchett, "Donation Risk and Optimal Endowment Portfolio Allocations", *The Journal of Portfolio Management*, Vol. 41, No. 1., 2014.

［80］Mohamed I. S., "Good Governance, Institutions and Performance of Public Private Partnerships", *International Journal of Public Sector Management*: IJPSM, Vol. 28, No. 7., 2015.

［81］Yong Gao Chen, "Pricing Mechanism and a Framework of Public-Private Partnership Financing Risk Allocation for Public Rental Project", *Applied Mechanics and Materials*, Vol. 256-259, 2012.

［82］Eskildsen M，Price T，"Nursing home care in the USA"，*Geriatrics & Gerontology International*，Vol. 9，No. 1.，2009.

［83］A. Deaton，A. Heston，"Understanding PPPs and PPP-based National Accounts"，*American Economics Journal：Macroeconomics*，Vol. 2，No. 4.，2010.

［84］Aziz AMA，"A survey of the payment mechanisms for transportation DBFO projects in British Columbia"，*Construction Management and Economics*，Vol. 25，No. 5.，2007.

［85］Kickbusch I.，Buse K.，"Global influences and global responses：International health at the turn of the twenty-first century"，in M. Merson，et al. eds.，*International Public Health：Diseases，Program Systems and Policies*，Aspen Publishers，2001.

［86］Dangl T.，"Investment and capacity choice under uncertain demand"，*European Journal of Operational Research*，Vol. 117，No. 3.，1999.

［87］B. GuyPeters，J. Pierre，"Governance without Government? Rethinking Public Administration"，*Journal of Public Administration Research and Theory：J-PART*，Vol. 8，No. 2.，1998.

［88］Charkham J.，"Corporate governance：lessons from abroad"，*European Business Journal*，Vol. 4，No. 2.，1992.

专著

［1］青连斌、江丹主编：《中国养老服务发展报告（2021）》，中国劳动社会保障出版社2021年版。

［2］刘瑞莲：《中国养老服务PPP项目风险管理研究》，中国财政经济出版社2021年版。

［3］郑功成、江丹主编：《中国养老服务业发展高层论坛演讲选编：2015-2019》，人民出版社2020年版。

［4］章萍：《养老服务PPP：从理论逻辑到实践运作》，中国政法大学出版社2019年版。

［5］陈青松等编著：《医疗与养老PPP》，企业管理出版社2018年版。

［6］国家发展改革委社会发展司等编著：《走进养老服务业发展新时代：养老服务业发展典型案例汇编》，社会科学文献出版社2018年版。

［7］丁伯康等：《PPP模式运用与典型案例分析》，经济日报出版社2017年版。

［8］［美］戴安娜·M·迪尼托：《社会福利：政治与公共政策》，何敬、葛其伟译，中国人民大学出版社2007年版。

［9］［英］安东尼·吉登斯：《第三条道路及其批评》，孙相东译，中共中央党校出版社2002年版。

［10］Darrin Grimsey，Mervyn K. Lewis，*Public Private Partnerships：the Worldwide Revolution in Infrastructure Provision and Project Finance*，Edward Elgar Publishing，2004.

[11] Jon Pierre, B. Guy Peters, *Governing Complex Societies: Trajectories and Scenarios*, Palgrave Macmillan, 2005.

[12] E. S. Savas, *Privatization and Public-Private Partnerships*, Chatham House, 1999.

[13] Harold L. Wilensky, Charles N. Lebeaux, *Industrial Society and Social Welfare: The Impact of Industrialization on the Supply and Organization of Social Welfare Services in the United States*, Russell Sage Foundation, 1958.

学位论文

[1] 朱先平：《社区居家养老服务的嵌入性情境及困境研究——基于 F 养老服务机构社区实践的调查分析》，吉林大学 2022 年博士学位论文。

[2] 刘琨：《加拿大基础设施 PPP 模式研究》，吉林大学 2021 年博士学位论文。

[3] 廖剑南：《PPP 模式养老项目的投资决策研究》，江西财经大学 2020 年博士学位论文。

[4] 唐聪：《PPP 项目资本结构选择与优化研究》，中国财政科学研究院 2019 年博士学位论文。

[5] 康蕊：《PPP 模式下养老服务投入的适应性效率研究》，首都经济贸易大学 2018 年博士学位论文。

[6] 潘晓宇：《养老机构 PPP 项目风险分担与利益博弈研究》，重庆交通大学 2018 年硕士学位论文。

[7] 乔高阳：《PPP 模式的法律规制》，黑龙江大学 2018 年硕士学位论文。

[8] 王雪晨：《政府与社会资本合作合同的法律问题研究》，海南大学 2018 年硕士学位论文。

[9] 樊俊超：《养老服务项目 PPP 模式选择研究》，吉林大学 2018 年硕士学位论文。

[10] 刘梅芳：《基于 PPP 模式的居家养老服务供给研究——以福建省为例》，福建师范大学 2017 年硕士学位论文。

[11] 魏冬丽：《养老机构 PPP 模式社会资本回报机制研究》，上海工程技术大学 2018 年硕士学位论文。

[12] 李春秀：《政府与社会资本合作（PPP）模式法律问题研究》，吉林财经大学 2017 年硕士学位论文。

[13] 徐梅：《深圳市福田区园岭八角楼养老项目 PPP 运营方案研究》，云南财经大学 2016 年硕士学位论文。

[14] 李陆昕：《论 PPP 模式中政府部门和私营部门的权利义务配置》，华东政法大学 2013 年硕士学位论文。

报纸

［1］刘颖：《政府在 PPP 模式与传统模式下角色和作用的异同》，载《中国财经报》2022 年 8 月 9 日，第 6 版。

［2］曾金华：《PPP 应守牢规范发展底线》，载《经济日报》2022 年 5 月 9 日，第 5 版。

［3］曾金华：《PPP 有效助力重点领域建设》，载《经济日报》2020 年 12 月 3 日，第 7 版。

［4］李忠鹏：《多措并举培养我国 PPP 事业发展人才队伍》，载《中国经济时报》2018 年 1 月 30 日，第 5 版。

［5］李忠峰：《刘尚希：应从概念和本质准确理解"政社合作"》，载《中国财经报》2018 年 7 月 24 日，第 3 版。